누구든지
어디든지
언제든지

누구든지
어디든지
언제든지

지금 무슬림들을 그리스도께로 인도하라!

마이크 쉽맨 지음
신현필 옮김

복음전도, 누구든지! 어디든지! 언제든지!
Any-3: Anyone, Anywhere, Anytime

ⓒ세계협력선교운동(GAP) 출판사 2016
2016년 8월 17일 1판 1쇄 발행

펴낸이 신현필
펴낸곳 세계협력선교(GAP)출판사
등록 2015년 7월 22일
주소 경기도 성남시 분당구 탄천로 95, 418동 804호
전화 (031)704-7260, 706-7524, 010 8890 6214
팩스 (031)704-7262

기획편집 안창호
번역감수 신혜철
제작 김철영 김문숙
마케팅 우만책
영업 기독교출판유통
인쇄 우만책
제본 우만책

ISBN 979-11-952759-5-3

저작권자의 허락 없이 이 책의 일부 또는 전체를
무단 복제, 전재, 발췌하면 저작권법에 의해 처벌을 받습니다.

ANY-3: Anyone, Anywhere, Anytime
by Mike Shipman

Copyright ⓒ2013 by Michael Shipman
Originally published in English under the title Any-3 by WIGTake Resources,
P.O.Box 1884, Monument, CO 801321 (719) 646-3190, U.S.A. All rights reserved.
www.churchplantingmovements.com/bookstore

Korean Edition published by G.A.P.(Global Assistance Partners), Seoul 2016
Translated and published by permission.
Printed in Korea.

추천의 글

미국과 유럽에서 전천후(all weather) 전도와 선교의 실천적 방법으로 유명한 마이크 쉽맨의 "누구든지 어디든지 언제든지"의 "Any-3"가 신현필 목사님의 수고로 한국교회에 소개됨을 축하드립니다. 신현필 목사님은 한국 GAP의 대표로서 Any-3의 전도와 선교방법을 선교지 중에서도 가장 열악한 중앙아시아와 북 인도에서 성공적으로 적용하여 그 효력을 본 바 있는 산 증인이 되기도 합니다. 그런 장본인인 신 목사님을 통해서 이 책이 번역이 되고 한국교회에 소개됨을 귀하게 생각하며, 다시 한 번 그 노고에 감사를 드립니다.

Any-3는 선교현장에서 전도와 선교를 어렵게 생각하는 사람들에게 성경적 신학적 확신을 심어주며, 누구라도 전도와 선교의 사명을 감당할 수 있다는 자심감을 불어 넣어주는 너무나도 귀한 실제적인 책입니다. 쉽맨은 Any-3의 방법이 수많은 선교현장에서 많은 열매로 이미 그 효과가 입증되었으며, 이것은 단지 전도와 선교로만 끝나는 것이 아니라 교회개척의 가장 기초적 단계인 가정교회를 설립하는 것으로 연결될 수 있다는 확신을 심어주며, 실례로 어떻게 가정교회가 선교현장에서 세워지는지 구체적인 지침을 주고 있습니다.

Any-3는 다섯 가지의 단계 과정을 통해서 이루어짐을 제시합니다. 그것은 연결고리를 찾는 것이고, 하나님께로 자연스럽게 화제를 돌리는 것이고, 인간이 뭔가 문제가 있는 잃어버린 존재라는 것이고, 복음 외에는 길이 없으므로 복음을 제시하는 것과 결단에 이르게 하라는 것입니다. 그는 이 다섯 단계의 Any-3의 전도와 선교방법을 요한복음 4장의 예수님과 수가성 사마리아 여인의 경우에서 찾고, 사도행전에 나타난 바울의 전도방법을 통해서도 동일하게 찾습니다. 그는 Any-3의 이 다섯 과정의 방법이 이슬람, 힌두교, 불교, 명목상의 신자 전도와 선교에도 동일하게 적용됨을 확신합니다.

그는 또한 Any-3의 전도와 선교방법을 어떻게 효과적으로 적용할지 실제적인 지침으로 다리를 놓는 일과 결정적인 벌침을 놓는다는 상징적인 표현을 사용합니다. 다리를 놓는 일에 있어서 하나님의 주권과 성령의 역사하심을 강조하며, 성경적인 추수 이미지와 십자가 복음의 메시지와 메시지 전달자에 대한 성경적 약속들을 열거하며, 삼위일체 하나님께서 복음전도자를 통해서 하실 것이라는 확신을 심어 줍니다.

이 책은 전도와 선교의 실제적인 지침들과 유용한 통찰력과 독자로 하여금 할 수 있다는 자신감을 심어주는 책입니다. 오늘의 한국교회 성도들과 신학생들과 목회자들 그리고 선교사들에게 너무나도 실제적 도움이 되는 귀한 책입니다. 일독을 적극 권합니다!

총신대학교 신학대학원 선교학 교수
한국오픈도어선교회 공동대표 및 이사장

김성태 교수

추천의 글

"Any-3"란 무엇인가? 한 마디로, 언제 어디서나 어느 누구에게나 복음을 전하고, 제자를 만들자는 것이다!

예수님은 언제 어디서나 누구에게나 복음을 전하셨고 제자를 가르치셨다. 십자가의 가장 고통스러운 죽음의 순간까지 복음을 전하셨고, 자기 어머니를 제자에게 맡겨 돌보게 하셨다. 요즘에 유행하는 상황화의 신학과 선교학처럼 다른 종교인들에게 거슬리는 교리나 명칭을 쓰지 말고 타종교인들처럼 행세하며 임재적 선교를 해야 효과적이라고 주장하는 것이 아니다. 회교도들에게 복음을 전할 때 복음의 주제인 예수는 그리스도시요 살아계신 하나님의 아들이라는 것을 언제 어디서나 누구에게나 전하자는 것이다. 그것이 복음과 선교의 본질이다!

미국 선교사로서 회교권에서 살면서 그리스도 예수와 복음에 대한 믿음과 확신을 가지고 회교도들에게 복음을 전한 열매가 다른 어떤 상황화의 신학과 선교를 부르짖는 사람들보다 비교할 수 없이 많다. "열매로 그 사람을 알 수 있다!"고 예수님이 말씀하셨다. 선교의 열매로 선교 방법론과 전략을 평가할 수 있다!

마이크가 복음을 전하는 방법이나 내용은 예수님을 따르고, 사도 바울을 따른 것이다. 선교의 주체는 하나님 아버지이시고, 선교의 전제는 선택 받은 하나님의 사람들을 찾아 구원하는 것이다!

실용적 방법론과 전략과 잘못된 선교적 전제에 매달려 있는 대부분의 서구 선교사들이 타종교권에서 열매 없이 구제와 교육 선교나 문화 선교로 돌아서고 있는 가운데 마이크는 미국 교단(IMB)의 파송 선교사로서 가장 성경적인 방법으로 예수 그리스도와 사도 바울을 본 받아 사역을 하고 있다!

마이크의 접근 방식은 또 다른 방법론이 아니다. 많이 전도하면 많이 구원한다는 어쩌면 너무나 당연한 논리이지만, 복음의 본질과 전제를 잃어버린 현대 서구 선교적 방법론과 전제를 따라가는 사람들에게는 도전이 될 것이다!

한국 교회와 선교사들이 마이크처럼 최고의 모범과 모본인 예수 그리스도와 바울을 본받아 언제 어디서나 누구에게나 복음을 전하고 제자를 만드는 성경적 선교를 하면 정말 좋겠다!!

Finishing The Task, International Development Coordinator
(남은 과업 성취 운동 본부, 국제 사역 개발 코오디네이터),
Global Assistance Partner(세계 협력 선교회) 공동 대표
KWMC FTT Coordinator(기독교 한인 세계 선교 협의회)
FTT Coordinator.

안강희 선교사

추천의 글

Any-3는 예수님을 믿는 사람이라면 예수 그리스도에 대한 하나님의 복음을 누구든지(Anyone), 어디든지(Anywhere), 언제든지(Anytime) 전할 수 있는 가장 간단하고 효과적인 복음 전도법입니다! 우선 이슬람교도들에게 가장 효과적이고, 특히 명목상의 기독교인들에게, 또한 힌두교와 불교와 유교 등 모든 종교적 배경을 가진 사람들에게도 탁월한 복음 전도의 열매들을 맺게 해주는 생명력 있는 도구입니다.

Any-3의 저자는 실제로 자신이 섬기는 아시아의 선교현장에서 Any-3를 통해 이슬람교도 가운데 첫 열매를 예수님께 인도했고, 그 후 10년 동안 2만 명의 이슬람들이 Any-3를 통해 복음을 듣고 예수님을 영접하는 놀라운 성령의 축복된 역사 현장에서 쓰임 받고 있습니다.

Any-3는 사실과 달리 감히 이슬람교도들에게 복음을 전할 엄두도 못 내는 큰 두려움의 장벽을 뛰어넘어 이슬람교도들과 가벼운 대화를 시작으로 자연스럽게 복음을 전하고 예수님을 영접하도록 인도하는 효과적인 복음 전도방법입니다. 뿐만 아니라 Any-3는 성경적인 깊은 기초와 뿌리를 내리고 있는 구체적인 양육의 원리와 청사진을 함께 담아내고 있습니다.

이 책이 한국어로 출판된 것은 안으로는 최근 침체되어 가고 있는 한국 교회와 성도들에게 다시 참된 부흥과 민족복음화의 남은 과업의 성취를 위한 영적 전쟁에서 새로운 영적인 검과 전신갑주의 무장과 함께 승리를 향해 진군하라는 명령의 나팔소리가 될 것입니다. 밖으로는 이슬람교도들을 참으로 사랑하는 한국 교회와 성도들에게 세계복음화를 위해 예수님께서 주시는 새로운 횃불이 될 것입니다.

미국 남침례교단 국제선교부 아시아 훈련 책임자

기찬종(John Ki) 선교사

목차

추천의 글 _5
감사의 글 _19

제1부: Any-3 돌파구
1. 무슬림 세계 속에서 역사하고 계시는 하나님 _25
2. 다섯 발걸음의 전도여정 _37
3. 증언하는 우물 _45
4. 무슬림에게 증언하는 우물 _61

제2부: 다리 놓기와 벌침
5. 하나님에 관한 대화로 이어주는 다리 놓기 _73
6. 복음의 이야기를 전하기 _81
7. Any-3의 깊은 이해 _89
8. 벌침들과 그 독성의 해독효과 _105
9. 동기 부여 _성공으로 이어지는 Any-3 다리 _125
10. 유일한 메시지 _성공으로 이어지는 Any-3 다리 _133
11. 메시지 전달자(The Messenger) _성공을 위한 Any-3 다리들 _141
12. 메시지 전달하기(Messaging) _성공을 위한 Any-3 다리들 _155

제3부: 모든 사람을 위한 Any-3

13. Any-3 복음전도의 현장실습(워크샵) _179
14. 교회 개척 운동(Church-Planting Movement)을 위한 후속조치로써 양육 _201
15. 시작하라! _223

부록

부록 A: 구약의 희생제물과 양육을 위한 이야기들 _241

부록 B: Any-3를 위한 예화들 _247

부록 C: 하나님의 은혜의 수단과 세례의 효력과 집례자의 자격 _253

부록 D: 유교(儒敎) [귀신(鬼神)과 제사(祭祀)] _271

부록 E: 복음전도(福音傳道) 선언문(宣言文) _281

후주 _289
역자 후기와 감사의 글: 21세기 남은 과업의 성취를 위하여 _296

감사의 글

복음(福音)이란 선물(膳物)의 영광(榮光)을 말로는 모두 표현할 수 없다. 나는 이 책을 우리에게 복음을 선물해 주신 예수님께 드리는 감사의 표시로 생각한다. 만약 이 책이 그 분의 종들로 하여금 복음을 다른 사람들에게 선포하도록 동기를 부여하고 영적인 무장을 시킬 수 있다면, 오직 예수님만이 Any-3 책을 시작하고 이끌어주신 공적을 찬양받기에 합당하실 것이다.

사랑하는 나의 아내와 우리의 세 자녀들에게 진심 어린 감사를 전한다. 이 책을 위한 그들의 희생과 기여는 그 수를 헤아릴 수 없다. 그들의 후원은 흔들림이 없었고, 그들의 이해심은 값을 매길 수 없었다.

수많은 사람들이 Any-3의 접근방법에 영향을 주었다. 나의 사역 초기에는, 숨너 웸프(C. Sumner Wemp)박사가 레스토랑, 공항, 그리고 영적으로 잃어버려진 사람들을 만났던 모든 장소에서 이런 종류의 복음주의를 견본으로 보여주었다. 27년간의 기독교 사역 기간 동안에는, 수많은 멘토들과 동역자들이 주님의 지상명령을 실제로 살아왔던 방식에서 보여주며 이것에 기여했다. 내가 그들의 사역들로부터 습득하고 마음에 새겨 놓았던 것들이 복음전도를 새롭게 바라보는 나의 유일한 방식을 이끌어 냈으며, 그 결과 마침내 Any-3가 나오게 되었다.

영적인 추수 밭에서 지금도 함께 일하고 있는 나의 동역자들 또한 감사의 인사를 받아야 마땅한 사람들이다. 지난 14년 동안 나는 수많은 사람들을 구원의 신앙으로 인도하며 자신들의 삶을 헌신해왔던 남성과 여성 일꾼들을 격려해가며 사역해왔다. 그들이 복음을 나누어주며 다른 사람들로 하여금 복음을 전하도록 훈련시킬 때마다, 나는 그들의 값진 경험으로부터 끊임없이 배우고 있다. 이 책의 초기 원고 단계에서부터 귀한 제안과 통찰, 그리고 교정을 제공하며 지금도 전 세계에 흩어져 사역을 하고 있는 수많은 동료들에게 깊은 감사를 전하고 싶다. 그들로부터 영감을 받은 아이디어를 이 책에 쓸 때마다, 감사함을 표현하고 싶었지만 보안(保安)상의 이유로 그들의 이름을 하나하나 밝힐 수가 없었고, 단순히 동료들이라고 쓰는 것 외에는 더 이상 그들에 대해 언급 할 수 밖에 없었다.

Any-3 사역을 위해 문을 열었던 여러 명의 감독자들과 동료들에게 특별한 감사의 말을 전하지 않을 수 없다. 그들이 Any-3를 믿어주지 않았다면, 이것은 널리 퍼지지 못했을 것이다. 토드(Todd L.)와 브래드(Brad R.)는 여러 지역의 청중들에게 Any-3를 제시할 수 있는 유일한 기회를 주었다. 마크(Mark S.)는 그것을 다른 사람들에게 소개해 주었으며, Any-3가 계발되었을 때, 값진 조언을 주었다. 스티브 스미스(Steve Smith), 네일(Neill M.) 그리고 케이스(Keith M.)는 나에게 다양한 배경적 정황 속에서 온 기독교 사역자들을 훈련할 수 있는 수많은 기회들을 제공해 주었다. 데이비드 게리슨(David Garrison)은 Any-3를 출판할 가치를 알아봐 주었으며, 편집이라는 어려운 과업을 수행해 주었고, 그 결과 이 책의 출판을 가능하게 해주었다.

가장 큰 감사는 나의 진정한 영웅들에게 돌리고 싶다. 그들은 날마다 Any-3를 적용하고 있는 다양한 국적과 출신의 형제와 자매들이다. 그들은 유일하신 구주 예수 그리스도의 희생적인 죽음과 부활을 알려 주기 위하여 온갖 조롱과 위협들을 기쁨으로 받아들이고 있다. 그들의 모습이 우리들로 하여금 누구든지(Anyone), 어디든지(Anywhere), 그리고 언제든지(Anytime) 복음을 선포하도록 하는 동기가 되기를 갈망한다.

마이크 쉽맨(Mike Shipman)

제1부

ANY-3
돌파구

(BREAKTHROUGH)

1. 무슬림 세계 속에서 역사하고 계시는 하나님
2. 다섯 발걸음의 전도여정
3. 증언하는 우물
4. 이슬람에게 증언하는 우물

1
무슬림 세계 속에서 역사하고 계시는 하나님

이슬람(ISLAM)*은 현재 세계에서 가장 급성장하는 종교이다. 그러나 예수 그리스도를 구주와 주님으로 영접하면서, 또한 그분의 추종자로서 새로운 삶을 끌어 안으며 복음을 듣기 위해 전향하고 있는 무슬림의 수가 나의 나라에서만 세어 보아도 수천 명이라고 말한다면 당신

---

*이슬람교, 즉 이슬람이란 종교 안에서, 누구든지 "알라" 신(神)을 유일한 신앙의 대상으로 믿으면 모두가 무슬림이다. "이슬람"의 어원은 '살리마'로 '자신을 완전히 바치다', '항복하다'라는 의미를 가지고 있으며, "무슬림"은 '아슬람'의 분사형으로써 '항복의 행위를 취하는 사람'이란 뜻이다. 인간이 자기의 전 존재를 알라에게 전적으로 맡김으로써 참되고 순수한 평화를 발견하는 내적인 태도, 바로 이것이 무슬림이란 말의 의미이다. 따라서 이슬람(Islam)은 종교를 뜻하며, 무슬림(Muslim)은 사람들을 의미한다. 특히, '모슬렘(Moslem)' 이란 말은 서양에서 무슬림들을 격화시킬 때 쓰는 말로 사용되어졌고, 무슬림들은 특히 자신들을 '마호메트교도'라고 불리는 것을 철저히 거부한다. 따라서 전도자들은 '모슬렘'이나 '마호메트교도'라는 말들의 사용을 절대 금지해야 한다. (역자주)

은 무엇이라 말하겠는가?

이 이야기는 사실이다. 지난 5년 간 전 세계에서 수만 명의 무슬림들이 예수님을 주님과 구주로 영접하며 그들의 삶을 드렸다. 당신은 이 책에서, 그리스도를 향한 이슬람의 가장 급성장하는 운동들의 중심부로 여행하게 될 것이다. 한 동남아 국가에서 어떻게, 또 왜 9,000명 이상의 무슬림들이 예수님께 "예"라고 순종하며 거듭나게 되었는지를 보게 될 것이다.[1] 이들 중 3,500명 이상이 어떻게 세례를 받게 되었고 어떻게 새로운 교회들이 세워졌으며, 또 다시 새로운 교회들이 수백 개의 새신자들의 교제 공동체인 가정교회를 생산해 내면서, 어떻게 8, 9배의 수많은 성도들로 재생산하게 되었는지를 배우게 될 것이다.

당신 또한 누구든지(anyone), 어디든지(anywhere), 언제든지(anytime)를 통해 어떻게 무슬림들을 예수 그리스도에 대한 믿음으로 이끌 수 있는지를 배우게 될 것이며, 이 일은 굉장히 중요한 일이다.

이슬람의 도전

오늘날 이슬람이 세계에서 가장 빠르게 급성장하고 있는 종교라는 사실에 반하여, 그 성장에 대해 좀 더 자세히 들여다보면 왜 그렇게 빠르게 성장하고 있는지를 알 수 있다. 가장 큰 요인은 생물학적 재생산에 있다.* 무슬림 가정들이 그들 주변의 대부분의 가정에서 보다 더 많은 자녀들을 출산하고 있을 뿐 아니라, 보건과 생활 조건의 증진 덕분에, 더 많은 자녀들이 장성하고 또 그 아이들이 성장해가며 그들의 가정들을 증가시켜왔다. 그 결과, 이슬람 세계의 인구폭발은 주변 나라들을 넘어 세계로 넘쳐나게 된 것이다.

이것이 당신에게 시사하는 바는, 조만간 틀림없이 이슬람 성장의 현실과 마주하게 되리라는 것이다. 만약 당신이 아직 그 현실을 실감하지 못했다면, 주변에 이슬람 이웃이나 이슬람 학교친구 혹은 이슬람 동업자들과 함께 있는 자신을 발견하게 되며 이 사실을 직면하게 될 것이다. 간단히 말해서, 오늘날의 그리스도인들은 불가피하게 무슬림과 마주하게 될 것이다. 여기에서 문제는 우리가 이 때를 준비된 상태로 맞이 할 것인가 아니면 아무것도 준비되지 못한 채로 맞닥뜨리게 될 것인가이다.

진실은 이렇다. 이슬람은 기독교 신앙과 경쟁하며 기독교가 틀렸다는 것을 입증하려는 세계의 가장 대표적인 종교이다. 결과적으로 바라본 이슬람 종교는 그 자체 안에 반-기독교적인 요소들을 아주 많이 가지고 있다. 오늘날 준비되지 못한 기독교인들이 너무나 빈번하게 이슬람을 위협적인 종교로 인식하는 것이 약간 의아하다.
바로 이러한 실질적인 도전이 주어질 때, 대다수 선의의 기독교인들

---

* 예를 들면, 파키스탄의 인구는 1970년대에 6,500만명이었으나, 2000년에 들어서는 1억6500만명으로 30년 사이에 한 나라에서 1억이 증가했으며, 2016년 현재 인구는 1억9,908만명이상이다. (역자주)

은 두려움과 분노로 대응해 왔다. 하지만, 두려움과 분노를 바탕으로 하는 대응은 하나님께서 원하시는 것을 이루지 못한다. 하나님께서 기대하시는 것은 모든 무슬림들이 하나님을 알며 또 예수 그리스도를 통해 하나님께서 전해주시는 구원에 대한 기쁜 소식을 알게 되는 것이다.

바로 지금이 이슬람을 위한 하나님의 구원의 날이다. 우리가 무슬림에 대해서 너무 두려워하거나 혹은 그들에게 대항하여 싸우는 일에 너무 급급한 나머지 그들을 그리스도께로 인도하기 위한 기회를 놓쳐버린다면, 이것은 얼마나 비극적인 일이 될까?

그리스도안에서 사랑하는 친구여! 우리는 추수가 가능하도록 준비된 상태에서, 바로 지금이 이슬람을 위한 하나님의 구원의 날이라는 사실을 볼 수 있도록 눈을 떠야 한다. 바로 이 Any-3가 추수를 위해 당신을 준비시키고 무장시켜 줄 것이다.

Any-3의 유일한 돌파구

7년 전, 잭(Zack)과 나는 우리의 한계를 넘어서고 있었다. 우리는 아직 복음이 전파되지 않은 거대한 이슬람 종족 그룹에 복음을 가지고 참여하면서 큰 도전을 맞이하고 있었다.[2] 수많은 좌절과 실패로부터 우리는 절실하게 기도를 통해 주님만을 찾았다. 하나님께서 개인적인 복음전도, 새로운 제자들과 교회들을 목표로 한 주도적인 새로운 제자훈련을 계발하도록 우리를 인도하셨던 것은 바로 이런 과정을 통해서였다.

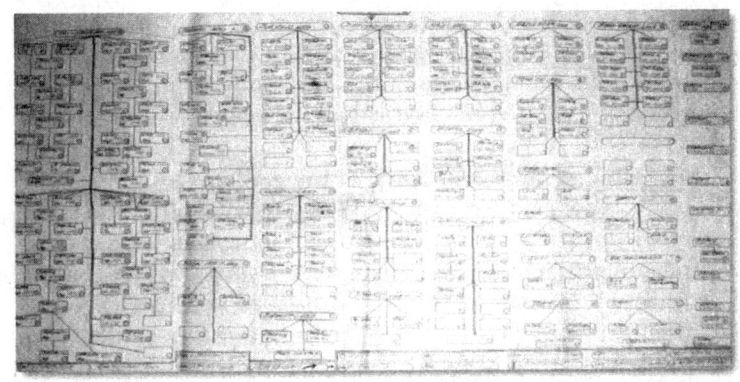

이슬람 바탕 교회들의 아홉 세대에 걸쳐 급속히 증식된 확장에 대한 도표(보안상 희미하게 처리함).

잭과 나는 우리가 언제(Anytime), 어디서(Anywhere), 누구를(Anyone), 만나든지 복음을 나누기 위한 깨어있는 약속을 만들었다.

바로 이런 이유 때문에 우리는 이 전략을 "Any-3"라고 부른다. 우리의 첫 번째 돌파구는 어느 날, 잭이 한 관청에서 같은 줄에 있던 한 남성에게 복음을 전해 주었을 때 열리게 되었다. 너무나 기쁘게도, 그 남자는 잠시 후에 그리스도에 대한 신앙을 고백했다. 그러나 Any-3는 단순히 복음을 나누는 한 번의 헌신보다 더 많은 것을 포함하고 있다; 그것은 사람들이 예수님께 "예"라고 자발적으로 말하도록 그들의 마음의 문을 여는 일에서 매우 효과적인 방법이라 검증되고 있는 나눔의 한 방식이다.

첫 번째 회심자를 얻고 난 후 7년 동안, 우리가 섬기고 있던 그 종족 그룹으로부터 5,000명 이상의 무슬림들이 Any-3 방식의 복음전도를 통해서 예수 그리스도에 대한 신앙을 고백해 왔다. 우리는 지금도 신자들과 교회들이 믿음의 세대들을 지속적으로 배가시키면서 재생산되고 있는 것을 눈으로 직접 보고 있다. 우리가 관계하는 종족 중에서 형성된 450개 이상의 그룹들 가운데서, 삼분의 일이 네 번째 세대(世代)와 그 이후 세대에서 믿게 된 신자들이다.[3]

이제 Any-3 복음전도는 우리의 사역 내부에 성장하는 교회의 개척 운동을[4] 위한 중요한 복음전도 방법으로 자리매김하였다. 이런 현상의 가장 큰 이유는 Any-3 안에 어떤 마법같은 공식이 있기 때문이 아니라, Any-3가 무슬림들에게 복음을 간단하고 효과적으로 제시하는 방법을 마련해 주고, 또 그들을 제자된 공동체로 만들 수 있게 하기 때문이다. 이러한 능력은 방법이 아닌 바로 그 복음 안에 있다. 방법은 능력의 복음을 제시하기 위한 단순한 운반수단에 불과하다.

Any-3는 서구와 비서구권 양쪽 모두의 그리스도인들의 증언들을 위한 매우 효과적인 도구로써 검증되고 있다. 그리고 수백 명의 전문적인 기독교 사역자들과 수천 명의 평신도 사역자들로 하여금 무슬림과 복음을 나누는 것에 대한 두려움을 극복하는데 큰 도움을 주고 있다. 최근에, 자신이 속한 종족에 복음전파를 번번이 실패한 한 기독교 사역자가 Any-3를 소개받게 되었다. 그 후 얼마 안돼서, 그는 나에게 이렇게 메세지를 보내왔다. **"복음을 나누고 있습니다! (I'M SHARING THE GOSPEL!)"** 실제로 그는 더욱 활발히 복음을 나누고 있었다; 현재 그와 그의 친구들은 매주 이전에는 깊은 좌절을 맛보았던 같은 장소에서 무슬림을 그리스도께로 인도하고 있다. 바로 이 Any-3가 그의 사역에 다시 활력을 되찾게 해 준 것이다.

아시아에 있는 마르쿠스(Marcus)라는 한 선교사는 강경 이슬람 미전도 종족(difficult Muslim unreached people group)을 상대로 또 다른 성공을 경험했었다. 마르쿠스는 이렇게 보고했다. "지난 5년을 통틀어 세례를 베푼 것보다 지난 6개월 동안 사람들에게 훨씬 더 많은 세례를 베풀 수 있었어요!"

이 책은 철저한 성경연구와 더불어 지금까지 수많은 복음전도 접근방식을 통해 맨토링해 주었던 여러 복음전도자들의 숱한 시행착오를 통해 쓰여지게 되었다. 현명한 독자로서, 당신이 이 책의 내용을 음미해 볼 때, 우리는 당신이 이런 결론에 이르게 될 것이라고 믿는다. "이 Any-3야말로 아주 명확하고, 성경적이면서 문화적으로도 복음을 나눌 수 있는 적절한 방식이로구나! 그리고 이것이 내가 속한 공동체 속에서도 적용될 수가 있겠구나!"

지금이야말로 정말 추수(秋收)해야 할 최적기(最適期)이다. 하나님께서는 추수할 수많은 밭들을 준비하고 계시며 또한 지금도 잃어버린 영혼들을 예수 그리스도께로 인도하기 위하여 전 세계적으로 수천 명의 추수꾼들을 불러일으키고 계신다. 당신도 곧 알게 되겠지만, 이슬람을 상대로도 효과가 검증된 Any-3의 기본 원리들은 힌두교, 불교, 유교 등의 배경을 가진 사람들에게는 물론이고 나아가 기독교 배경을 가진 사람들에게도 반드시 중요한 함축적 의미를 갖게 될 것이다.

왜 Any-3인가?

그렇다면, 현존하는 여러 다른 복음전도 방법들과 비교하여 Any-3 전도 방식을 특별하게 만드는 것은 무엇일까? Any-3는 요한복음 4장에서 예수님이 우물가의 여인에게 친히 증언하셨던 것같이 아주 간단하고 자연스러운 방법을 이용한다. 그렇게 함으로써, 예수님이 제자들을 위해 본을 보여주셨던 1세기 복음전도의 근본적인 포인트를 되찾을 수 있게 하기 때문이다. 그 시기에 이런 방법이 통했었다면, 오늘날에도 통하지 않겠는가?

Any-3는 1)다리 놓기(bridging) 2)복음제시(gospel presentation) 그리고 3)그물당기기(drawing the net)라는 과정을 합쳐서 하나의 매끄러운 접근방식을 만들어낸다. 이렇게 하면 사소한 대화에서 복음으로 쉽게 나아갈 수 있고, 그 대화를 결심으로 이끌어 낼 수 있게 된다. Any-3는 이렇게 자연스럽고 연관성 있는 방법으로 복음을 나눌 수 있게 도와준다. 이런 방법은 강한 설득력을 갖고 있지만, 그렇다고 공격적인 느낌을 주지도 않는다. 결과적으로, Any-3는 듣는 사람의 거부감을 불러 일으키지 않으면서도, 복음의 힘을 풀어 낼 수 있다는 것이다.

Any-3는 증언하는 자들에게 "나는 비기독교인에게 뭐라 말해야 할까?"라는 질문에 대답함으로써, 자연스럽게 복음에 관한 대화까지 이르는 방법을 훈련하도록 해준다. Any-3는 증언하는 일이 설교하려는 것처럼 보이기 보다는 오히려 관계를 쌓으려 하는 것처럼 보이도록 해준다. 이것은 증언하는 대화에 있어서 전형적으로 나타나는 장애물들을 잘 다룰 수 있도록, 증언자들에게 능숙하고 또한 자신감 넘치는 힘을 부여해 준다.

Any-3는 증언하는 대화에 있어서 복합적인 감정을 갖지 않도록 해준다. 그것은 기독교인들이 생활 복음전도를 하도록 헛된 노력을 억지로 시키는 것이 아니라 복음전도를 하는 삶을 살아내도록 도와주면서, 아주 자발적이고 자유로운 감정을 느끼도록 해준다.

복음 자체를 하나의 여과장치로 사용함으로써, Any-3는 시시각각 누가 복음에 대해 열려 있고, 또 누가 열려 있지 않은가를 보여준다. 그리하여 Any-3를 이용하면 복음전도를 할 때, 듣는 이의 복음습득 여부를 그가 보여주는 행동이나 혹은 다른 어떤 주관적인 요소에 근거한 추측으로 넘겨짚기보다, 그 사람이 복음을 받아들이는지 아닌지를 확실하게 알 수 있도록 해준다.

오늘날 극소수의 사람들만이 이슬람을 통해서 꿈꾸는 것을 이루어 내고 있다. 예를 들면, 복음을 나누고 그들로부터 "감사합니다!" 라는 말을 종종 듣는 것인데, 굳이 "감사합니다!" 라는 말을 하지 않더라도, 그들은 일반적으로 그 복음을 귀담아 들으며, 또한 이 좋은 소식을 전해주는 전달자에게 존경을 표한다.

철저한 보안이 필요한 이슬람의 정황에서조차도, 우리는 최선이라고 생각하던 한계점을 조금 더 앞으로 밀어 붙였고 그리하여 반감 없이 거의 모든 시간과 사람, 그리고 공간에서 그 복음을 나눌 수 있었음을 발견했다. Any-3를 이용한 복음 나눔은 우리가 지금까지 훈련을 시켜 온 사람들에게도 비슷한 결과들을 산출해 왔다. 그렇다, 사도행전의 오순절 이후부터 줄곧 그래왔던 것처럼, 사람들이 믿음을 고백하고 세례를 받고 그리스도를 따라갈 때마다 핍박은 일어난다. 그러나 그 폭풍과 같은 역경과 핍박을 함께 헤쳐나가며 견디어 낼 때, Any-3의 효과 덕분에 또 하나의 성장하고 있는 신자들의 공동체가 그곳에 존재하게 된다.

Any-3의 원리들이 예수님의 복음전도의 유형을 예로하여 파생되어 나온 것이기 때문에, 이 원리들은 어떠한 문화나 세계관에도 사실상 적용시킬 수 있다. 이 책은 누구나 가장 접근하기 어려운 곳 중에 하나라고 손꼽는 이슬람에 초점을 맞춰 풀어나갈 것이다. 왜냐하면 Any-3가 얼마나 효과적인지를 직접 확인했던 곳이 바로 그곳이기 때문이다. 이 책의 마지막 부분에서도 알게 되겠지만, Any-3는 다른 세계관과 문화에서도 똑같이 적용될 수 있다.

하나님은 자신의 백성들로 하여금 다시 한 번 그 복음을 기쁨으로 나누도록 깨우고 또 능력을 부어주기 위해 Any-3를 사용하고 계신다.

그것을 그대로 행하는 사람만이 복음의 능력과 기쁨을 스스로 체험할 수 있다. 당신의 사역과 열방 안에서, 하나님이 Any-3를 통해 어떻게 자신의 이름을 영화롭게 하시는지를 직접 볼 수 있도록 다음에 이어질 이야기들 속으로 당신을 초대한다.

2
다섯 발걸음의 전도여정

2장에서는 Any-3의 요점을 보여준다. 처음 만난 낯선 사람을 어떻게 그리스도를 위한 결심에 이르도록 도와주는가에 대한 구체적인 진행 방법을 단계별로 배우게 될 것이다. 이어지는 3장에서, 우물가 여인과의 만남을 통해 예수님이 증언하신 말씀 속에서 그분의 복음전도 유형을 검토해 나갈 때, 우리는 Any-3를 위한 성경적 기초를 탐구하게 될 것이다. 그러나 먼저 Any-3의 작용을 함께 살펴본 후에 증언을 위한 다섯 가지의 간단한 단계들을 배우도록 하는 것이 좋을 것 같다.

데렉(Derek)은 그날따라 고된 하루를 보냈고 몹시 피곤한 상태였지만 잠자리에 들기 전 누군가에게 한 번 더 복음을 나누기로 결심했다. 그는 보수적 이슬람 교외지역의 외딴 길을 따라 걸으면서, 주님께 복음을 나눌 수 있는 사람을 연결해 달라고 기도드렸다.

데렉이 그렇게 걸어가고 있을 때, 하산(Hasan)이 간식과 주스를 즐길 수 있는 조그마한 가판대에 앉아 있었다. 그는 살롱에 있는 아내를 기다리고 있었던 것이다. 하산을 본 데렉은 마찬가지로 음료수를 사서 하산의 옆에 앉았다.

"안녕하세요"라고 데렉이 말하자, 하산이 "기분 좋은 밤이네요!"라고 대답했다.[5] 시간이 지나고 두 사람은 곧 가벼운 대화를 시작했다. 아주 자연스럽게, 데렉은 하산에게 그의 종교에 대하여 물었다. 그들의 대화는 편안한 분위기로 이어졌지만, 데렉은 이 대화를 어디로 이끌어 가야 할지 잘 알고 있었다. 데렉이 던진 몇 가지 일반적인 질문들과 더불어, 그 두 사람은 인간은 누구나 공통적인 죄의 문제를 가지고 있다는 것에 동의했다. 하산은 다음과 같이 동의했다. "그럼요, 우리는 모두 죄인들이죠."

데렉은 하산에게 그가 지은 죄들을 용서받기 위해 무엇을 하고 있는지 물었다. 하산은 그의 하나님을 기쁘게 하기 위한 자신의 종교적 활동 다섯 가지 중 세 가지를 말해줬다. 그리고 하산은 이런 고백을 했다. "내가 지은 죄들은 아직 용서받지 못했어요. 그리고 나는 언제쯤 그것들이 용서받게 될지도 모르죠. 다만 마지막 최후의 심판의 날에 내 죄들이 용서받게 되기를 희망할 뿐입니다." 무슬림들은 그들 자신의 구원에 대한 확신을 가지고 있지 못하다는 점을 알고 있기에, 데렉은 이와 같은 대답이 나올 것을 예상하고 있었다.

그 때, 데렉은 정중하지만 확신에 찬 목소리로 하산에게 자신은 자신의 죄악들이 용서받았다는 사실을 알고 있다고 말해주었다. 데렉은 하산에게 자신이 그것을 어떻게 아는지에 대해 한가지 이야기를 설명해 주었다. 몇 분 후, 데렉은 그리스도가 우리의 죄악을 위해서 죽으셨고, 죽음으로부터 다시 살아나신 하나님의 희생 제물이 된 어린 양이심을 강조하며 죄에 대한 회개와 복음에 대한 믿음을 가지고 예수님께 자기 자신을 의탁하는 사람은 누구든지 자신의 죄악들을 용서받게 될 것이라고 말해 주며 이야기를 마무리했다.

하산은 데렉의 말에 동의했다. 인간의 착한 행실들이 자신의 모든 죄악들을 결코 없애버릴 수는 없지만, 하나님께서는 이미 예수님을 통한 새로운 용서의 길을 만들어 주셨다는 점이 특별히 그에게 감동적이고 큰 의미를 부여해 주었다. 데렉이 하산에게 복음을 믿는지 안 믿는지 물었을 때, 하산은 진실로 자신이 죄인임을 인정함과 동시에 복음에 대한 열린 마음으로써 응답했다. 심지어 자신을 위한 예수님의 십자가 희생 이야기를 처음 듣는 것임에도 불구하고 그는 데렉이 나누어 준 그 메시지가 참된 것이라고 받아들였다.

데렉은 로마서 10장 9절을 인용하여, 우리의 구주 예수 그리스도를 향한 회개와 의탁의 필요성에 대하여 설명했다. 그날 밤, 하산은 하나님이 자신을 구원으로 부르고 계심을 믿었으며 예수님께 스스로를

의탁하기 위해 기도했다. 하산은 복음에 응답했으며 데렉은 복음전파에 대한 열정이 다시 새로워졌다.[6]

우리는 복음을 나눌 때 종종 이와 같은 만남을 경험한다. 물론 어떤 사람들은 하산처럼 확실히 마음이 열려 있지 않으며, 정중히 그런 대화를 거절하기도 하지만, 보통 복음을 들은 후에는 그들의 태도가 앞서 말한 것과는 달라진다. 그럼에도 불구하고, 다른 대부분의 사람들은 하산이 그랬던 것처럼 반응한다.

이것이 바로 Any-3이다. Any-3는 처음의 연결부터 그리스도를 위한 결심까지 무슬림과 나누기 위한 부드럽지만 조직적으로 흘러 내려가는 하나의 잘 닦인 길이다. 하산과의 만남에서 복음을 증언하게 되는 모든 과정을 돌이켜보면, 다섯 개의 각각의 단계를 통하여 어떤 식으로 그것이 자연스럽고 알기 쉽게 흘러갔는지가 잘 드러날 것이다. 이후에, 우리는 예수님의 복음전도 사역에 있어서 마찬가지로 이와 동일한 다섯 단계를 분명히 보게 될 것이다. 먼저, 여기서 이 다섯 단계들을 한번 훑어보자.

한 눈에 본 Any-3

첫째 발걸음: 연결고리를 만들어라! (Get Connected)

1. 당신은 다음 두 가지 질문을 통해 모든 사람과 이 단계를 이룰 수 있다. "당신은 누구신가요?(Who are you?)" 와 "당신은 요즘 어떻게

지내십니까?(How are you?)"
2. 그들 그리고 그들의 가족들과 가까워지는 시간을 가져라. 다정하고 열린 마음가짐을 유지해라.

전환 #1: **당신은 힌두교인이신가요? 이슬람교인이신가요? 불교인이신가요? 아니면 기독교인이신가요?**

둘째 발걸음: 하나님을 향하게 하라! (Get to God)

두 번째 단계는 질문과 관찰을 가지고 이루어 낼 수 있다.

두 번째 단계의 질문은 이것이다: "대부분의 종교들은 한결같이 비슷하지 않나요?"

그런 다음, 관찰을 해보라: "우리는 모두 하나님을 기쁘시게 하기 위해 노력하고 있고, 그렇게 살면 언젠가 천국에 갈 수 있을 것이라고 생각하며, 우리의 죄의 빚을 갚으려고 노력하고 있지 않나요? 우리는 모두 죄를 짓고 있어요, 그렇죠? 심지어 착한 사람도 죄를 짓고 살지요. 죄를 짓는 것은 너무도 쉽지만, 하나님께 우리가 지은 죄의 빚을 갚는 것은 정말 어려운 일이에요, 그렇지 않나요?"

전환 #2: "**당신은 당신의 종교를 따라, 죄의 빚을 갚기 위해 무엇을 하고 계신가요?**"

셋째 발걸음: 잃어버린 자신을 보게 하라! (Get to Lostness)

전도하려는 사람들에게, 하나님을 기쁘시게 하고 자신의 죄를 용서받기 위해서 자신의 종교를 따라 행하고 있는 것들이 무엇인지 물어본 후, 그들이 행하고 있는 두세 가지 것들을 당신에게 말하도록 하라.

그들에게 세 가지 질문을 하면서 그 부분을 간추려 보라: 첫째, "당신의 죄는 완전히 용서받으셨나요?" 둘째, "그러면 언제 당신의 죄가 완전히 용서받을 수 있을까요?" 셋째, "결국 최후의 심판 날에, 당신의 죄가 완전히 용서받게 될 것 같나요?"

전환 #3: "**제가 믿는 것은 완전히 다릅니다: 저는 저의 죄가 이미 다 용서받았다는 것을 알고 있습니다. 그것은 제가 착한 사람이거나, 착한 사람이 되려고 노력하기 때문에 용서받은 것이 아닙니다. 저의 죄가 용서받은 이유는 하나님께서 저의 모든 죄를 용서하시기 위해 새롭고 유일한 길을 만들어 주셨기 때문입니다.**

넷째 발걸음: 복음으로 인도하라! (Get to the Gospel)

처음과 마지막 희생 이야기(제 6장을 보라)를 얘기해주고 그 이야기의 끝을 "그리고 바로 그것이 저의 죄가 이미 완전히 용서받았다는 것을 알고 있는 이유입니다."라고 말하면서 마무리해라.

전환 #4: "**성경에 의하면,** 만일 우리의 삶을 우리의 주인되신 예수님께 의탁하여 드리고, 예수께서 자신의 희생을 통해 우리의 죄악에 대한 값을 지불하셨고, 또한 하나님께서 예수님을 죽음으로부터 다시 살리신 것을 믿는다면, 우리의 죄악들은 용서받게 될 것입니다.

다섯째 발걸음: 결심하게 하라! (Get to a Decision)

이 대화를 결심으로 이끌기 위해서, 두 가지 질문을 던져라. 첫째로, "방금 제가 한 말들이 일리 있지 않나요?" 비록 우리가 우리의 죄에 대한 빚을 청산할 수 없다고 할지라도, 하나님께서는 예수님의 희생적 죽음과 부활을 통해서 우리의 죄악들이 용서받을 수 있도록 길을 만들어 놓으신 것이다. 둘째로, "당신은 예수께서 우리 죄를 위한 희생제물로 죽으셨고, 또한 그 죽음으로부터 부활하셨다는 것을 믿으시나요?"[7]

정말로 단순하지 않은가? Any-3는 첫 만남의 연결고리로부터 예수 그리스도를 따르도록 청하는 분명하고 강력한 초대까지로 당신을 인도하는 올곧은 길을 놓아준다. 우리는 이어지는 각 장들을 통해, 다섯 개의 각 단계에 대해 더욱 자세히 보게 될 것이다. 그러나 지금은 다섯 개의 각 단계들을 암기하기 위한 시간으로 삼길 바란다.

당신이 배운 것을 붙잡아라.
Any-3의 다섯 발걸음

1. 연결고리를 만들어라! (Get Connected)
2. 하나님을 향하게 하라! (Get to God)
3. 잃어버린 자신을 보게 하라! (Get to Lostness)
4. 복음으로 인도하라! (Get to the Gospel)
5. 결심하게 하라! (Get to a Decision)

3
증언하는 우물

어떻게 복음을 전할 것인가에 대한 문제를 포함해서, "예수님"은 기독교인의 삶에 있어서 모든 것을 위한 우리의 본보기가 되신다. 그러나 예수님의 증언에 대한 자세한 진술을 하는 것에는 한계가 있다. 요한복음 4장을 보면, 우물가의 사마리아 여인과 복음을 나누셨던 예수님을 통해서 그의 증언의 유형에 대한 교훈이 되는 가장 완벽하고 깊은 이해를 찾을 수 있다.

확실히, 혼혈이라는 점과 부도덕적이라는 이유로 사회적 비판을 받고 있던 우물가의 여인이 아주 흥미로운 사례 연구를 만들어 냈다. 그 여인에게 증언함에 있어서, 예수께서는 그 시대의 사회적 금기사항들을 넘어서셨다. 당시의 유대인들은 통상적으로 사마리아 사람과 여자에게 접촉하는 것을 피하고 있었다. "남자라면 누구든지 길을 가며 여자와 대화를 나누어서는 안 되며, 심지어 자기 아내조차도 대화하면 안 된다"[8]라는 것이 당시의 사회적 통념이었다. "한 여성에게 모세의 율법을 가르쳐 주느니 차라리 모세의 율법에 대한 말씀을 불태워 없애버리는 것이 더 낫다"라는 당시 랍비들의 견해를 예수님은 누구보다 잘 알고 있었을 것이다.[9]

아마도 예수님은 자신의 주장이 정당함을 밝히시기 위해서 그런 극단적인 실례를 선택하셨을 것이다. 우리는 어느 누구에게 언제든지 복음을 나누려는 준비가 되어 있어야만 한다. 바로 그것이 Any-3의 본질이다; Any-3는 당신으로 하여금 언제, 어디서, 누구에게나 복음을 나눌 수 있도록 장비를 갖추게 해줄 것이다. 예수님은 우물가에서 Any-3 복음전도의 원리들을 현실의 삶으로 이끌어 내셨다.

우물가에서 예수님이 여인과 나눴던 대화를 통해서, 예수께서는 자신의 제자들에게 복음을 전하는 방법에 대하여 그 때나 지금이나 역사적으로 검증된 매우 중요한 원리들을 보여주셨다. 다음에 이어지는 내용들은 오늘날 우리가 어떻게 당신에게 이와 동일한 원리들을 적용할 수 있는지를 보여줄 것이다. Any-3는 예수님이 우물가에서 행하셨던 것과 마찬가지로 우리가 언제나 증언을 잘 할 수 있도록 준비시켜 줄 것이다.

예수님은 그의 제자들과 함께 유다에서 갈릴리로 여행하고 있었다 (요 4:3). 갈릴리로 가기 위해서, **예수님은 반드시 사마리아를 통과해야 한다**고 성경은 말하고 있다. 하지만 실질적인 관점에서, 예수님은 굳이 사마리아를 통해서 가실 필요가 없었다. 만약 예수님이 서둘러야 했다면, 사마리아를 통한 길이 더욱 직접적이고 빠른 길이었기 때문에 그곳을 지름길로 통과하셨을 것이다. 그러나 예수님은 그 당시 굳이 서둘러야 하는 상황이 아니셨다. 예수님과 그의 제자들이 우물가에서 여인과 만난 후에도 이틀을 더 사마리아에서 머물렀기 때문에 이 사실을 알 수 있다(요 4:43). 예수님은 그의 아버지 하나님의 뜻을 따르기 위해 **반드시 사마리아를 통과해야만 했던 것이다.** 성령의 지도력을 따르는 것이야말로 좋은 증언의 시작이다.

어떻게 예수께서 우물가에서 증언하셨는가?
첫째 발걸음: 연결고리를 만들어라! (Get Connected)

공통적 연대감 세우기

예수께서 택하셨던 첫 번째 일은 여인과의 연결고리를 만드는 것이었다. "물을 달라!"(요 4:7). 예수님의 요구가 노골적이기 때문에 흥미롭다. 설령 거기에 자신을 소개하는 인사나 대화가 있었다 할지라도, 그것이 요한에 의해서 기록되지는 않았을 것이다. 일반적으로, 증언하는 대화는 그 사람의 가족의 고향이 어디인지, 그 사람이 어디에 살고 있는지, 혹은 날씨나 최근 시사문제, 등에 관한 사소한 담화와 더불어 시작하곤 했을 것이다. 비록 기록에는 남아 있지 않더라도 이런 내용의 가벼운 이야기가 오가곤 했을 것이다.

"물을 달라!"라는 말은 그 두 사람 사이의 공통선상 위로 직접적인 관계의 다리를 마련했다. 비록 둘의 배경이 전혀 달랐음에도 불구하고 이런 요구를 통해 예수님과 그 여인은 공통된 영역 위에서 만날 수 있었다. 물을 길어가기 위해 꽤 먼 거리로부터 그 우물로 왔어야 하는 점 역시 그들을 자연스럽게 연결되도록 만들어 주었다. 공통 기반을 찾아내는 것은 증언하는 대화를 발전시키는 데 있어서 첫 번째 목표다.

우물가에서 이루어진 예수님과 여인의 만남은 증언이 성공되도록 하기 위해서 반드시 특정 관계나 우정이 존재해야만 한다는 모종의 공통된 사회통념을 깨버린다. 실제로 그 여인은 자신과 예수님 사이에 커다란 차이점이 존재하고 있음을 인정하지 않을 수 없었다. 그 사마리아 여인은 이렇게 말했다, "당신은 유대인으로서 어찌하여 사마리아 여자인 나에게 물을 달라 하나이까?"(요 4:9) 그럼에도 불구하고 예수님은 단순한 공통적 연대감-목마름-을 찾아내셨다. 예수님과 그 여인은 공통된 인간의 열망과 필요를 나눈 것이다.

또한 예수님은 누군가가 복음을 귀 기울여 듣도록 만들기 위한 관계를 쌓기까지 많은 시간이 필요하다고 말하던 사회적 통념을 깨뜨리셨다. 예수께서는 그 사마리아 여인과 대화를 시작하셨으며, 이미 몇 분 이내에 영적인 문제들에 관한 대화 속으로 들어가셨다.

둘째 발걸음: 하나님을 향하게 하라! (Get to God)

영적인 문제들로 옮겨갔음

예수님은 사마리아 여인과 연결고리를 마련하신 후, 재빨리 영적인 문제들로 대화의 내용을 옮겨가셨다. 예수께서 짧은 다리를 놓으신

점은 매우 인상적이다. 그 대화는 공통적인 필요 위에 중심을 잡으며 빠르게 생명을 주는 물, 즉 생수에 관한 대화로 다리를 놓아갔다. 예수께서 대답하여 이르시되, "네가 만일 하나님의 선물과 또 네게 '물 좀 달라' 하는 이가 누구인 줄 알았더라면 네가 그에게 구하였을 것이요 그가 생수를 네게 주었으리라"(요 4:10). 예수께서는 영적인 문제들에 있어서 흥미유발을 위해 생수의 비유를 사용하셨으며, 그 여인이 더 궁금해하도록 내버려 두셨다.

셋째 발걸음: 잃어버린 자신을 보게 하라 (Get to Lostness)

여인 스스로 잃어버린 자기 자신의 실상을 보도록 이끌어 가심

예수께서는 근본적인 치유를 드러내기 위하여 여인의 문제의 핵심을 들추어 내셨다. 예수님은 그 여인이 스스로의 죄악을 무시하도록 내버려두지 않으셨으며, 혹은 그녀의 영적인 목마름을 야기시켰던 원인을 구체적으로 짚어보지도 않은 후 그 목마름을 채우도록 방치하지 않으셨다. 그 여인의 죄로 인한 결과물을 치유하기 위해서 그녀는 스스로 죄인됨을 깨달아야 했다.

예수님은 "주여 그런 물을 내게 주소서"(요 4:15하)라는 그녀의 요청을 즉시 허락하지 않으셨다. 그 대신, 16절에서 "가서 네 남편을 불러 오라!"고 말씀하셨다. 그 여인이 "나는 남편이 없습니다!"라고 대답함으로써 그 주제를 피해가려고 했을 때, 예수님은 "네가 남편이 없다 하는 말이 옳도다 너에게 남편 다섯이 있었고, 지금 있는 자도 네 남편이 아니니 네 말이 참되도다!"라고 대답하셨다. 이런! 예수님은 그 여인에게 그녀의 친구들을 부르라고 쉽게 말씀하셨을 수도 있었겠지만 예수님은 대신에 그녀가 자신의 영적으로 잃어버려진 상태와 죄악으로 가득한 상황을 볼 수 있도록 도와주셨다.

증언하는 대화의 이 부분에서, 예수님의 접근 방식은 우리의 접근 방식과 전혀 다르다. 예수님은 인격적인 죄가 없는 하나님의 아들이시기 때문에 우물가의 여인의 죄인됨과 동일시 될 수가 없으셨다. 예수님께서는 말씀하실 수 없으셨지만, 우리가 증언할 때 유일하게 말할 수 있는 것은 "우리도 역시 죄인입니다!"라는 고백이다. 우리는 우리가 증언하고 있는 그 사람과 더불어, 죄가 모든 인류의 보편적인 문제라는 사실에 공감할 수 있다.

예수님이 그랬던 것처럼, 우리는 죄와 그 결과에 관한 주제를 피해서는 안 되며, 또한 우리는 "내가 당신보다 더 거룩하다"라는 식의 태도를 어떤 식으로든 전달해서도 결코 안 된다. 보통 죄를 논하는 것과 하나님으로부터의 분리는 증인과 듣는 이 사이에 어느 때보다 더욱 강력한 결속력을 구축해 준다. 함께하는 곳이 침몰하는 배이지만, 어쨌거나 함께라는 것이다. 비록 우리가 함께 자주 나누는 관심사 중에서 공통되는 유대감을 볼 수는 있을지라도, 우리의 가장 큰 유대감은 우리의 삶 속에서 함께 나누었던 죄의 문제와 그 죄의 파괴적인 영향력들 속에서 발견된다.

항상 기억해야 되겠지만, 그래도 한 사람이 영적으로 잃어버려져 있는 상태임을 판단하는 것은 결코 우리의 일이 아니다. 그것은 바로 성령님의 일이신 것이다. "그가 와서 죄에 대하여, 의에 대하여, 심판에 대하여, 세상을 책망하시리라 죄에 대하여라 함은 그들이 나를 믿지 아니함이요 의에 대하여라 함은 내가 아버지께로 가니 너희가 다시 나를 보지 못함이요 심판에 대하여라 함은 이 세상 임금이 심판을 받았음이라"(요 16:8-11)

Any-3는 특히 무슬림에게 매우 효과적이다. 왜냐하면 Any-3는 무슬림들이 스스로 영적으로 잃어버려진 상태임을 인정하도록 인도하기 때문이다. 그리고, 성령님의 격려와 함께, 무슬림이 예수 그리스도의 희생적인 속죄 안에서 하나님께서 마련해 주시는 해결책을 받아들일 수 있게 한다. 한 기독교인이 우리의 공통된 죄악성과 그것에 대한 치유의 방향으로 대화를 이끌어 갈 때, 그는 구세주를 필요로 한다는 점을 일깨워주시는 성령님과 파트너 관계 속에서 함께 일하게 되는 것이다.

넷째 발걸음: 복음으로 인도하라! (Get to the Gospel)

예수님 자신을 메시아로 선포함

다시 우물가 이야기로 돌아가 보면, 예수님께서는 여인이 생각하는 종교적인 관습들과 구원의 참된 길 사이의 차이점을 드러내고 계셨다. 예수께서는 사마리아인과 유대인 사이의 종교적 차이를 알고 계셨지만, 그녀를 참된 예배로 이끄셨다.

그 대화는 다음과 같이 흘러간다:

"우리 조상들은 이 산에서 예배하였는데 당신들의 말은 예배할 곳이 예루살렘에 있다 하더이다. 예수께서 이르시되 여자여 내 말을 믿으라 이 산에서도 말고 예루살렘에서도 말고 너희가 아버지께 예배할 때가 이르리라 너희는 알지 못하는 것을 예배하고 우리는 아는 것을 예배하노니 이는 구원이 유대인에게서 남이라 아버지께 참되게 예배하는 자들은 영과 진리로 예배할 때가 오나니 곧 이 때라 아버지께서는 자기에게 이렇게 예배하는 자들을 찾으시느니라 하나님은 영이시니 예배하는 자가 영과 진리로 예배할지니라."(요 4:20-24)

예수님의 말씀에 따르면, 중요한 것은 하나님은 영이시기 때문에 예배 자체가 영과 진리 안에서 드려져야만 하는 것이지, 장소에 따라 치우쳐서는 안된다는 것이다.

보편적이거나 개인적인 죄의 문제에 관해 동의를 한 후, 예수께서는 그 대화를 해결책으로 바로 옮겨가셨다. 그렇다면 과연 구원은 어디로부터 오는 것일까? 예수께서는 자신이 바로 그 메시아라고 선언하심으로써 질문에 대답하셨다. (26절)

거의 모든 종교들이 불완전하고 망가진 신과의 관계를 회복하기 위해서 반드시 무엇인가를 해야만 한다는 것을 전제로 삼는다. 그런 종교들이 제시하고 있는 해결책들은 전형적으로 하나님과 인간 사이에 존재하는 바로 그 분리(分離)됨을 회복시키기 위한 노력에 기반을 두고 있다.

해탈을 추구하는 불교에서의 구원은 각자의 안에 있는 욕망을 모두 비움으로써 이루어진다. 힌두교의 구원은 만물과 "하나 됨"을 통해서 성취된다. 이슬람의 경우, 다섯 개의 기둥(계율)들을 지켜나감으로써 구원받을 수도 있다: 1) "알라 이외에 다른 신들은 없으며, 무하마드는 그의 메신저이다" 라고 이슬람 신앙고백 말하기, 2)메카를 향해 절하며 아랍어로 날마다 다섯 번씩 기도하기 3)자선금을 드리기 4)한 달의 라마단 기간 동안 금식하기 그리고 5)메카로 순례길 떠나기. 그 밖의 다른 종교들도 신으로부터 은총과 구원을 얻기 위하여 그들만의 길을 제시한다.

성경은 다른 종교들과는 전혀 다른 길을 제시한다. 수많은 기독교인들 역시 구원의 방법을 개인의 선행에 초점을 두며 이런 사실을 놓쳐 왔다. 하지만 성경이 가르쳐주는 구원이란 예수 그리스도의 희생적인 죽음과 인류의 모든 죄의 빚을 청산해 주신 그의 희생에 대한 믿음을 통하여 오는 하나님의 선물이라는 사실이다.

우리는 증언할 때, 스스로의 선행을 통한 구원과 예수 그리스도 안에서 하나님의 행하심을 통한 구원 사이에서 분명한 차이를 둬야 한다. 예수께서 말씀하시길, "네가 만일 하나님의 선물과 네게 물 좀 달라

하는 이가 누구인지 알았더라면 네가 그에게 구하였을 것이요 그가 생수를 네게 주었으리라"(요 4:10) 구원은 수고해서 얻어내는 것이 아니다; 그것은 하나님께로부터 오는 선물인 것이다.

다섯째 발걸음: 결심하게 하라! (Get to a Decision)

그 여인이 자기 메시지를 받아들이도록 하시고 그것을 따르도록 하셨다.

그 여인이 예수님의 메시지에 마음을 열지 않았더라면, 우리는 예수께서 제자들에게 말씀하셨던 다음의 충고에 주의를 기울이셨을 것이라고 추측할 수 있다. "어느 곳에서든지 너희를 영접하지 아니하고 너희 말을 듣지 아니하거든 거기서 나갈 때에 발 아래 먼지를 떨어버려 그들에게 증거를 삼으라 하시니"(막 6:11) 그러나 그 여인은 마음이 열려 있었고, 예수께서는 그녀를 믿음으로 인도하셨다. 요한복음은 예수께서 후속적인 인도를 위해 이틀 동안 그 지역에서 더 머무셨다고 말해주고 있다.

그물 당기기

누군가 관심이 없다고 말하지 않는 한, 당신은 "내가 지금까지 당신에게 말씀 드린 것(그 복음)을 믿으십니까?"라고 물음으로써 결심을 유도해야 한다. 이것은 그들의 개방성의 수준을 나타내는 유일하고 참된 지표가 된다. 많은 사람들이 복음을 처음 들을 때는 그리스도에 대해서 관심을 가질 것이다. 아마도 그 사람은 이전에 복음을 들은 적이 있거나 혹은 하나님께서 그의 마음을 준비시켜 주셨을 것이다. 확실하게 알 수 있는 유일한 방법은 질문해 보는 것이다.

나는 과거에 누구한테도 그가 복음을 처음 듣는다고 말하더라도 그가 복음을 믿는지에 대해 묻지 않았다. 나는 그가 하나 혹은 두 개의 '계단식 과정'을 통해서만 발전할 것이라고 생각했다. 그러나 이제 나는 주님께서 누군가를 구원으로 이끄실 때, 주님은 '계단식 과정'보다는 오히려 '엘리베이터 방식'을 사용하신다는 것을 깨닫게 되었다. 주님께서는 복음을 전혀 들어보지 못한 상태에서부터 순수한 믿음으로 구원받는 상태까지의 과정들을 거의 동시에 취하실 수 있었다. 그렇기 때문에, 그가 복음을 거절하지 않는 한 그것을 믿는지 안 믿는지 반드시 물어봐야 한다.

후속적인 지원 해주기

당신은 복음에 반응을 보인 사람들에게 처음 대화로부터 48시간 이내에 다시 방문하도록 시도해야 한다. 새로운 신자들이 복음을 고려하도록 혼자 내버려두게 될 때, 예수님은 사탄이 그들을 멀리 떨어뜨려 놓기 위해 애쓸 것이라고 경고하신 바가 있다. 길 가에 떨어진 씨앗들을 먹어버린 공중의 새들처럼, 씨앗이 뿌리를 내릴 수 있는 기회도 갖기 전에, 사탄이 그들의 마음으로부터 복음의 씨앗을 채가려고 시도할 것이다(눅 8:5)

후속적인 지원은 사마리아 여인의 믿음을 확고하게 해주고, 또한 그 여인을 통해 수많은 다른 사람들에게 복음이 전달될 수 있도록 하기 위한 열쇠였다. 우물가에서 그 여인을 넘어 복음이 전달되기 원하셨던 예수님의 열망은 그의 증언에서 일찍부터 확실히 나타난다. "가서 네 남편을 불러 오라"(요 4:16)는 말씀은 예수님께서 한 개개인을 믿음으로 이끌기보다는 한 그룹의 사람들을 건져 내시려고 설득하고 계셨던 것을 확실히 보여준다. 그리스도의 메시지에 대한 열린 마음을 보인 그 여인은 도성으로 들어갔고, 여러 사람들에게 이렇게 말했다. "내가 행한 모든 일을 내게 말한 사람을 와서 보라 이는 그리스도가 아니냐?"(요 4:29) 비록 여인의 물음이 부정적으로 명시되었다 할지라도, 사실상 예수가 메시아이심을 소망하는 것이었다. 예수께서는 다음과 같은 결과와 함께 이틀 동안을 그곳에서 머무셨다. "더욱 많은 사람들이 예수의 말씀때문에 믿게 되었다"(요 4:41)

당신은 제14장 "교회 개척 운동을 위한 후속조치로써 양육"에서 Any-3의 후속적 지원을 어떻게 행하는지에 대해 확실한 모습을 보게 될 것이다. 당신이 14장에 제안된 패턴을 따르면, 이미 스스로가 모종의 교회 개척 운동에 착수하고 있다는 것을 발견하게 될 것이다.

만약 Any-3가 정말로 사마리아 여인과 예수님께서 보여주셨던 복음 전도의 유형을 따르는 것이라면, 신약에 나오는 예수님의 제자들 또한 이와 동일한 유형을 보여줄 것이라는 것을 기대해볼 만하다. 사도행전에 나오는 복음전도를 돌이켜 볼 때, 이 말은 우리가 발견한 것과 정확하게 일치한다.

사도행전 초대교회 속에 있는 Any-3

사도행전 안에 있는 Any-3 유사점들[10]

사도행전 안의 증언은 예수께서 요한복음 4장 1-42절에서 추구하셨던 것과 동일한 기본 패턴을 반영한다. 사도행전 2장 14-41절; 3장 12-26절; 10장 34-48절; 그리고 13장 16-43절에서 우리는 복음전도적인 만남을 이룬 사람들에 대한 좀 더 폭 넓은 기록들을 발견할 수 있다. 각 사건이 Any-3 과정의 동일한 다섯 단계들을 보여준다. 1) 증언자가 하나의 연결고리를 만들어 냄, 2) 설명에 의해 이어지는 하나님에 대한 대화로 옮겨감, 3) 듣는 이의 죄악됨이, 4) 복음제시로 이어짐, 5) 반응을 이끌어냄.

사도행전의 각 단락에서, 증인은 예언들 속에서 예고된 것과 같이 혹은 증언들에 의해서 확인된 바와 같이 예수께서 인간의 죄악을 위해 죽으셨으며 또한 다시 살아나셨다는 것을 선포했다. 그 메시지를 듣고 있었던 사람들은 믿음과 회개를 통한 복음에 대한 응답이 예수님의 용서하심에 기인한다는 것을 확신하게 되었다. 예수께서는 항상 그리스도로서, 주님으로서, 그리고 장차 오실 심판자로서 언급되셨다.

Any-3의 원리들이 정확하고 효과적인 이유는, 사도행전에서 그랬듯, 이것의 원리들이 영적으로 길을 잃은 우물가의 사마리아 여인과 함께 했던 예수님이 보여주신 패턴에 기원을 두었기 때문이다. 다음에 이어지는 표는 사도행전에서 복음을 나눈 방법과 Any-3 패턴을 비교하여 이 둘이 어떠한 공통점을 갖고 있는지를 보여준다.

사도행전 유형	Any-3 유형
"유대인들과 예루살렘에 사는 모든 사람들아"(행 2:14) "이스라엘 사람들아"(행 3:12)	첫째 발걸음: 연결고리를 만들어라!
"이 사람들이 취한 것이 아니라… 이는 곧 선지자 요엘을 통하여 말씀하신 것이니"(행 2:15-16) "아브라함과 이삭과 야곱의 하나님… 그의 종 예수를 영화롭게 하셨느니라"(행 3:13)	둘째 발걸음: 하나님을 향하게 하라!

"너희가 법 없는 자들의 손을 빌려 못 박아 죽였으나"(행 2:23) "그들이 이 말을 듣고 마음에 찔려" (행 2:37) "너희가 그를 넘겨주고 빌라도가 놓아 주기로 결의한 것을 너희가 그 앞에서 거부하였으니…"(행 3:13-14)	셋째 발걸음: 잃어버린 자신을 보게하라!
"못 박아 죽였으나 하나님께서 그를 사망의 고통에서 풀어 살리셨으니" (행 2:22-24) "너희가… 생명의 주를 죽였도다 그러나 하나님이 죽은 자 가운데서 그를 살리셨으니"(행 3:13-16)	넷째 발걸음: 복음으로 인도하라!
"너희가 회개하여 각각 세례를 받고 죄 사함을 받으라" (행 2:38) "그러므로 너희가 회개하고 돌이켜 너희 죄 없이 함을 받으라" (행 3:18-20)	다섯째 발걸음: 결심하게 하라!

4

무슬림에게 증언하는 우물

Any-3는 예수께서 사마리아 여인에게 복음을 전하시면서 본을 보여주셨던 바로 그 접근방식을 뒤따르고 있다. 또한 그것과 동일한 복음전도 유형을 사도행전 안에서 공통적으로 발견하게 된다. 따라서 그것을 무슬림을 향한 증언을 위해 채용할 수 있다. 다음 단락은 당신에게 Any-3의 다섯 발걸음에 대한 더욱 완전한 묘사를 마련해준다.

증언하는 우물을 향한 다섯 발걸음
첫째 발걸음: 연결고리를 만들어라 (Get Connected)

다정한 대화를 통해 관계를 만들어 내라

우리는 두 개의 질문으로 관계를 만들어 낸다. "당신은 누구신가요?(Who are you?)와 "당신은 요즘 어떻게 지내십니까?(How are you?)" 영적인 문제들로 옮겨가기 전에 그 사람과 친해지는 것을 즐겨라. 긴장을 풀고, 그들과 더불어 일상에 대해 소통하면서, 그들이 요즘 어떻게 지내는지 물음으로써 친밀하게 알아가길 바란다.

어떤 사람들의 경우에는, 관계를 형성하는 것까지 3-7분정도 밖에 안 걸리지만, 다른 사람들의 경우, 10-15분이 걸릴 수도 있다. 그러나 관계를 확립하는 일은 당신이 증언하는 일을 시작하기 전에 굉장히 중요한 단계이다.

둘째 발걸음: 하나님을 향하게 하라! (Get to God)

영적인 문제들로 옮겨가라

"하나님을 향하게 하라!"는 대화를 영적인 문제로 옮겨가는 것과 "우리가 모두 죄인들"이라는 것을 얘기하는 것에 목표를 둔다. 하나님을 향하기 위한 Any-3의 다리는 아주 단순하다. 물론 당신은 복음을 나누려고 상대방의 마음의 문이 열리도록 기도하겠지만, 비록 그 문이 닫혀 있더라도, 개의치 말고 계속해서 진행해 나가라. 그리고 그 문을 열어라. 기억하라! 우리는 문이 열리기를 기도하는 지시를 받은 것이 아니라, 복음을 선포하라는 지시를 받았다는 사실을(막 16:15)! 그런고로, 열린 문을 위해 기도하라, 그리고 하나님에 관한 대화로 이끌 수 있도록 도움이 되는 다음의 질문들을 사용하라.

이렇게 물으며 시작하라: "당신의 종교는 무엇인가요?" "당신은 힌두교인이신가요? 이슬람교인이신가요? 불교인이신가요? 아니면 기독교인이신가요?" 다음 질문을 던진 후에, 관찰하라: "대부분의 종교들은 한결같이 비슷하지 않나요? 우리는 모두 하나님을 기쁘시게 하기 위해 노력하고 있고, 그렇게 살면, 언젠가 천국으로 갈 수 있을 것이라고 생각하며, 우리의 죄의 빚을 갚으려고 노력하고 있지 않나요? 우리는 모두 죄를 짓고 있어요. 그렇죠? 심지어 착한 사람도 죄를 짓고 살지요. 죄를 짓는 것은 너무도 쉽지만, 하나님께 우리가 지은 죄의 빚을 갚는 것은 정말 어려운 일이에요. 그렇지 않나요?"

셋째 발걸음: 잃어버린 자신을 보게 하라! (Get to Lostness)

우리의 공통된 죄의 문제를 얘기하고 그들이 종교적 의무들을 실패하여 신앙적으로 좌절했던 경험들을 스스로 말할 수 있도록 하라

사람들에게 그들이 잃어버린 상태에 있음을 깨닫게 하는 과정은 복잡하게 들릴 수 있지만, 사실 매우 쉽다. 대부분의 종교를 가진 사람들은 그들의 죄의 빚을 갚기 위해서 종교적인 활동들을 하고 있다. 그렇기 때문에, 우리는 그들에게 이렇게 물을 수 있다. "당신은 당신의 종교를 따라, 죄의 빚을 갚기 위해 무엇을 하고 계신가요?"[11]

바로 이 부분에서, 그들이 자유롭게 말하도록 해주는 것이 좋다. 그 사람이 죄의 빚을 청산하기 위해 신에게 어떤 일을 한다고 대답할 때마다, 그것에 관해 더욱 자세히 물어보라. 일단 그 사람이 죄의 빚을 청산하기 위해 행하고 있는 것에 관해서 얘기하게 되면, 다음 단계로 넘어가기 위해 다음과 같이 세 가지 질문들을 사용해 보라.

세 가지 시인을 유도하는 질문

1. 당신의 죄는 완전히 용서받으셨나요?
2. 그러면 언제 당신의 죄가 완전히 용서받을 수 있을까요?
3. 결국 최후의 심판 날에, 당신의 죄가 완전히 용서받게 될 것 같나요?

연결고리를 만들고, 하나님에 관한 대화로 유도한 다음, 무슬림 친구를 영적으로 잃어버린 상태에 처해있음을 인정하게 해줬다면, 다음과 같은 얘기를 통해 복음에 접근할 수 있다. "제가 믿는 것은 완전히 다릅니다! 저는 저의 죄가 이미 다 용서 받았다는 것을 알고 있습니다, 그것은 제가 착한 사람이라거나 착한 사람이 되려고 노력하기 때문에 용서 받은 것이 아닙니다. 저의 죄가 용서받은 이유는 하나님께서 저의 모든 죄를 용서하시기 위해 새롭고 유일한 길을 만들어 주셨기 때문입니다." 그리고 나서, 6장에 나오는 처음과 마지막 희생 이야기를 나누어라.[12]

넷째 발걸음: 복음으로 인도하라! (Get to the Gospel)

6-8분 정도, 처음과 마지막 희생 이야기를 관련 지어라

처음과 마지막 희생 이야기야말로 Any-3를 사용하여 무슬림들과 더불어 그 복음을 나누는 길이다. 우리는 단지 그 복음에 관한 전제적인 진리들을 되풀이하는 것보다는 그 복음의 이야기 자체를 말해준다.

처음과 마지막 희생 이야기로 넘어가기 위해 다음과 같은 질문을 사용하라: "우리는 우리 자신의 죄 값을 도저히 다 갚을 수는 없지만, 하나님께서 친히 예수님의 희생제물을 통해서 우리의 모든 죄가 용서받을 수 있는 새롭고 유일한 길을 만들어 주셨다는 것, 이 진리가 일리있지 않나요?" 그리고 "당신은 예수께서 우리 죄를 위한 희생제물로 죽으셨고, 또한 그 죽음으로부터 부활하셨다는 것을 믿으시나요?"

다섯째 발걸음: 결심하게 하라! (Get to a Decision)

이러한 옮겨가는 질문들을 물은 후에, 셋 중 하나의 대답을 예상할 수 있다:

1. 그들이 복음을 믿을 수도 있다.
2. 그들이 복음에 대하여 열린 마음을 가질 수도 있지만, 아직 예수님에 대한 믿음을 고백할 준비가 되지는 않을 수도 있다.
3. 그들이 복음을 아직 믿지 않을 수도 있다.

다음과 같이 세 가지의 반응에 대응할 준비가 되어 있어야 한다:

1. 만약 그들이 복음을 믿는다면:

회개와 복음에 대한 믿음을 통해 그리스도를 나의 주인으로 고백함으로써 나를 의탁해야 할 필요성을 강조하고, 로마서 10장 9-10절의 복음의 말씀을 설명해줘라. "네가 만일 네 입으로 예수를 주로 시인하며, 또 하나님께서 그를 죽은 자 가운데서 살리신 것을 네 마음에 믿으면 구원을 받으리라 사람이 마음으로 믿어 의에 이르고 입으로 시인하여 구원에 이르느니라"(롬 10:9-10)

이제 그들의 삶을 그리스도 주님께 의탁할 수 있도록 하나의 기도로 그들을 인도해 주어라.

2. 만일 그들이 복음에 열려있지만, 아직 믿음을 고백할 준비가 되어 있지 않다면:

부록 A에 있는 구약의 희생 제물과 양육을 위한 이야기들 중 하나(가인과 아벨과 같은 이야기)를 그들에게 간략하게 말해줘라. 하나님께서 요구하시는 바로 그런 희생 제물을 강조하라. 성경의 다른 희생 제물 이야기를 함께 공부하기 위해 다시 당신과 만날 수 있도록 그들을 초대하라. 예수님의 이름으로 그들을 위한 기도를 제안한다.

3. 만일 그들이 복음에 열려있지 않다면:

하나님께 그들의 죄악의 빚을 청산하기 위한 목적으로 행하는 그들의 종교적인 활동과 우리의 복음 사이의 결정적인 차이점을 강조하면서, 다시 간략하게 복음을 요약해줘라. 그러고 나서, 주제를 바꿔도 되고 그것이 여의치 않을 경우 계속해서 같은 주제로 이야기를 이어나가더라도 무방하다. 당신은 당장 지금이 아니더라도 당신이 떠난 후 추수의 수확을 가능케 하는 복음의 씨앗을 심은 것이 되는 것이다.

문제가 되는 요소들

사탄은 끊임없이 복음전도를 성공하지 못하도록 방해한다. 사탄은 곧 "이 세상의 신(사탄)이 믿지 아니하는 자들의 마음을 혼미하게 하였으며"(고후 4:4) 그럼에도 불구하고 그들은 "(그들로 깨어 마귀의 올무에서 벗어나) 하나님께 사로잡힌바 되어 그(하나님) 뜻을 따르게 하셨다"(딤후 2:26) 사탄은 또한 증언을 멈추도록 하기 위해 속임수를 사용한다. 복음을 나눠 본 모든 사람들은 복음이라는 좋은 소식을 벗어나 엉뚱한 증언을 하도록 필사적으로 속삭이는 자의 목소리를 듣게 된다. 그 대화가 복음에 관한 것이 아닌 한, 거기에는 어떤 긴장감도 없다. 그러나 그 증언이 영적인 진리로 옮겨갈 때, 사탄과의 전쟁은 계속된다.

증인이 복음을 나누기 시작할 때, 사탄은 그가 도망갈 수 있는 수많은 기회들을 보여줄 것이다. 보통의 경우, 증인이 증언을 멈추도록 압박을 주는 장애물은 세 가지다. 바로 이 세 가지 장애물과 만나는 중요한 순간에서 증인들은 그들 스스로를 그리스도의 영에 의탁해야 하고 효과적으로 복음을 나누기 위해 계속해서 나아가야 한다.

첫 번째 장애물은 증인이 가벼운 대화로부터 영적인 진리로 대화의 주제를 옮겨갈 때 귀에 속삭이듯 다가온다. "지금은 아니야, 여기서는 안돼, 그렇게 직접적으로 얘기하면 안돼" 이런 목소리들이 우리의 길에 빈번하게 쏟아대는 화살들의 예시들이다. 고작 이런 작은 대화 속에서 막혀버리지 말라. 왜냐하면 이로 인해 영원한 생명에 관한 더욱 더 중대한 주제들이 위태로워질 수 있기 때문이다.

두 번째 장애물은 우리가 성령님과 함께 어떤 사람에 대해 그가 영적으로 잃어버려진 상태에 처해 있다는 사실을 깨닫고 인정하도록 사역할 때 나타난다. "제가 믿는 것은 완전히 다릅니다!"라고 언급함으로써 복음으로 옮겨가려 할 때마다 사탄은 속삭인다 "너무 일러, 그렇게 불쑥 얘기를 꺼내면 안되지, 너무 단도직입적으로 말하는 거 아니야? 분명 저 사람들은 기분이 불쾌해지고 너와 복음에 대해서 더 이상 귀를 기울이지 않게 될 거야."

세 번째 장애물은 그물을 당겨야 할 때 다가온다. 우리는 지금까지 그들이 복음을 믿는지 안 믿는지 직접 묻기 전까지는 절대 알 수 없다는 것을 배운 바 있다. 이러한 마지막 질문은 그 사람이 복음에 대해 열려 있고, 믿을 준비가 되어있는지, 혹은 아직 열려 있지 않은 상태인지를 구분해서 보여주는 하나의 필터와 같다. "당신은 저와 방금 전까지 나눈 얘기를 믿나요?"라고 질문함으로써, 당신은 믿음과 세례와 제자훈련과 같은 결과물을 낳을 수 있도록 영적인 뒷받침을 위한 문을 열 수 있다.

그들을 영적으로 잃어버려진 상태로 내버려두어서는 안 된다. 그들을 영생으로 구원할 수 있도록 좋은 소식이 되어주는 바로 그 복음을 전해주어야 한다!

그리스도인들이 성령을 앞세워 걸어가며, 복음을 나누고, 그물을 끌어당길 때, 모든 사람들이 열린 태도를 보이고 믿음으로 나아온다. 우리는 일부가 되었던 초기의 개종운동에서, 순례자들을 위한 메카(Mecca)에 이미 다녀온 적이 있는 한 무슬림 남성과의 첫 만남에서 예수님께 신앙을 고백했다는 놀라운 이야기를 두 명의 개종자를 통해 듣게 되었다. 그는 "우리가 한 일은 단지 그 복음을 나누고, 그에게 그리스도를 영접하기를 권한 것뿐이에요." "그리고 그는 영접했죠!"라고 말했다.

세 가지의 문제되는 요소들

1. 당신이 작은 대화로부터 영적인 대화로 옮겨갈 때.
2. 당신이 주제를 옮기는 말을 시작할 때: "제가 믿는 것은 완전히 다릅니다."
3. 당신이 다음과 같이 물으며 그물을 끌어 당기려 할 때. "당신은 방금 전까지 제가 말씀해드린 우리의 죄를 위한 예수님의 희생제물적 죽음에 관한 이야기를 믿으시나요?

제2부

다리 놓기와 벌침(蜂針)

5. 하나님에 관한 대화로 이어주는 다리 놓기
6. 복음의 이야기를 전하기
7. Any-3의 깊은 이해
8. 벌침들과 그 독성의 해독효과
9. 동기 부여 _성공으로 이어지는 Any-3 다리
10. 유일한 메시지 _성공으로 이어지는 Any-3 다리
11. 메시지 전달자(The Messenger) _성공을 위한 Any-3 다리들
12. 메시지 전달하기(Messaging) _성공을 위한 Any-3 다리들

5
하나님에 관한 대화로
이어주는 다리 놓기

수많은 사람들에게 있어서, 작은 대화로부터 하나님에 관한 큰 주제의 대화로 옮겨가는 것은 사실상 어렵다. 그들은 무엇을 말해야 할지 전혀 알지 못하고, 대화가 긴장과 불편함을 만들어 낼 수도 있다는 우려 때문에 하나님에 대한 대화로 마지못해 나아간다. 우리가 훈련한 사람들의 경우, 많은 놀라운 사실 중 하나는 가족과 친구들에 관한 이야기를 하듯이 하나님에 관한 얘기를 하는 대화가 자연스러워진다는 것이다.

영적인 문제들에 관한 이야기를 시작하기 위해, 우리는 사람들에게 공격적이지 않은 방식으로 그들의 종교에 대해 물어본다. 나와 대화하고 있는 그 사람이 무슬림이라는 사실을 확실히 알고 있다 할지라도, 나는 그에게, "선생님! 힌두교, 이슬람교, 불교, 유교, 혹은 기독교 중 어떤 것이 당신의 종교인가요?"라고 질문한다.

나는 그가 무슬림이라는 사실을 분명히 알고 있다 할지라도, 그가 힌두교도인지 아닌지를 물어본다. 첫째로, 먼저 다른 선택을 제시함으로써, 그 질문이 "당신 무슬림이죠?"라고 물어보는 것처럼 위협적인 소리로는 전혀 들리지 않는다. 둘째로, 내가 사는 지역 안에는 힌두교들이 함께 살아가고 있다. 그러므로 실제로 당신의 지역 안에 현존하는 종교들을 확실히 염두에 둬야 한다.

대다수 종교들 간의 유사점에 관한 얘기를 해줌으로써 그 사람의 종교에 관한 질문에 대해 후속적으로 지원할 수가 있다. 물론 내가 "모든 종교들은 비슷하고 똑같다!"라는 의미로 말하는 것이 아니라는 점을 주의해주길 바란다. 하지만 거의 모든 종교들이 비슷한 것은 사실이다. 왜냐하면 사람들이 선을 행하거나 혹은 종교적인 활동들에 의해서 신에게 다가서려 하는 시도를 보여 주기 때문이다. 그와 같은 뜻을 실용적으로 다른 방법을 통해서 말하자면 "우리의 종교들 간에는 실제로 많은 유사점들이 있지 않습니까?" 라고 말할 수도 있다.

Any-3의 다리 놓기는 나의 경우에 있어서 아이러니하다. 왜냐하면 그 접근방법이 내가 처음에는 몹시 싫어했던 그런 관용구를 장점으로 취하고 있기 때문이다. "모든 종교들은 사실상 비슷하지요"라는 구절이 초기의 해외활동에서 많은 생산적인 영적 대화들을 없애버렸다.

그런데 이제 나는 그 구절을 하나님에 관한 대화로 이어주는 다리를 놓는 방법으로써 터득하게 되었다.

모든 종교들의 유사점에 관해 얘기하는 것은 벽을 만드는 대신 다리를 놓고 있는 것이다. 서로 동의 할 수 있는 어떤 것을 찾아내는 일은 대화에 있어 아주 좋은 출발점이 되기 때문이다. "대다수의 종교들이 사실상 비슷하다"라는 말로 대화를 시작해나가다가, 2-3분 후에 우리에게 "그런데 제가 믿는 것은 완전히 다릅니다!"라고 대화를 이어갈 수 있는 기회가 주어지게 된다. 이어서 복음의 이야기를 전해 줄 수 있는 기회를 포착하게 된다.

대다수의 종교들이 비슷하다고 말한 후에, 우리는 두 가지의 유사점을 집어낼 수 있다. 첫째는 우리는 모두 하나님을 기쁘시게 하려고 노력하고 있다는 점이다. 둘째는 우리는 모두 우리의 죄악의 빚을 청산하거나 혹은 용서받으려고 노력하고 있다는 점이다. 바로 이 점이 우리는 모두 죄인들이라는 것과 또한 우리 스스로는 죄에 대한 빚을 청산하는 것이 절대로 불가능하다는 것을 얘기할 수 있는 기회를 주기 때문에 우리는 두 번째 유사점을 강조해야 한다.

"대다수 종교들이 비슷하지 않습니까!"라는 말은 우리가 하나님에 관한 대화의 문을 열어주는 말이 된다. 이때, 종교를 비교하는 것에 치우쳐서는 안된다. 다리에서 오랜 시간 지체해서는 안되며, 약간의 코멘트만 한 후, 즉시 죄에 대한 이야기를 시작하라!

하나님에 관한 대화로 옮겨가려고 시도할 때, 증언하는 사람은 자주 대화를 긴장되게 만든다. 사람들이 일상생활의 것들을 이야기 할 때처럼 편안한 어조(語調)로 하나님에 관한 이야기를 시작할 수 있을 때, 사람들은 증언하는 과정에서 길을 찾는 경험을 하게 된다. 그 대화의 후반부에서, 성령님의 죄에 대한 확신의 역사 때문에 복음을 듣는 이는 내적 갈등을 경험할 수도 있다. 그래도 증언자가 대담하게 작은 대화로부터 하나님과 그 복음과 또 결심으로 대화를 인도해 나간다면, 이런 내적 갈등은 그에게 불필요해 진다.

변형(Variations)

종교에 관한 질문은 종교다원주의적인 사회 속에서 무슬림들과 하나님에 관한 대화로 향한 자연스러운 다리 역할을 하게 되는 것으로 검증이 되고 있으며, 실제로 증언자와 다른 사람의 사이의 관계를 강화해준다. 오직 하나의 종교만 합법적으로 인정되는 사회(이를테면, 이슬람국가들)에서, 증언자는 종교에 관한 질문은 그냥 넘기고, 우리는 모두 죄인이라는 사실과 함께 얘기를 시작하면 될 것이다. 이 부분은 다음과 같은 질문을 통해 뒷받침된다. "당신은 당신의 죄의 빚을 청산하기 위해서 무엇을 하고 있습니까?"

국내의 신자들은 듣는 사람의 선호하는 종교에 대해 알아야 함에도 불구하고, 다리 놓기를 사용할 수 있을까? 흥미롭게도, 많은 국내의 그리스도인들이 같은 다리 놓기 방법을 사용하고 있다, 특히 그들이 미처 현지라고 알아차리지 못한 지역으로 들어갈 때도 그 다리 놓기를 사용한다. 그들은 간접적인 질문방식과 복음대화에 관한 틀이 갖춰진 방식을 마음에 들어 한다. 그들이 아는 사람들과 더불어 몇몇의 현지 신자들은 질문을 다음과 같이 바꿔서 사용한다. "아직 당신의 기도제목을 말 못했나요?" 혹은 "오늘 빈민 구호품 내셨어요?" 이런 질문에 뒤따라서 "대다수의 종교들은 정말 비슷하지 않습니까?"라는 말을 덧붙인다.

이러한 종교 질문이 왜 효력이 있는지에 대한 이유를 이해하기 전까지는 응용에 앞서 조심해야 한다. 종교 질문은 대부분의 종교들이 비슷하다는 전제를 설정하며 공통된 틀을 갖도록 허용해주기 때문에 매우 효과적이다. 또한 밑바닥에 있는 죄악의 문제들을 직접적으로 다루기 때문에 아주 효과적이다. Any-3의 다리놓기는 문제의 보편적인 증상인 기쁨, 평화, 번영 등의 결핍을 다루는 것 대신에 효율적이면서도 관계적으로 핵심적인 논제들로 이어준다.

3가지 공통적인 반응들

우리가 하나님에 관한 대화로 다리를 놓아 다가갈 때, 사람들은 일반적으로 다음의 세 가지 방식 중 하나의 반응을 보인다. 각각의 반응에 있어서, 우리는 그 대화를 "거의 모든 종교들은 다 비슷하지요, 그렇지 않습니까?"라는 질문을 통해 기본적 전제로 돌아갈 수 있도록 만든다.

반응 # 1:

"나는 무슬림이지만, 나는 모든 종교들이 좋은 것이라고 믿습니다!"

Any-3 응답: 맞아요. 대부분의 종교들은 한결같이 비슷하지 않나요? 우리는 모두 하나님을 기쁘시게 하려고 노력하고 있지요, 그리고 우리는 우리의 죄를 용서받으려고 노력하고 있지요. 하지만 우리는 모두 죄인이지 않나요?

반응 # 2:

"나는 무슬림입니다!(이어지는 침묵)"

Any-3 응답: 대부분의 종교들은 한결같이 비슷하지 않나요? 우리는 모두 하나님을 기쁘시게 하려고 노력하고 있지요, 그리고 우리는 우리의 죄를 용서받으려고 노력하고 있지요. 하지만 우리는 모두 죄인이지 않나요?

반응 # 3:

"나는 무슬림입니다. 당신은 어떤 종교를 믿으시나요?"

Any-3 응답: 저도 종교적인 가정에서 자랐어요.[13] 저는 하나님을 기쁘시게 하기 위해 착한 사람이 되려고 열심히 노력하곤 했어요. 그런데 착한 사람이 되려고 아무리 노력해봐도 제 스스로 만족할 만한 착한 사람이 될 수는 없었어요. 하나님은 하늘에 계시고 거룩하시지만, 땅 위에 있는 우리는 거룩하지 못해요. 우리는 우리의 종교를 통해서 선행으로 하나님을 기쁘시게 하려고 애써보지만, 그것으로는 결코 충분하지 못해요. 우리는 올라가지만 곧 떨어지고 말아요. 다시 올라가지만 또 떨어지고 말아요. 그것은 정말 우리에게 실망감을 주지 않나요? 대부분의 종교들은 한결같이 비슷하지 않나요? 우리는 우리의 죄를 용서받기 위해, 하나님을 기쁘시게 하려고 노력하고 있어요.

만일 당신이 응답 #3에 해당된다면, 부록 B에 나와있는 "인간의 노력으로는 결코 죄를 용서[대체(代替)]할 수 없습니다!" 라는 제목의 예화를 사용할 수 있다.

6
복음의 이야기를 전하기

무슬림을 위해 증언하는 수많은 복음전도자들은 구약의 희생 제물에 대한 이야기들이 그들에게 복음을 선포하는데 있어 아주 효과적이라는 사실을 알게 됐다. 초기에 복음이 우리의 정황 속에서 전파되기 시작했을 때, 우리는 예수 그리스도께서 세상의 모든 죄를 짊어지고 가는 하나님의 어린 양이라는 사실을 마무리로 하며 다섯 가지 희생 제물들에 관한 이야기를 간략하게 말하였다. 그러나 우리는 시간이 지남에 따라, 첫 만남에서 복음에 대한 이야기와 함께 아담과 하와의 이야기를 나누면서 시작하는 것이 훨씬 더 효율적이고 효과적이라는 사실을 깨닫게 되었다. 우리는 이 이야기를 처음과 마지막 희생 이야기라고 부른다.[14] 복음에 대해 마음이 열린 사람들을 만났을 때, 나머지 희생 제물에 대한 이야기들은 추가적으로 받쳐주는 이야

기로써 사용한다.[15]

처음과 마지막 희생 이야기
제1부: 예수

하나님의 말씀[16]이 되시는 예수님은 태초부터 하나님과 함께 하늘에 계셨다. 그는 동정녀(처녀) 마리아를 통해 이 세상에 태어나셨다. 성경과 꾸란 모두 이런 사실을 가르치고 있다. 예수님은 상상할 수 있는 모든 방법을 통해 유혹을 받았음에도 불구하고 결코 죄를 범하지 않으셨다. 예수님은 자신의 육체의 욕망들을 극복하셨다. 그분은 한번도 결혼하시지 않으셨고, 살인하지 않으셨으며, 자신을 위한 재물들을 모으지도 않으셨다.[17] 예수님은 40일을 밤낮으로 금식하는 동안에도 마귀에 의해 시험을 받으셨지만 결코 죄를 짓지 않으셨다.

예수님은 위대한 기적들을 행하셨다. 그는 귀신들을 쫓아내셨으며, 병자와 맹인을 고치시고, 심지어 죽은 사람도 살려내셨다.

예수님은 죽음을 생각할 늙은 나이가 아니셨음에도 불구하고, 스스로의 죽음에 대해 예언하시기 시작하셨다는 점은 흥미로운 사실이다. 그분은 자신의 제자들에게 이렇게 말씀하셨다. "나는 반드시 죽어야 한다. 그러나 나는 다시 살아날 것이다." 예수께서 왜 "나는 반드시 죽어야만 한다"[18]고 말씀하셨는지 당신은 그 이유를 아는가?

제2부: 왜 예수님은 죽어야만 하셨을까?

아담과 하와 이야기

바로 그 해답은 타우라트(Taurat; 무슬림들이 모세 오경이라고 부르는 것)에 있다. 타우라트는 우리에게 하나님께서 창조하셨던 첫 인간인 바로 아담과 하와에 대해 말하고 있다. 하나님께서는 그들을 에덴 동산이라고 부르는 완벽한 낙원 안에 두셨다. 그들에게는 선악을 알게 하는 나무의 실과를 제외한 동산 안에 있는 모든 나무의 실과들을 먹을 수 있는 엄청난 자유가 주어졌다. 하나님께서는 만일 그 나무의 열매를 따먹는다면 죽게 될 것이라고 그들에게 경고하셨다.

죄에 대한 눈가림

어느 날, 사탄이 뱀의 형상으로 하와 앞에 나타나 그녀로 하여금 하나님께서 일찍이 금지하셨던 그 열매를 먹으라고 유혹했다. 그녀는 그 열매를 따먹었고, 그것을 아담에게 권했으며 그 역시 그것을 먹었다. 그러나 하나님께서는 모든 것을 알고 계시기 때문에, 그들을 찾아서 아담과 하와에게 불순종에 대한 벌을 내리셨다.

하나님의 형벌

불순종에 대한 형벌로써 하나님께서는 아담과 하와를 그 낙원의 동산으로부터 추방하셨으며, 결국 그들은 죽고 말았다. 하나님의 열망은 그들이 영원히 사는 것이었지만, 그들의 죄악 때문에 그들은 낙원을 상실했고 죽고 말았다.

6. 복음의 이야기를 전하기

타우라트에서 아담과 하와가 오직 한 번의 죄 때문에 결과적으로 심판과 죽음에 이르렀다고 말하는 것은 흥미로운 점이다. 아담과 하와는 착한 사람들처럼 보여진다. 아마도 우리보다도 더욱 착했을 것이다. 아마도 그들은 이미 수백 가지의 선행들을 행하였을 것이다. 그들은 사람을 죽인 적도, 간음을 한 적도 혹은 무언가를 훔친 적도 없었을 것이다. 그러나 그들은 **겨우 한 번** 불순종하였으며, 그리고 바로 그것이 죽음을 야기했다. 가끔 우리는 우리의 나쁜 행위보다 선한 행위가 더 많다면 우리의 죄들이 용서받을 것이라고 생각한다. 그러나 성경은 그렇게 말하고 있지 않다.

약속된 구세주(Savior)와 새로운 의복들

그러나 하나님께서는 여전히 아담과 하와를 사랑하셨다. 그래서 그분은 그들의 죄가 용서받을 수 있는 길을 만드셨다. 아담과 하와에 대한 하나님의 심판을 선고하신 후에, 하나님께서는 그들을 속였던 뱀(사탄) 역시 심판하셨다. 하나님은 사탄도 구세주에게 상처를 입히겠지만, 사탄의 머리를 짓뭉개 버릴 그 구세주가 여인의 후손으로부터 나올 것이라는 사실을 약속하셨다. 이어지는 수 세기에 걸쳐, 수많은 하나님의 선지자들이 세상의 죄들을 모두 없앨 구세주가 오신다는 것을 앞서 예언했었다.

그 후 하나님께서는 매우 재미있는 어떤 일을 행하셨다. 그분은 아담과 하와의 옷을 바꿔 입히셨다. 하나님께서는 아담과 하와가 나뭇잎으로 만들어 입은 옷을 친히 짐승의 가죽으로 만든 새로운 옷으로 바꿔 입혀 주셨다. 물론, 이 옷을 만들기 위해서는 어떤 동물이 반드시 죽어야만 했다. 아무 잘못이 없는 동물의 죽음은 아담과 하와의 죄를 덮어버리기 위해 하나님께서 지불하셨던 대가(代價)였다. 하나님은 아담과 하와를 사랑하셨기 때문에, 그들의 죄악의 용서를 위한 첫 번째 희생 제물을 친히 주셨다. 성경은 피의 흘림을 떠나서는 죄의 용서가 절대 있을 수 없다고 우리에게 말한다(히 9:22). 그 첫 번째 희생 제물 이후로, 우리의 조상들 모두가 그들의 죄악을 용서받기 위해 희생 제물을 드려 왔던 것이다: 아담과 하와, 가인과 아벨, 노아, 아브라함, 모세, 다윗, 그리고 다른 사람들이 그랬던 것처럼.

제3부: "바로 그것이 예수께서 죽으셔야만 했던 이유이다!"

그러고 나서 동정녀로부터 태어난 예수께서 오셨던 것이다. 예수께서는 죄 없는 삶을 사셨으며, 위대한 기적들을 행하셨다. 예수님이 사역을 시작할 때, 요한이란 이름의 선지자가 예수님을 바라보며, 이렇게 말했다. "보라, 세상 죄를 지고 가는 어린 양이로다!"(요 1:29)

정말 흥미롭지 않는가? 예수께서는 "하나님의 어린 양"이라고 불렸다. 왜 그랬을까? 어린 양은 희생 제물을 위해 사용된 동물이었기 때문이다. 당신은 나의 질문을 기억하는가: "당신은 예수께서 왜 '나는 죽어야만 한다'고 말씀하셨는지 아시나요?" 이것이 예수께서 "나는 죽어야 한다"고 말씀하신 이유이다.

예수님은 우리의 죄악의 값을 지불하기 위한 하나님의 희생 제물이 되려고 오신 것이었다. 바로 이것이 예수님이 스스로를 십자가에 못 박히도록 유대인 지도자들과 로마 병정들에게 굴복하신 이유이다. 예수님은 당신의 죄악과 나의 죄악을 위한 하나님의 희생제물이었다.

죽어가고 있을 때, 예수께서는 이렇게 큰 소리로 외치셨다. "다 이루었도다!" 우리의 죄라는 빚이 이제 완전히 청산되었다는 것을 의미하면서 말씀하셨던 것이다. 그 직후에, 예수께서는 머리를 떨구셨고 이내 곧 목숨을 잃으셨다. 그러나 예수께서는 삼일 만에, 그가 일찍이 약속하셨던 것처럼, 죽음으로부터 부활하셨다. 그 다음 40일 동안, 예수께서는 자신을 따르는 500명이 넘는 이들에게 나타나셨으며, 그 후 하늘로 올라가셨다. 장차 어느 날, 우리는 예수님이 모든 인류를 위한 심판자로서 이 땅으로 재림하실 것을 알고 있다.

결론: "바로 그것이 나의 죄가 이미 완전히 용서받았다는 것을 알고 있는 이유이다!"

성경은 만일 우리가 우리의 삶을 주님 되신 예수님께 의탁하고 또한 예수께서 그의 희생 제물을 통해 우리의 죄악에 대한 값을 지불하셨다는 것과 또한 하나님께서 죽은 자로부터 예수님이 부활하신 것을 믿는다면, 우리의 죄악들은 용서받게 된다는 것을 말해주고 있다. 그리고 **바로 그것이 내가 나의 모든 죄를 용서받았다는 것을 알고 있는 이유이다.**

Any-3 이야기의 특징들

흥미롭다

처음과 마지막 희생 이야기에서 내가 정기적으로 "그것은 정말 흥미롭습니다!"라는 구절을 사용하는 것을 주목하라! Any-3에서, 이런 표현 구절은 복음을 듣고 있는 사람이 놓치지 않았으면 하는 중요한 요점들에 그 사람의 이목을 집중시킨다.[19]

이 이야기의 첫 번째 "흥미로운" 부분은 예수께서 스스로의 죽음을 예언하셨다는 것이다. 그 다음 흥미로운 점은 아담과 하와가 겨우 한 번의 죄를 범했음에도 불구하고 죽음이라는 형벌이 주어졌다는 것이다. 하나님에 의한 이런 행위가 성경 안에 있는 희생제물이라는 주제를 이끌어 들이도록 해주기 때문에, 하나님께서 그들의 옷을 바꿔 입히셨다는 것 역시 흥미롭다. 마지막으로, 예수께서 "하나님의 어린 양"이라고 불리는 것은 가장 흥미로운 사실이 된다.

결심을 위한 질문들: 두 가지 질문이 우리가 결심하도록 도와준다. 첫 번째로, 처음과 마지막 희생 이야기를 나눈 후에, "일리 있지 않나요?" 라고 물어라. 우리 스스로 우리의 죄에 대한 빚을 청산할 수는 없겠지만, 하나님께서 예수님의 희생 제물적인 죽음과 부활을 통해 우리의 죄악이 용서받을 수 있는 길을 열어주셨다는 것이다. 그 다음 이렇게 질문하라: "제가 지금까지 당신에게 말씀 드린 내용, 즉 당신은 예수께서 우리의 죄악을 위해 죽으셨고 또한 다시 부활하셨다는 것을 믿으시나요?"

7
Any-3의 깊은 이해(Insights)

우리가 예수께서 우물가의 그 여인에게 복음을 전하셨던 유형을 잘 검토해 보면, 우리는 그분이 취하신 다섯 걸음의 지름길을 볼 수가 있다. 우리가 더욱 가까이에서 들여다보면, 우리는 예수님의 증언의 특성에 대한 몇 가지 깊은 이해를 얻게 된다. 예수께서는 항상 잘 증언하셨다. 우리가 그분의 모범을 따르게 될 때, 다음과 같은 동일한 특성들을 모방하기 위해서 더욱 잘 증언하게 될 것이다.

의도적이다!

우리가 지적한 바와 같이, 예수께서는 그 사마리아 여인에게 증언하기 위해서 사마리아로 **가야만 했었다**. 비록 그것이 자발적인 것처럼 보여 질지라도, 그것은 실제로 의도적인 것이었다. 복음을 올바로 이해하고 그것을 기꺼이 전하고 나누어 주려고 준비된 바로 그런 증인은 그렇게 행할 수 있는 기회들을 갖게 될 것이다. 하나님께서는 복음을 들을 필요가 있는 사람들, 즉 하나님께서 복음을 받아들이도록 이미 준비하신 수많은 사람들에게 그런 증언을 연결해 주신다.

복음을 나누어 주려고 계획하는 그리스도인들은 "성령님께서 그들을 인도해 달라"고 수동적으로 기다리는 사람들보다 더욱 자주 나누어 주도록 해 주신다. 하나님의 말씀은 우리로 하여금 복음을 나누어 주도록 이미 명령하셨다. 그런 까닭에 성령님께서는 우리들을 그렇게 하도록 이미 인도하고 계시는 중이다. 만일 우리가 복음을 나누어 주는 일에 있어서 신실하지 못하다면, 우리는 바로 성령님을 탓하지 못한다. 복음을 나누어 주기 위하여 준비하라! 그런 다음, 잃어버린 사람들이 현재 있는 곳에서 그들에게 그 복음을 나누어 주려는 의도를 가지고 시간을 사용할 어떤 계획을 세우라!

약 6년 전에, 선교를 위한 한 자원봉사자가 라우프(Rauf)라는 중년의 무슬림 남자를 그리스도께 인도하기 위해서 Any-3를 사용하였다. 라우프는 계속해서 영향력 있는 가정 교회 네트워크를 심고 발전시켰다. 신앙을 고백한 후 즉시, 라우프는 자기의 공동체로 가서 아이샤라는 한 여성을 신앙으로 이끌기 위해서 자기에게 도달했었던 동일한 Any-3의 과정을 사용했다. 라우프와 아이샤는 나중에 결혼을 하게 되었다. 그 시간 이후로, 아이샤는 배가 하는 신자들의 교제를 통해서 백명 이상의 무슬림 여인들을 그리스도께로 인도했다.

Any-3 워크숍 기간 동안 우리는 복음을 나누기 위하여 참석자들을 훈련한다. 그런 다음 그들을 실습하도록 다시 내 보낸다. 그들이 복음을 나누기 위해서 밖으로 나간 후에, 어떻게 그 경험이 진행되었는지 알아보기 위한 우리 훈련자들의 실습성과 보고회의(accountability session)에서 자신들을 다시 만나게 될 것을 잘 알고 있다. 대다수의 참여자들은 훈련을 받은 후 즉시 누구나 적어도 한 번 정도는 복음을 나누게 된다. 다른 사람들은 일반적으로 첫 번째 훈련자들의 실습성과 보고회의 후에 즉시 그렇게 전도한다. 우리가 그것을 계획적으로 준비하기 때문에 Any-3 워크숍을 통해서 수많은 사람들이 그 복음을 듣게 되는 것이다. 하나님께서는 사람들이 구원받는 것을 기뻐하시며 또한 하나님께서는 복음을 증언하는 사람들과 함께 그분의 기쁨을 나누어 주신다. 하나님께서는 우리의 자발성보다도 우리의 순종을 더욱 영예롭게 여기고 계신다.

격식에 얽매이지 않는다!

기도가 계속 진행되고 있는 동안, 한 선교사가 리잘(Rizal)이라는 한 무슬림 남자와 가벼운 대화를 하는 가운데 참여하게 되었다. 리잘은 자기 장인이 곧 메카(Mecca)를 방문할 것이라고 언급했다. 그 선교사는 왜 그의 장인이 메카를 가려고 하느냐고 리잘에게 물어보았을 때, 리잘은 이렇게 대답했다. "그의 죄들을 용서받기 위해서지요!" 이 대답은 자연스럽게 왜 선한 행실들로는 죄들을 용서받을 수 없는가에 관한 대화로 인도했다. 잠시 후 그 날 아침, 리잘은 그리스도야말로 주님이시며 구원자라고 고백하며 그분께 자신을 굴복시켰다.

예수님의 증언하는 대다수의 경험은 매일의 일상생활의 과정에서 일어났다. 어떤 형식적인 종교적 환경을 기다리기보다는, 오히려 예수께서는 비형식적으로 증언하셨다. 사마리아 여인의 경우에서도, 예수께서는 그 회당이 아니라 어떤 우물가에서 증언하셨다.

마찬가지로 오늘날의 제자들의 경우에도 대부분의 증언을 위한 기회들이 종교적인 무대에서가 아니라 일상의 삶 속에서 일어난다. 사실상, 매일의 상황들이 보통 위대한 증언의 기회들을 제공한다. 그 복음은 일상의 삶 맥락 속에서 제시되었을 때 더욱 적실한 것으로 나타난다. 그렇게 증언하는 가운데 만나게 되는 양자 모두는 연출된 느낌이 전혀 없으며, 또한 그 사람은 어떤 설정이나 조작과 같은 느낌마저도 없다. 우리가 항상 우리의 믿음을 나누고자 하는 준비가 되어 있을 때, 사탄은 영적으로 잃어버려진 그 사람이 복음의 메시지를 받아들이는 것을 가로막는 기회를 더욱 상실하게 된다.

Any-3를 사용할 때, 우리는 모든 장소에서 증언할 수 있으며 또한 그것을 수행하는 것을 즐기게 된다. 증언할 수 있는 최선의 장소는 어디서든지 당신이 사람들을 만나는 곳이다. 비록 그렇다 할지라도, Any-3를 시행하려는 계획을 갖고 있다면, 사람들이 시간이나 혹은 경쟁적인 안건들에 의해서 압박을 받지 않는 장소들을 택하는 것이 일반적으로 복음을 나눌 수 있는 최선의 기회들을 제공한다. 기도 가운데 당신의 믿음을 나눌 수 있는 기회들을 찾으면서 바로 그 Any-3 의 경험을 즐겨라. 가벼운 마실 것이나 어떤 차를 마시면서 많은 시간을 보내며 어떤 사람들과 복음을 나누라. 당신은 그런 과정을 통해서 마치 한 새로운 가족 구성원처럼 만들어 질 수 있다.

복음은 정말 엄청나게 좋은 소식이기 때문에 그것을 아주 기쁘게 나누라. 증언하는 대화 속에서 모종의 긴장감이 증언하는 사람의 주저함이나 소심성 때문이 아니라 성령님의 유죄 판결 선고 때문에 일어나지 않을 수가 없다. 좋은 소식의 담당자가 되는 것은 실로 즐거운 일이다.

Any-3는 비형식적이며 자연적인 방식으로 일어난다. 그런데 이 세상 안에 있는 어떤 사람, 어떤 장소가 당신을 앉아서 말하도록 초대한다면, 그들이 실재로 말하고 있는 바는 "나와 함께 복음을 나누어 주세요"인 것이다.

쌍방향적이다!

예수께서 그 우물가의 여인과 함께 복음을 나누셨을 때, 그는 그의 손가락으로 가리키며, 그 여인에게 전파할 수도 있었을 것이다. 그러나 그분은 그렇게 하지 않으셨다. 예수께서는 결코 거들먹거리거나 정죄하는 행동을 취하지 않으셨다. 그 대신, 그는 상호작용적인 대화식과 매력적인 접근방법을 취하셨다.

요한복음에 있는 그 사건에 따르면, 예수께서는 그들의 대화 속에서 일곱 번이나 말씀하시며 그녀에게 전파하셨고, 또한 사마리아 여인에게 여섯 번 말씀하셨다(요 4:7-26). 예수님의 상호작용적인 스타일은 우연히 만나 증언하는 사람과 대화하는 내내 그들의 모범이셨다.

그 여인과 함께하는 예수님과의 대화 초기 어조의 분위기는 느긋하고 관대하였다. 그 분위기가 나중에는 바뀌었다. 그러나 어떤 긴장감도 영적인 문제들로 옮겨가는 중에는 일어나지 않았다. 오히려 그 분위기는 대화가 개인적이 되었을 때 바뀌었다. 예수께서 그 여인의 개인적인 죄의 정체를 드러내고 어떤 응답을 위한 부르심이 시작되었을 때, 유죄 판결 선언이 들려 온 바로 그 순간에, 긴장감이 그 대화 속에 들어왔다.

어떤 Any-3 훈련자가 나에게 이렇게 말했다. "한 그룹 안에서 내가 훈련시켰던 몇 사람들이 복음을 증언하기를 꺼려했다. 그들은 복음 전도를 위해 대립을 일삼는 접근 방법을 시도했던 적이 있었으며, 그 결과 어쩔 줄 모르게 된 적이 있었다고 나에게 말해주었다. 그래도 Any-3를 배운 후에, 그들은 다시 한 번 담대한 증인들이 되었다. 그들은 자신들이 Any-3의 상호작용적이지만 의도적인 방식이 자신들을 위해 더욱 자연스러운 것임을 발견하게 되었다고 말해 주었다."

그 증언을 위한 가장 위대한 도전들 중 하나가 동일하게 느긋하며 안정적인 목소리의 어조와 비-영적인 것들을 말할 때와 같은 버릇으로 증언하는 것이다. 영적인 것들로 옮겨갈 때마저도, 그 대화는 매우 비형식적이며 안락한 어조를 유지해야만 한다.

한편, 예수 그리스도의 복음은 듣는 청취자 속에서 한 치열한 내면적 전투가 벌어질 수 있다는 것을 기억하지 않으면 안된다. 바로 이 지점이 성령님께서 그 사람을 헌신으로 이끌고 계시는 것이다. 이런 종류의 긴장감은 부정적인 것이 아니라 오히려 대화의 과정에 있어서 생명력 있는 부분이다. 그 증인 스스로가 개인적인 소심성, 불필요한 논쟁들, 혹은 설교식의 강의를 통해서 긴장감이 유입되지 않도록 하는 것이 바로 그 열쇠이다. 증인이 그 사람으로 하여금 진리로 인도되도록 돕고 있는 동안, 성령님께서 확신의 역사를 행하시도록 하라.

정당한 질문들이 일어난다면, 나중에 그 질문들에 대답하겠다고 제시하지만, 논쟁적이 되어서는 안 된다. 그들이 아무리 설득되었다 할지라도 논쟁들을 통해서는 사람들이 그리스도께로 거의 돌아오지 않는다. 대신에 복음의 단순하고 사랑스런 제시를 제공하는 것에 초점을 맞추라.

주도적이다!

한 번은 매우 보수적인 이슬람교도인 자밀라(Jamila)라는 여인이 자기 남편의 복음 증언을 통해서 믿음을 가지게 되었다. 그 시간 이후로 줄곧 자밀라는 Any-3를 사용하여 수백명의 이슬람 여성들에게 복음을 전해 주었다. 자밀라의 노력은 약 백개 이상의 여러 세대들로 구성된 그룹들을 형성하게 되었으며, 그 중 많은 그룹들이 가정 교회가 되었다. 자밀라의 열매 맺음은 결코 우연이 아니었다. 그 여인은 먼저 주도권을 쥐고 그녀의 관계들과 복음 제시를 지향한 대화들과 그리스도를 위한 결단으로 몰고 갔다.

예수께서 우물가의 여인과 대화를 시작했을 때, 그분 역시 그 대화를 의도적인 목표로 이끌어가기 위하여 먼저 주도권을 쥐고 말씀하셨다. 예수님은 일방적으로 설교적이거나 혹은 거들먹거리는 것과 같은 것들이 전혀 없이 여전히 대화를 진행해 나감에 따라 스승의 역할을 잘 감당하셨다. 예수님은 여인으로 하여금 그리스도를 위한 결심을 궁극적인 목표로 이끌기 위해서 초첨을 맞추어 정해진 질문들을 제시하셨다.

오늘날의 증언들도 예수님의 접근방법을 모방해야 한다. 친밀한 관계를 맺기 위해서 우리는 인격 대 인격의 동등한 수준 위에서 만날 필요가 있다. 대화가 복음을 향해 전환될 때, 우리는 먼저 주도권을 쥔 다음 인도해 나가야만 한다.

우리는 이것을 인도적인 대화라고 부른다. Any-3를 가장 효과적으로 잘 사용하는 사람들은 상호작용과 주도권 사이에서 가장 적절한 균형을 찾아낸다. 그러나 너무도 많은 쌍방향적인 대화들이 불신자들의 손에서 그 대화의 주도권을 넘겨줘버린다. 하지만 불신자들은 구원을 위한 필요성으로 그 대화를 이끌어 나가지는 못할 것이다. 사실상 구원의 필요성을 일깨어 주는 것은 증언하는 그 사람에게 달려 있다.

예수님은 우물가에서 대화를 이끄셨다. 여인은 자주 예수님의 계획과 어긋나는 쟁점들의 질문을 제기했다. 그렇지만 예수님은 부드럽게 대화로 다시 방향을 잡고 나가셨다. 예수님만이 복음을 지향하고 있었던 쟁점들을 끝까지 추적해 나가셨다. 그 단락을 다시 주의 깊게 살펴 이런 점들을 보기를 바란다. 어떻게 예수님이 대화를 이끌어 나가셨나를 보라. 예수님은 여인의 진술들에 대한 응답으로 그밖에 다른 어떤 말씀도 하셨을 것이지만, 그분은 항상 한 무리로 동화되는 대신에 주도적으로 이끌어 나가시는 것을 선택하셨다.

예수께서 어떻게 이것을 행하셨는지 알아보기 위해서 우리는 요한복음 4장 7-26절까지의 말씀 본문으로 다시 돌아가 봅시다. 우리가 먼저 그 여인을 만났을 때, 여인은 예수님께서 물을 달라(7절)고 자신에게 요청하셨을 때까지는 적어도 자기 자신이 해야 할 일에 대해서만 골똘히 생각하고 있었을 것이다. 문화적이고 종교적인 차이점들을 논의하는 대신에, 예수님은 생수(10절)라는 주제를 제시하셨다. 예수께서 야곱보다 더 위대하신지 여부에 대한 논쟁 대신에, 예수님은 여전히 생수라는 주제와 함께 머무르셨다(12-14절). 바로 그 구원자의 가장 흥미로운 주도권은 여인이 생수에 대해서 물어보았을 때 나타났다(15절). 여인의 요청을 들어주어 허용하는 대신에, 예수님은 여인에게 그녀의 남편을 그 장소로 오도록 불러오라고 말씀하셨다. 한 걸음 더 나아가, 예수님은 여인이 선호한 주제였던, 예배의 장소에 대해서보다 오히려 영과 진리로 예배드리는 것에 관해서 가르치셨다. 마지막으로, 예수님은 여인으로 하여금 대화가 어디로 흘러갈 것인지를 결정하도록 하게 하셨다. 왜냐하면, 바로 그곳이 예수께서 그것을 취하도록 원하셨던 장소였기 때문이다. 예수께서 이르시되 "네게 지금 말하고 있는 내가 '바로' 그 사람이로다"(26절).

바로 그 메시아를 소개하라!

예수님의 증언하는 대화가 진전되었을 때, 사마리아 여인은 예수님이 누구신가에 대한 깨달음이 점점 더 증대되었다. 그 여인의 이해는 한 유대인 남자인 예수로부터(9절), 아마도 야곱보다 더욱 위대한 존재로(12절), 또 다시 한 선지자로(19절), 다시 그 메시아(25-26절)로 점점 더 증가되었다. 예수님의 목표는 모든 사람들이 자신이 바로 그 약속된 구원자이심을 이해하고 믿도록 돕는 것이다. 이와 마찬가지로, 이것은 모든 증언하는 대화의 유일한 목표이다.

예수께서는 그분의 희생적인 죽음과 부활 이전에 사마리아 여인에게 증언하고 계셨다. 그렇다 할지라도, 그분은 자기 자신을 바로 그 메시아로 소개하셨다. 그 당시에 수많은 유대인들이 이스라엘의 영광을 회복시켜 주실 분으로서, 메시아적인 한 구원자를 기다리고 있었다. 사마리아 여인의 이해 속에는 어떤 다른 무엇이 존재했을 것이다. 여인은 바로 그 메시아가 구원자이실 뿐 아니라 진리의 원천이시길 기대하였다. 오늘날 우리가 다른 사람들에게 메시아를 나눈다고 하는 것은 정말 무엇을 의미하는가? 예수님은 누가복음 24장 44절, 46-48절에서 부활하신 이후에 그의 제자들에게 분명한 대답을 주셨다.

이제 예수께서 그들에게 이르시되 "내가 너희와 함께 있을 때에 너희에게 말한바 곧 모세의 율법과 선지자의 글과 시편에 나를 가리켜 기록된 모든 것이 이루어져야 하리라 한 말이 이것이라 하시고", 그런 다음 예수께서 그들에게 다시 이렇게 말씀하셨다. "이같이 그리스도가 고난을 받고 제 삼일에 죽은 자 가운데서 살아날 것과 또 그의 이름으로 죄 사함을 받게 하는 회개가 예루살렘에서 시작하여 모든 족속에게 전파될 것이 기록되었으니 너희는 이 모든 일의 증인이라"

예수께서는 그의 증인들에게 그리스도가 우리들의 죄를 위하여 고난을 받고, 죽어야 했으며 그리고 다시 부활해야 한다는 것을 선포하도록 위임하셨다. 회개하고 이 복음을 믿는 사람들은 죄의 용서를 받는다. 이것이 예수께서 그분의 부활 이후에 선포하셨던 바로 그 복음이다. 이것은 또한 바울과 사도들에 의해서 전파된 메시지이다(고전 15:1-4). 사도 베드로는 베드로전서 3장 18절에서 동일한 메시지를 반복했다. 이것은 우리가 오늘날 나누어 주어야만 하는 성경에 있는 그대로의 복음이다.

알리(Ali)는 그가 만나는 모든 사람들에게 즉시로 복음을 나누어주는 아주 효과적인 이슬람 전도자가 되었다. 그리스도에 대한 믿음을 가지기 몇 년 전에 알리는 자기 가정으로부터 멀리 떨어진 한 도시에서 어떤 직업을 갖게 되었다. 그가 그 도시에 살고 있는 동안, 알리는 그곳에 살고 있었던 한 선교사를 여러 차례 만났다. 그가 만났던 매 시간마다, 그 선교사는 알리에게 몇 가지 성경적인 진리들을 나누어 주었다. 그러나 여러 차례의 만남 후에, 그 관계가 단절됐다. 알리는 이제 그 관계를 뒤돌아보며 경악하는 목소리로 이렇게 말한다. "그러나 그 선교사는 나에게 결코 그 복음을 나누어 준 적이 없어요!" 성경적인 진리들을 나누는 것은 좋은 것이다. 그러나 만일 우리가 바로 그 메시아를 소개해 주는 것에 실패한다면, 우리는 그 복음의 심장을 이미 잃어버린 것이다.

평화와 사랑에 관한 개인적인 간증들, 예수님의 지혜와 권능에 관한 언급들, 그리고 다른 종교들의 경전들로부터의 토론들이 때때로 유익할는지 모르지만, 오직 그 복음만이 구원하는 유일한 능력을 가지고 있음을 기억하라. 바로 이런 이유 때문에, 그 복음은 그 증인이 나누어주는 가장 일차적으로 중요한 메시지가 되어야만 한다. 인간의 모든 죄가 그 값을 이미 완전히 지불되었다고 하는 그 놀라운 소식, 가장 좋은 그 소식을 짊어지고 가는 사람이 되라!

> **Any-3의 깊은 이해가 무엇인지
> 당신이 지금까지 배운 것을 붙잡아라!**
>
> 1. 의도적이다!
> 2. 격식에 얽메이지 않는다!
> 3. 쌍방향적이다!
> 4. 주도적이다!
> 5. 바로 그 메시아를 소개하라!

Any-3 커뮤니케이션을 위한 비결(Tips)

Any-3의 다섯 가지 깊은 이해와 함께, 여기에 당신이 그리스도를 위한 더욱 효과적인 증언이 되도록 도울 수 있는 몇 가지 실천적인 의사소통을 위한 비결들이 있다.

그의 언어로 말하라!

의사소통에 있어서 조정은 듣는 청취자가 아니라 말하는 화자의 책임이다. 그런 까닭에, 가능한 한 작은 오해와 함께 들을 수 있도록 당신이 의사소통하는 방식을 조정할 계획을 세우라.

외국의 선교지에서 통역자는 고국을 떠난 선교 자원봉사자들을 위하여 언어의 장벽들을 메우는 것을 도울 수 있다. 그 통역자는 청취자들에 의해서 오해될 수 있는 전문 용어들을 피하기 위하여 훈련을 받아야만 한다. 목표는 복음을 받는 사람들에게 이미 익숙한 종교적인 용어들을 사용하는 동안 성경에 입각한 예수님이 누구신지를 설명하는 것이다. 이런 방식으로, 복음을 듣는 사람들은 그 복음이 제시되기 전에 그 대화의 문을 닫기보다는 오히려 복음을 정말로 듣게 될 것이다.

비록 증언하기에 대한 접근 방식이 누가 복음전도가 되어지는가에 따라서 달라질 수 있겠지만, **다양한 종류의 사람들에게 증언함의 복잡성이 당신이 그들과 함께 복음을 나누는 것으로부터 억제하지 못하게 하라.** 당신이 그 사람의 종교나 문화를 독특하게 해주는 모든 것들을 이해하는 것보다 불신자들이 복음을 듣고 이해하는 것이 훨씬 더 중요하기 때문이다.

그가 믿고 있는 것에 대해서 들어주어라!
개인적인 질문들을 묻는 것은 증언을 잘 하기 위하여 필수적인 관계를 맺어준다. 증언을 하려는 대화에 있어서 초두에는, 다른 사람이 대부분의 말을 하도록 하게 해주는 것이 중요하다. 왜냐하면 나중에는 당신이 대화를 인도해 나갈 것이기 때문이다. 다른 사람이 대화에 몰두하도록 하기 위하여 당신이 수많은 질문을 한 이후, 증언을 받고 있는 그 사람이 증언자와 함께 복음을 나눌 때 더욱 정중하게 귀기울이게 될 것이다.

"약간 어리석게 보이는 것"이 실제로 "너무 똑똑한 것처럼 보이는 것"

보다 훨씬 더 좋다. 그 사람의 종교와 문화에 대하여 너무 많이 아는 것처럼 보이는 것은 종종 증언되어지는 사람으로 하여금 불편하게 만들어 준다. 이것은 그 사람으로 하여금 그의 방어를 높이 쳐들어 올리게 해줄 수도 있다. 한 사람에 관해 배울 수 있는 최선의 방법은 그 사람 자신과 그 사람이 지금 믿고 있는 것에 관해 질문하는 것이다. 질문하는 것은 당신에게 그 사람이 믿는 것과 그 사람을 독특하게 만들어 주는 것을 가르쳐줄 뿐만 아니라, 당신으로 하여금 당신의 증언을 그 특별한 사람에게 적절하게 대처하도록 해 줄 것이다.

존경심을 보여주어라!

당신이 자주 증언하게 되면, 사람 지향적이기 보다는 오히려 과업 지향적이 될 수가 있다. 또 다른 인격체에게 놀라운 소식을 나누어 주고 있는 한 인격체로서, 각각 증언하는 경험들을 즐길 수 있도록 당신 자신을 훈련하라.

당신이 증언하고 있는 그 사람이 복음전도의 목표물이 아님을 명심하라. 그 사람은 한 인격체이다. 사실상 그는 영적으로 잃어버려진 한 인격체이다. 당신도 역시 한 때는 영적으로 잃어버려져 있었으며, 따라서 당신은 이런 상황을 이해해야만 한다는 것을 기억하라. 사실상 누구든지 부유하든 가난하든 좋든 나쁘든 하나님과의 관계에서는 모두 다 부적절한 상황 속에 처해 있는 것이다. 그 사람은 전 인류의 개개인, 즉 바로 그 구원자를 반드시 필요로 하는 한 죄인과 동일한 조건 안에 존재하는 것이기 때문이다.

8
벌침들과 그 독성의 해독효과

요한복음 4장 35절에서 예수께서는 이렇게 말씀하셨다. "눈을 들어 밭을 보라 희어져 추수하게 되었도다" 이 말씀이 오늘날보다 더욱 절실한 적은 없는 것 같다. 우리가 이런 추수 밭에 들어갈 때, 우리는 사탄이 우리의 사역을 쏘고 또한 생산적인 추수를 방해하기 위하여 사용하고 있는 수많은 벌들을 발견하게 된다.

열매로 가득한 추수는 신중한 계획과 노력을 요구한다. 성공적인 추수꾼들은 그 벌침의 정체를 파악하고 극복하는 것을 이미 배웠던 것이다. 열매로 가득한 추수를 거둬들이기 위하여 우리가 정체를 파악하고 극복해야만 했던 벌침들 중의 얼마를 여러분들과 함께 나누도록 해주길 바란다.

1. 벌침: "정말로 조심해라!"

선교사들이 복음에 적대적인 나라들로 들어가려고 준비할 때, 그들은 가끔씩 이런 소리를 듣게 된다. "당신의 목표는 오랜 시간 동안 그 사람들 가운데 사는 것입니다. 그런 까닭에 복음을 나누는 데 너무 공격적이 되어서는 안 됩니다. 그렇지 않으면 당신은 어쩌면 그곳을 떠나는 사태를 맞이하게 될 수도 있을 것입니다. 최악의 경우, 당신은 우리들 모두를 이 나라로부터 추방시켜버릴 수도 있습니다!"

만약 우리가 복음을 담대하게 전한다면 우리가 떠날 수도 있는 사태를 초래할 수도 있을 것이라는 것에 두려워하게 된다. 불확실성으로 마비되다시피 되어버린 우리들은 증언할 수 있는 좋은 기회들을 통과시켜 버린다. 핍박이 현실이 될지라도, 그것이 주님의 지상 위임 명령에 순종하는 것을 결코 방해하도록 해서는 안 될 것이다. 대다수의 소위 "만약의 문제들"이라는 것들은 정말로 그리스도인의 증언을 질식하도록 목표로 삼는 사탄에 의해서 마련된 변명들에 불과하다.

지나치게 주의하도록 하게 하는 유혹은 전혀 새로운 것이 아니다. 사도행전 4장 29-30절에, 베드로는 투옥 후 이렇게 기도했다. "이제, 주님, 저희들의 위협을 굽어보시옵고, 당신의 종들로 큰 담대함을 가지고 당신의 말씀을 전할 수 있게 해 주시옵소서!" 베드로와 초대 교회는 핍박이 본래 섭리적인 것이라는 정체를 파악했으며, 그래서 그 좋은 소식을 나눔에 있어서 더욱 큰 담대함을 구하며 기도했던 것이다!

우리 자신의 사역을 위한 전환점은 누구든지, 어디든지, 언제든지 그 복음을 나누어 주어야겠다고 결심했을 때 오게 되었다. 우리는 하나님의 손에 그 결과들을 두었고 순종했다. 그 결과로써 새로운 신자들이 그와 동일한 태도를 가지게 되었으며, 두려움의 쇠사슬에 얽매이지 않는 가운데 복음을 나누어 주게 되었다.

벌침: 나쁜 일들이 일어날지도 모르고, 그래서 나는 증언하는 것에 관해서 정말로 조심하지 않으면 안 된다.
벌침의 해독: 현실적으로 안전 보장에 관한 관심을 평가해 보라. 그리고 그 값을 계산해 보라. 그런 다음 그 복음을 더욱 자유롭게 나누어 주어라! 하나님은 지금도 모든 일에 절대 주권적이시다. 나쁜 일들이 일어난다면, 그런 것들은 아마도 종국에는 하나님의 나라가 성장해 가도록 유용하게 될 것이다.

2. 벌침: "정말로 영리해라!"

아마도 당신은 이런 경고를 들어본 적이 있을 것이다. "당신이 미국(혹은 한국)에서 했던 동일한 방식으로 여기에서 그 복음을 전할 수 없다!" 이런 경고는 기독교 사역자들이 복음을 나눌 수 있기 전에 그들의 주최하는 문화와 종교에 관해 통달해야만 한다는 것을 함축하고 있다. **정말로 영리한 복음전도**는 모든 유능한 복음전도자들이 어떤 전문가와 어떤 사업가의 증언과 같이 되기를 기대한다.

기독교 선교에 관한 수업시간에는 가끔씩 기독교 사역자들이 그들의 사역현장에서 일어났던 어리석은 실수들이 주목받게 된다. 누구도 나중에 기독교 사역자로서 반드시 해서는 안 되는 것의 사례 연구의 대상이 되는 맨땅에 헤딩하는 기술을 사용한 대표적인 본보기가 되길 원하지 않는다. 실패들에 대한 두려움은 우리의 복음전도적인 열심을 쉽게 억제할 수 있다.

얄궂게도, 우리는 복음전도가 이루어질 때 약간 멍청이처럼 보이는 것이 너무 영리한 것처럼 보이는 것보다 훨씬 더 나을 수가 있다는 사실을 깨닫게 된다. 그 지방 문화 속에서 전문가처럼 행세하는 것은 당신이 복음을 나누려는 이슬람교도들로부터 오히려 방어막을 쌓도록 자극할 수도 있다. Any-3를 사용하면서 또한 질문들을 던지며 접근할 때, 당신이 이미 기대했던 그 답을 잘 알고 있을 때조차도, 상호 존중의 기초를 쌓아가라.

결국, 사람들과 함께하며 시간을 보내는 것보다 어떤 새로운 문화에 관해 배울 수 있는 최선의 방법이 과연 무엇이겠는가? 그들이 무엇을 믿고 있는지를 지역 사람들에게 물어보라; 이것이 Any-3가 시작하는 유일한 방법이다. 당신이 듣고 배우고자 할 때, 당신은 그 복음을 나눔에 있어서 더욱 효과적이 될 것이다.

알리는 복음에 도달하도록 흔히 세 번 방문을 하면서, 벌어진 간격을 이어가는 방법으로써 이슬람교도들의 경전인 수많은 다양한 꾸란

경의 구절들을 인용하곤 하는 매우 대표적인 은사를 가진 복음전도자이다. 알리는 요즘 사람들의 마음의 문이 열려지도록 하기 위해 복음의 유일한 능력에 더욱 의존하고 있다. 알리는 이렇게 말한다. "나는 복음전도에 있어서 꾸란경을 다리 놓기로 사용하곤 했습니다. 또, Any-3와 더불어 더 이상 누가 그 복음에 대해 마음을 열 것인가를 추정하지 않기로 했습니다." 알리는 규칙적으로 보수적인 무슬림들을 믿음으로 인도하고 있다. 그는 즉시 그들에게 세례를 베푼다. **알리로부터의 새로운 기류는 지금, Any-3가 그들에게 불이행되어 연체된 복음전도 방식을 채용하는 각 세대들과는 달리, 다수의 세대적인 특징을 보여주고 있다.**

벌침: 그 민족 사람들과 더불어 복음을 나누기 전에, 나는 반드시 내가 전도하려는 민족 그룹의 문화와 종교를 깊이 있게 이해해야만 한다. 벌침의 해독: 복음은 모든 역사적인 정황 속에서 적절하게 관련이 있는 것이다. 그렇다면, 당신의 공동체에 관하여 할 수 있는 모든 것을 배우라, 그리고 당신이 배우는 동안에도 복음을 빈번하게 나누어주어라. Any-3의 상호작용적인 본질은 당신이 증언하는 동안 목표가 되는 문화와 종교적인 신념들에 관해 더욱 더 많이 배울 수 있는 한 가지 커다란 방식이다.

3. 벌침: "먼저 친구를 삼아라!"

한 사람과 우정을 쌓고, 그런 다음 마음을 열고 경청하도록 해주는

데까지는 과연 얼마의 시간이 걸리는 것일까? 내 친구 빌(Bill)은 최근 이런 고민을 가지고 나를 찾아왔다. "나는 이제 6개월 동안이나 나의 이슬람 친구를 사귀어 왔습니다. 언제 내가 그 친구에게 그 복음을 나누어야만 하나요?"

우정이란 벌침은 우리를 이렇게 추측하게 해준다. "그들이 나의 예수님을 앞으로 좋아하기 전에, 그들이 나를 반드시 좋아하게 해야만 한다!" 우리는 먼저 어떤 사람들과 친구를 사귐으로써 그들은 우리가 순수하게 자신들에 관해 돌보고, 동시에 우리의 종교를 그들에게 억지로 부과하려고 애쓰지 않는다는 것을 그들이 알아줄 것이라고 생각한다.

그러나 나의 동료 케빈(Kevin)의 경우는 이와는 아주 대조적이다. 그는 최근에 이렇게 말한 적이 있다. "내가 아는 한, 나의 친구들 중 모두가 이미 복음을 다 들었다는 것을 알게 되었습니다." 케빈은 이전에는 먼저 친구를 사귀는 데 오랜 시간을 보냈었는데 그것이 덜 효과적인 사실을 뒤늦게 깨닫게 되었다. 그래서 지금은 그가 사람을 만나는 즉시 복음을 나누고 있다고 했다.

"우정"을 통한 복음전도란 그것이 해답을 제시해 주기보다는 더욱 많은 의문을 제기해 주고 있다. "나의 증언이 관계를 맺기 위해서 그렇게 애써 수고해서 이룬 그 우정 위에 어떤 부담을 안겨 주는 것은 아닌가? 내 친구가 자기와 함께 복음을 나누기 위해서 왜 그렇게 오래도록 기다려 왔는지 의심할 것이 아닌가? 내 친구가 일단 그 복음에 대해 마음을 열면 내가 그에게 복음을 나누어야 하나?"

친구가 되는 것은 위대한 일이다. **그러나 불신자가 도대체 어떻게 나로부터 예수님에 관해 듣는 나의 개인적 친구가 될 수가 있단 말인가?** 내가 내향적일 수도 있고, 그렇지 않으면 사회적으로 어색할 수도 있다. 우리는 서로 다른 개성들이나 혹은 관심사를 가질 수도 있다. 그들은 나와 친구가 될 수 있는 시간이 없을 수도 있다. 그들은 그들 자신의 문화에 대해서 어떤 사람과는 더욱 편안하고 깊게 관계를 느낄 수도 있을 것이다. 내가 그들에게 겁을 먹게 해줄 수도 있다. 그렇다 할지라도 모든 사람들은 복음을 들을 가치가 있는 존재들이다. 결국 나는 그 사람들을 결코 다시 한 번 더 볼 수 없을런지도 모른다.

우정을 통한 복음전도는 실제적인 차원에서 실패한다. 우정을 쌓는 것은 수많은 시간과 에너지를 쏟아야 한다. 그 복음에 도달할 때까지 그렇게 오랜 시간이 걸린다면, 우정을 통한 복음전도를 사용해서 온 세상에 도달하기 위해서는 얼마나 많은 세월이 흘러가야만 할 것인가? 우리는 다만 친밀한 친구들의 극히 제한된 숫자를 유지하는 데 머물 수밖에 없다는 것이 진실이 될 것이다.
우리가 복음을 즉각적으로 나눈다면, 우리의 친구들이 되는 사람들은 복음을 알게 될 것이고, 그것에 대한 우리의 헌신도 알게 될 것임을 확신할 수 있을 것이다. 그렇지 않다면, 우리는 복음을 전하기 전에 우정을 만들어가고 우리의 친구가 무관심하다는 것을 발견하는데까지 여러 해를 보낼 수도 있다.

우리가 복음을 불신자들과 즉각적으로 나누게 될 때, 우리가 지체하거나 혹은 다만 어떤 기간에 걸쳐서 한 발자국 한 발자국 그들에게 복음을 나눌 때보다 그들이 더욱 더 자주 믿음으로 다가 올 것이라는 사실을 깨닫지 않을 수 없게 된다. 하나님께서는 자주자주 처음 만남의 짧은 시간 동안에도, 복음전도의 준비 단계부터 진지한 믿음에 이르기까지 그들을 세심하게 움직이고 계신다. 이것이 비논리적인 것처럼 보일 수도 있지만, 그것은 잃어버려진 자들을 회심시키고 중생케 하시는 일에 있어서 성령님의 역사를 드러내 보여준다.

벌침: 복음전파에 우정 관계를 묶어보라! 견고한 우정이 발전되기 이전까지는 복음을 전파하는 것을 미뤄둬라!
벌침의 해독: 다정스럽게 대하라, 그런 다음 모든 관계에 있어서 초반부터 복음을 나누라. 가장 좋은 친구들이 복음을 듣게 된 사람들이고, 그리고 여전히 그들은 우리 주변에 함께 있기를 원할 것이다. 만일 누군가가 복음 때문에 남성이든 여성이든 우리로부터 거리를 둔다면, 그들은 어쨌든지 아주 좋은 친구가 되지는 못했을 것이다. 다른 한편, 누군가가 우리로부터 복음을 듣고 여전히 우리의 친구가 되기를 원한다면, 그 남성이나 여성이 그 복음에 마음을 열 것이며 마찬가지로 좋은 친구도 되리라는 아주 좋은 징조이다.

4. 벌침: "침묵하라!"

쏘아대는 또 다른 벌침은 복음의 소통과 더불어 훌륭한 기독교인의 행위로 혼란을 야기하는 것이다. 훌륭한 기독교인들은 자신들의 행동에 의해서 그리스도의 사랑을 나타내 보여준다. 그러나 "사람들은 앞으로 나의 착한 행동을 보게 될 것이고, 그러면 왜 나의 삶이 다른 사람들과 다른지 묻게 될 것이다!"라고 만일 생각한다면, 우리는 아마도 우리 자신을 속이고 있는지도 모른다. 비록 그것이 좋은 소리처럼 들린다 할지라도, 실제로 얼마나 자주 불신자들이 어떤 기독교인에게 자신들에게 그 복음을 들려달라고 하면서 접근해 오는가? 사실상 거의 없다! 바로 이것이 "정말로 아주 좋은 본보기가 되어라"는 복음전도 방식의 문제인 것이다. 그런 방식은 증언을 위한 책임을 우리 자신에게보다는 불신자들 위에 두는 꼴이 된다.

비록 사람들이 우리 안에서 그리스도를 닮은 특성들을 보게 된다할지라도, 그들이 더욱 가까이에서 우리들을 시험할 때, 그들은 의심 없이 우리들에게서 눈부신 결점들도 아울러 보게 되어버리고 말 것이다. 예수님과 가장 가까이 했던 사람들, 그리스도를 닮았다고 가장 잘 주장할 수 있었던 원조 제자들마저도, 고분고분하게 그 복음을 나누어 주었다. 물론 그들의 삶의 양식이 후속적으로 뒷받침되었지만, 그 복음의 선포를 대신하지는 못했다.

사람들이 복음을 듣게 될 때, 그들이 구원을 받게 된다는 것은 진리이다(롬 10:14-17). 그렇다! 그들이 스스로 그 복음을 읽고서 구원받을 수가 있지만, 그들은 그것이 우리의 옷에 기록되지 않는 한, 결코 우리의 삶 속에서 그 복음을 읽어내지는 못할 것이다. 구원은 바로 그 복음의 분명한 제시를 요구한다. 당신의 삶이 제아무리 선할지라도, 절대로 어떤 형태의 복음제시를 대신할 수 있는 어떤 대체물도 있을 수가 없기 때문이다.

벌침: 조용히 침묵하며 경건한 삶을 살아가는 것이 복음을 말로 나누어 주는 것과 같이 동일하게 좋은 것이다.
벌침의 해독: 누구든지, 어디든지, 언제든지 그 복음을 기쁘게 나누는 동시에 경건한 삶을 살아가라!

5. 벌침: "정말로 베풀어라!"

기독교인은 베푸는 사람들이다. 값없이 우리는 받았다. 따라서 값없이 우리는 베풀어 준다. 그러나 우리가 그 복음을 나누는 일과 불신자의 육체적인 필요들을 만족시켜 주는 것과 연결시킬 때, 우리는 그 양자 모두를 혼란에 빠뜨리는 방향으로 치닫게 된다. 육체적인 필요들은 오늘 여기에도 있다. 그리고 내일은 그런 필요들이 만족될 수도 있다. 그러나 영원한 구원은 영속적이다. 인간의 필요들을 만족시켜 주는 복지 사역들과 복음을 나누어 주는 일을 융합하는 것이 완전하고 적절하게 보일지라도, 우리는 육체적인 필요들이 만족하게 될 때까지 그 복음을 나누는 일을 결코 지연시켜서는 안 된다.

예수님의 역사적 시간 속에서도 이런 도전은 항시 존재했다. 예수님께서 5천 명을 먹이신 후에, 나쁜 이유들로 그분을 추종하기 위해 왔던 얼마의 사람들이 있었다. 예수께서 그런 사람들에게 이렇게 말씀하셨다. "내가 진실로 진실로 너희에게 이르노니 너희가 나를 찾는 것은 표적을 본 까닭이 아니요 떡을 먹고 배부른 까닭이로다"(요 6:26). 예수님의 기적의 목적, 그리고 오늘날 인간의 필요들을 채워주는 사역들의 목적은 사람들로 하여금 예수님이 하나님의 아들이시며 그리스도이심을 볼 수 있도록 가르치는 것이다(요 20:31).

사람들이 사회적인 봉사사역들을 통해서 다가설 수 있게 해준다 할지라도, 우리는 자주 원조의 수급자들이 원조와 봉사를 위한 열망과 그리스도에 대한 진지한 관심을 혼돈하는 것을 발견하게 된다. 재정적인 친절한 도움이 중단되는 순간 곧바로 그들이 자신들의 영적 관심사를 잃어버리게 될 때, 이런 문제점이 밝히 드러나게 된다.

누가라는 이름의 우리 동료 중 한 사람이 그 지역의 언어를 통달한 후, 복음을 전달해 주기 위한 발판으로써 선교사로서의 그의 첫 번째 사역 기간의 대부분 동안 지역 공동체 개발을 위해 사용했다. 이런 혜택들을 주었음에도 불구하고, 비록 그가 분명한 복음적 열매를 절실하게 사모했을지라도, 누가는 그 결실을 거의 찾아 볼 수가 없었다. Any-3에 대한 단기 집중 강좌를 받은 후에, 누가는 더욱 신속하고 의도적으로 그물을 던지면서 복음을 선포하기 시작했다. 약 6개월 이내에, 수십 명의 사람들이 믿음을 고백했고, 그 결과 7개의 새로운 그룹들이 형성되었다.

우리는 의로움에 대한 굶주림 때문에 복음에 응답하는 사람들로부터 최선의 제자들을 발견한다. 그들은 그리스도를 주님으로 복종하기 위해서 온 사람들이었다. Any-3를 사용하면서, 우리부터 어떤 대가의 지불도 희망하지 않고 그리스도를 따라가기 위하여 우리는 "모든 것을 팔아버리고" 있는 수백 명의 사람들을 발견하고 있다. 하나님 자신이 그들의 보물이 되고 계시며, 또한 그들은 진정한 그리스도의 몸으로서 서로서로의 개인적인 필요들 위해서 도움이 되고 있다.

벌침: 사람들에게 고용이나 혜택들을 주어라. 그리고 그들의 육체적인 필요들을 만족시켜 주어라. 그러면 그들은 복음 증언에 마음을 열 것이다.
벌침의 해독: 조건 없이 그 복음을 나누어 주어라! 동시에 애정을 기울이지만 개별적으로 필요에 처해 있는 사람들을 도우라!

6. 벌침: "진정으로 성육신적인 삶을 살아내라!"

어떤 선교사가 어떤 성육신적인 접근 방식으로, 그 지역의 문화와 언어를 채택하기 위하여 그 공동체의 의미 있는 일원이 되는 것을 추구하고 있다. 이것은 정말 잘하는 것이며 좋은 것이다. 하지만 이것은 복음 증언을 위해 빠뜨릴 수 없는 필요조건으로써 끝없는 수용의 추구가 될 수도 있다.

모든 그리스도인들은 그들이 다가서기를 원하는 사람들 앞에서 거룩함의 한 본보기로써 그들의 공동체 안에서 한 사람의 그리스도를 닮은 자로서의 삶을 추구해야만 한다. 그렇다면 예수께서는 단지 한 성육신적인 선교사에 불과하셨는가? 글쎄, 그렇기도 하고 아니기도 하다. 예수께서는 **정말로** 성육신적으로 자신의 삶을 **사셨다**. 그러나 그것은 그분이 어떻게 자기의 사명을 완수하셨는가는 **아니다**.

만일 예수님의 일차적인 목표가 성육신적으로 자기 자신의 공동체에 도달하는 것이었다면, 그분은 실패한 것이다. 예수께서는 공적인 사역을 시작하시기 전에 약 30년 동안을 갈릴리 지역에서 완전한 한 사람으로서 사셨다. 그분 자신의 성육신적인 삶의 유형은 완전한 지혜로 충만하셨고 또한 완벽한 삶으로서의 본을 보여주셨다. 그렇지만 그분의 부활 이후까지, 예수님의 공동체 안에 있었던 거의 모든 사람들이 그분을 거부했다.

예수님의 친척들은 그분이 미쳤다고 결론을 내렸다; 그의 이웃들은 그분을 한 목수의 아들이거나 혹은 그 공동체의 평범한 한 사람의 구성원 정도로밖에는 여기지 않았다. 그런 까닭에 예수께서는 이렇게 결론지으셨다. "선지자가 자기 고향과 자기 친척과 자기 집 외에서는 존경을 받지 못함이 없느니라 하시며"(막 6:4).

예수께서는 성육신적으로 사셨지만, 그분은 자기의 사명을 관계적으로 또한 기하급수적으로 성취하셨다. 예수께서는 자기의 공동체를 넘어서 제자들에게 다가가셨으며 또한 자신의 사명을 완수하셨다.

요한복음 1장에서, 우리는 예수께서 어떻게 이 사명을 성취하셨는지를 보게 된다. 예수님 자신이 그분의 가장 처음 제자들인, 안드레와 요한을 부르셨다. 그 후에는, 안드레가 그의 형제 베드로를 예수님께 소개해 드렸다. 그런 다음 예수님은 빌립을 믿음으로 인도하셨고, 그리고 빌립은 그의 친구 나다나엘을 인도했다. 이런 일들의 발생들은 예수께서 회심자들의 첫 번째 세대에게 다가 가신 동안, 또 다시 이 회심자들이 그들 자신의 친구들과 가족들의 네트워크에 다가갔던 것을 우리에게 보여 준다. 성경은 이런 일을 그들의 가족, 즉 오이코스(혈연적인 가족을 넘어서 그들의 영향권 내에 들어 있는 모든 친구들과 교제들을 넓은 의미의 가족들)라고 부른다(요 1:35-51).[20]

성육신적인 선교가 과녁을 빗나갈 수 있는 지점은 어떤 선교사가 제1세대 복음전도 사역과 함께 스스로 자기 만족에 빠져드는 바로 그때이다. 예수께서는 제 1세대 회심자들을 훈련시켜서 그들의 오이코스로 나가도록 만드셨다. 제 1세대 회심자들은 제 2세대의 복음전도를 해야만 하고, 그리고 또 다시 같은 방법으로 계속해서 승법번식적인 세대들로 확산되어 나갈 때까지 지속되는 것이다. 성육신적인 복음전도의 그 원리를 서로 다른 문화 상호간의 사역자들에게 적용시키는 것의 기본적 결함은 서로 다른 문화 상호간의 사역자가 다른 문화적인 공동체, 곧 그가 전혀 가족이나 오이코스를 소유하고 있지 않은 공동체 안에 그 자신의 오이코스가 일하도록 방치해버리고 만다는 것이다. 이런 문제에 대한 하나님의 해결책은 평화의 사람들-복음을 받아들이도록 성령님에 의해서 준비된 사람들-을 일으켜 주시는 것이다. 그리고 그들은 외국인 사역자의 증언으로부터 믿음에 이르게 될 것이고, 그런 다음 복음을 그들 자신의 훨씬 광범위한 영향권 안에 있는 친구들과 교제들의 오이코스에게로 가져다 줄 것이다.

벌침: 성육신적 삶은 그 자체로 목적이 된다. 누군가를 양자 삼은 공동체처럼 되는 것은 최우선적인 것이 되며, 이에 반해 그 복음을 나누는 것은 이차적인 것이 되게 한다.
벌침의 해독: 당신의 공동체의 내부적이든 외부적이든 가릴 것 없이 광범위하게 증언하라. 그리고 평화의 사람을 발견하기 위하여 발판을 마련하라. 이런 평화의 사람을 발견하게 될 때, 그들 자신의 광범위한 오이코스와 공동체들에게 복음을 전하도록 그들을 훈련하라.

7. 벌침: "정말로 바쁘다!"

대부분의 경우 게으른 것보다는 바쁜 것이 더욱 좋다. 게으른 사람들은 많은 사람들을 믿음으로 인도하지 못할 것이 뻔하다. 그러나 극단적으로 바쁜 사람들도 역시 사람들을 전혀 믿음으로 인도하지 못할 것이다. 그 복음을 나누기 위하여 그들이 의도적으로 시간을 따로 떼어 두지 않는다면, 그들의 결과 역시 마찬가지이다.
분주함의 문제는 선한 일들을 행하는 것이 모든 시간과 에너지를 빼앗아감으로써 정작 최선의 일들을 하지 못하도록 하는 점이다. 대다수 사람들의 경우, 복음 증거가 자연스럽게 되지 않으므로 우리는 그들에게 복음을 효과적으로 전하기 위하여 사람들이 있는 장소에 접근할 수 있는 시간의 우선순위와 계획을 잡아야만 한다. 다른 사람들을 믿음으로 인도할 것 같은 가능성이 가장 많은 사람들 중 얼마는 그들의 시간표에 가장 최선의 것들로가 아니라 그냥 좋은 것들로 가득 채워져 있다.

많은 사람들의 경우, 분주함은 복음전도의 '출구'가 되어버린다. 우리는 우리가 즐기는 것들을 위해서는 시간을 내는 경향이 있지만, 우리가 싫어하거나 두려워하는 것들을 행하는 것에 대해서는 시간을 미루는 경향이 있다. 그래서 우리는 자주 우리 시간표에 우리의 강점이나 인지된 탁월한 재능과 관계된 행동들로 채우지만, 반면에 "너희는 나의 증인이 될 것이다"(행 1:8하)라는 모든 신자들을 위한 그리스도의 가장 긴급한 명령이 무엇인가에 대해서는 무시해 버린다.

많은 사람들이 "시간이 없기" 때문에 복음을 나누지 못하고 있는 것에 관해 생각하는 것은 간담을 서늘하게 한다. 수많은 선의의 기독교인들이 더욱 자주 복음을 나누겠다고 결심하지만, 복음을 나누기 위하여 더욱 의도적으로 중요한 것들을 행하는 것을 중단하지 않기 때문에 실패한다. 당신은 자주 복음을 의도적으로 나누기 위하여 무엇을 행하는 것을 중단하겠는가? 우리가 좋은 것들을 "가장 중요한 것"으로 교체하게 될 때, 하나님의 나라 안에서는 정말로 좋은 것들이 일어난다.

벌침: 좋은 것들을 행하는 것이 가득 차도록 만들어서 "가장 중요한

것"(복음전도)을 행하는 것을 밖으로 밀어내도록 해라!

벌침의 해독: Any-3를 실천하고 또한 다른 사람들이 그렇게 할 수 있도록 훈련하는 일을 위하여 시간을 따로 떼어둠으로써 덜 중요한 어떤 활동을 교체하라!

벌집(THE BEE HIVE) 태워버리기

자연 속에서, 일단 한 마리의 벌이 한 사람을 쏜다면, 그 벌은 죽고 만다. 그러나 선교에 있어서, 이런 벌침들이 수년 동안 계속 쏘아댈 수 있다. 그 해결책은 바로 그 벌집 자체를 불태워 버리는 것이다! 다음 정보들은 당신이 벌침들을 이겨내고, 성장하는 데 큰 도움을 줄 것이다.

경청(敬聽)을 얻어내었다.

앞에서 언급한 각각의 벌침들은 기독교인들이 복음을 위하여 경청을 얻어내야 한다는 것을 전제하고 있다. 실제로, 그리스도께서는 이미 그 권리를 획득하셨다. 그리스도께서 우리의 죄악들을 위한 값을 다 치루셨을 때, 그분은 우리가 복음을 나누도록 하는 유일한 권리를 획득하셨다. 그리스도께서는 우리에게 "복음을 온 피조물에게 선포할 수 있는"(막 16:15) 유일한 권세를 우리에게 주셨다.

복음은 완벽한 메신저들때문이 아니라, 그것을 완성하셨던 오직 가치 있고 자격 있는 주님 때문에 구원을 일으킨다.

그들이 믿음을 고백하는 이유

최근에, 내가 섬기는 아시아 국가에서, "하나님께서는 당신을 그리스도에 대한 믿음으로 이끌기 위해 무엇을 사용하셨나요?"라는 질문을 던지면서, 이슬람 배경을 가진 신자들을 조사했다. 우리는 이런 급진적인 삶의 변화를 위한 일정 범주의 이유를 들을 것이라 기대했다.

가장 많은 공통적인 대답은 맨 처음으로 누군가가 그들에게 예수께서 자신들의 죄의 용서를 위한 희생 제물로써 죽으셨다는 복음의 메시지를 말해 주었다는 것이었다. 아주 단순하게, 이런 무슬림들이 복음을 듣고 그분에게 자신들을 항복하도록 초대되었기 때문에 그리스도께 자신들의 삶을 드렸다.

사람들은 자신들이 복음을 듣고 또한 그것에 응답할 것을 초대받았기 때문에 믿게 되었다. 직접적인 입 대 귀의 복음전도를 대신할 어떤 대체물도 전혀 없다.

복음이 유일한 여과기이다

복음에 대해서 누가 열려 있는지를 알 수 있는 유일한 방법은 그들에게 복음을 나누어 보는 것이며 또한 누가 응답하는가를 보는 것이다. 종교적인 가입, 의복, 신체 언어, 그리고 직감은 매우 빈약한 대체물들에 불과하다. 당신은 복음을 나눈 후에, 누가 열려 있고 응답하려는지를 여러 날들이나 여러 달들을 지나서 보다는 단지 몇분 이내에 알게 될 것이다.

처음과 마지막 희생 이야기(6장을 보라)를 사용하면서 우리가 복음을 나눈 후에, 우리는 그물을 끌어올리기 위해 두 가지 질문을 묻는다. "당신은 그것을 믿습니까?" 라는 두 번째 질문은 마치 여과기 같은 질문이다. 그들의 얼굴 표정들과 신체 언어는 그들의 관심이나 그것으로 인한 결핍에 대한 어떤 정보들을 줄 수 있지만, 당신이 그들에게 질문을 할 때까지 그들이 그 복음을 믿는지 안 믿는지를 당신은 결코 진정으로 알 수 없을 것이다

개방성을 측정하는 두 가지 질문들
1. 이 이야기가 말이 되나요? 그렇지 않나요? 우리는 우리 자신의 죄악들에 대해서 값을 완전히 지불할 수 없지만, 하나님께서는 그리스도의 희생 제물을 통하여 죄의 용서를 마련하셨다.
2. 당신은 그것을 믿습니까?

복음전도 예비단계가 아니라 복음전도를 행하라
우리나라에서, 무슬림과의 첫 만남에서 한 무슬림에게 복음을 나누려고 시도하였다. 그렇게 행하면서, 우리는 그 관계가 나중에 깊어질 때까지 복음을 전하는 것을 기다릴 때보다 오히려 그들이 예수님께 "예" 라고 말할 가능성이 훨씬 많으리라는 것을 알게 되었다.

그리스도에 대한 믿음으로 다가서기 전에, 자말(Jamaal)은 지하드의 한 군인(a Jihadi militant)으로 있었다. 최근에 세례 받은 한 신자가 자말에게 복음을 가지고 접근하기 위하여 그의 두려움들을 옆으로 미

뤄놓았다. 그런데 자말은 그리스도께 자신을 항복시켰다. 또 다른 친구와 나란히, 이 두 사람은 함께 모여서 한 팀을 형성했으며, 그들은 6개월 이내에 200명의 사람들을 믿음으로 인도했으며 또한 12개의 새로운 가정교회들을 시작했다.

예수님과 그분의 제자들은 일상적으로 언제나 어떤 사람들과의 첫 만남에서 복음전도를 행하였다. 따라서 우리도 그렇게 할 수 있다. Any-3의 첫 세 발걸음들은 그 복음을 위한 무대를 설정한다. 그러나 10-15분 이내에 "안녕하세요?"라고 인사말을 한 후에, 당신은 그 복음을 나누어 줄 수 있다.

9
동기 부여
성공으로 이어지는 Any-3 다리

예수님의 초기 제자들도 오늘날의 제자들과 공통점이 많다-우리 모두에게도 증언을 위한 동기와 따라야 할 예시가 필요하다. 이것이 예수님께서 우물가의 여인에게 증언했던 자신의 경험으로 제자들을 초대하는 이유이며(요 4:1-45) 성령님께서 요한에게 오늘날 예수님의 제자들에게 교훈을 전하기 위한 기록을 남기도록 하신 이유이기도 하다. 예수께서는 우물가의 여인 이야기 속에서 그의 제자들로 하여금 누구든지, 어디든지, 언제든지 증언할 수 있도록 용기를 북돋는 다섯 가지 동기를 예로 보여주셨다. 예수님은 설명을 위해 추수의 비유를 사용하셨다.

추수를 위한 열정

예수께서 영적으로 잃어버려진 여인에게 증언을 준비하고 계시는 동안, 제자들은 음식을 사러 도성으로 들어갔다(요 4:8). 그들이 그곳에 가 있는 동안 예수님의 증언의 만남에 함께 참여할 수 없었다.

제자들이 식사를 준비해서 돌아왔을 때, 예수께서 뿌리깊은 유대교의 전통 두 가지를 어기고 계시는 것을 발견했다. 1)유대인은 사마리아인과 교제하지 않았다. 2) 남자들은 공공장소에서 여인들과 말도 섞지 않았다. 제자들은 어떻게 대응해야 할지 망설이면서 예수님께 먹을 것을 드렸다.

그러나 예수께서는 이미 "식사를 마치신" 상황처럼 말씀하셨다. 유일하신 구원자로서 예수께서는 언제나 점심을 챙기셨고 마치 식사를 마친듯이 말씀하셨다. "나의 양식은 나를 보내신 이의 뜻을 행하며 그의 일을 온전히 이루는 이것이니라"(요 4:34). 예수께서는 먹는 것보다는 증언하는 것을 더욱 갈망하셨다! 그 모습이 바로 예수께서 추수를 위한 자신의 열정을 제자들에게 예시로써 보여주시는 것이었다. 당신이나 내가 눈앞에 놓인 아이스크림 또는 좋아하는 음식을 꼭 먹어야겠다고 생각하는 그 순간에도 예수께서는 틀림없이 증언을 먼저 하셨어야 직성이 풀리셨을 것이다. 그것이 바로 그분의 열정이었다.

예수님의 추수에 대한 열정은 무사(Musa)라는 친구를 그리스도께 인도했던, 80세의 4대 무슬림 신자, 야야(Yahya)라는 사람을 회상케 한다. 그 때 무사는 83세의 나이였다. 무사는 이내 곧 영적으로 길을 잃은 그의 가족들에 대한 생각으로 마음이 무거워졌고, 그 후 그들에게 복음을 전하기 위해 그의 녹슬고 낡은 자전거를 타고 21마일이나 떨어진 그의 가족이 있는 마을로 달려갔다.

추수의 압박

예수께서는 영적 추수의 절박함을 제자들에게 깊이 새기셨다. "너희는 넉 달이 지나야 추수 때가 이르겠다 하지 아니 하느냐 그러나 나는 너희에게 이르노니, 너희 눈을 들어 밭을 보라 희어져 추수하게 되었도다"(요 4:35). 만일 제자들이 그들의 증언에 대한 열정 강도를 단계적으로 증가시키지 않았었더라면, 추수가 늦어졌을 때 시기를 놓치고 썩은 밀알들이 사라지게 되는 것과 동일한 방식으로 사람들도 그렇게 사라져갔을 것이다.

그 때가 예수님의 제자들을 위해 추수해야 할 때였던 것같이, 지금이 바로 오늘날의 제자들이 절박함을 갖고 증언해야 하는 순간인 것이다. 매일마다, 복음을 듣기만 했더라도 그것을 받아들였을 수천 명의 사람들이 복음을 들어보지도 못한 채 사라져 가고 있다. 예수님을 따라 추수의 압박은 시작됐고, 바로 지금이 추수를 해야 할 때이다.

추수에 대한 약속

추수의 약속은 심은 대로 거둔다는 것이다. 심는 것과 거두는 것은 모두 제자들의 책임이라는 것을 예수께서는 그의 제자들을 위해 입증해주셨다. "거두는 자가 이미 삯도 받고 영생에 이르는 열매를 모으나니 이는 뿌리는 자와 거두는 자가 함께 즐거워하게 하려 함이라"(요 4:36).

추수의 목표는 절대 뿌리는 것이 아니다. 오직 어리석은 농부만이 거두는 것은 생각하지 않고 뿌리는 것에만 신경 쓸 것이다. 더욱 어리석은 것은 그리스도인들이 심거나 거둘 수 있도록, 밭에서 돌만 제거하고 일을 끝내는 것이다. 씨앗을 뿌리는 것은 힘들고, 덥고, 지치는 일이지만, 추수의 약속이 이 일을 보람 있게 만든다.

모든 증언하는 만남에서, 우리는 뿌리는 일과 거두는 일을 통해 한껏 기대를 하게 된다. 예수께서는 그의 제자들에게 추수는 하룻밤 사이에도 성숙하게 될 수 있다고 가르치셨다(막 4:26-29). 때로는 우리가 다른 사람의 수고의 열매를 거두게 될 수도 있다(요 4:37).

나는 현지의 네 명의 동역자들과 어떤 신자도 교회도 전혀 없는 한 지역에서 여러 명의 무슬림들에게 복음을 전했을 때의 이야기를 사람들에게 말해주고 싶다. 우리의 입장에서, 그날은 평상시와 다를 바 없는 날이었다. 그리스도를 위하여 확실히 결심을 하는 사람이 한 명도 없었다.

그리고 일 년 남짓 후, 두 사람의 선교훈련 지원자들이 그 때와 같은 구역으로 갔고, Any-3 방식을 사용하여 복음을 나눴다. 30분도 채

안 되어, 주님께서 우리가 2년 전에 복음을 나눴던 한 남자와 그들을 만나게 해 주셨다. 그들이 함께 대화를 나누었을 때, 그 남자가 그들에게 이렇게 말했다. "약 1년 전에 어떤 사람이 나에게 이 기쁜 소식을 나누어 주었고, 나에게 작은 전도용 소책자를 주었어요. 나는 그 때 이후로 거의 매일 밤 그것을 읽어 왔답니다." 그러고 나서 그는 그리스도를 영접하기 위해 기도드렸다.

우리는 넘치는 기쁨으로 함께 축하해주고 찬양을 드렸다. 며칠 후, 그 남자는 세례를 받았고 그의 가족들에게 복음을 전해주었다. 그 결과 그 지역사회 안에 첫 번째 교회가 세워지게 되었다.

추수의 생산

번성은 창조 안에서 이루어진다. 밀이 담긴 모든 자루에는 몇 배의 식물들을 생산하기에 충분한 씨앗이 들어있다. 식물을 키워내는 각각의 싹은 여러 세대의 재생산을 가능케 하는 잠재력을 가지고 있다.

사람도 동일한 생산적 잠재력을 가지고 있다. 유일한 메시아이신 예수에 관한 기쁜 소식을 듣고, 우물가의 그 여인은 자신의 항아리를 버려두고, 동네로 가서 사람들에게 증언을 하였다(요 4:29). 성경이 말하기를, 여인은 동네 친구들에게 와서 예수를 만나보라고 했다(요 4:28-29). "여자의 말이 내가 행한 모든 것을 그가 내게 말하였다 증언하므로 그 동네 중에 많은 사마리아인이 예수를 믿는지라"(요 4:39).
평안의 사람들이 자신들 각지의 오이코스(확장된 가정 및 친구)에게 그리스도의 복음을 전달할 수 있도록 준비시키기 위해 계획에 없던 이틀을 사마리아에서 보냈던 것은 시간적으로 아주 의미있는 투자였다.

나와 나의 동역자 잭(Zack)은 복음이 전달되지 않은 무슬림 사람들 가운데 날마다 복음의 씨앗을 뿌렸고, 그 후 첫 추수를 보기까지 거의 8개월이 걸렸다. 하지만 추수가 다가왔을 때는, 거두어 들일 것이 무궁무진하게 많았다. 우리가 어떤 공원에서 증언했던 한 남자는 복음을 듣고 그것을 믿었다. 그 때 그가 우리에게 이렇게 말했다. "나는 이 메시지를 들어야 하는 50명의 다른 사람들을 알고 있습니다!" 정말로 50명의 사람들이 이 남자로부터 빠르게 복음을 듣게 되었다. 그 후 그는 수백 명의 사람들에게 예수를 믿도록 인도해오고있다.

추수 가운데 생산을 보게 되는 것은 예수님의 지상명령을 더 잘 달성할 수 있도록 해준다. 우리 중 어느 누구의 평생을 바친다 하더라도 전 세계의 영적으로 잃어버려진 사람들의 숫자에 영향을 줄만큼의 충분한 수의 사람을 믿음에 이르도록 인도할 수는 없을 것이다. 그러나 새신자 인도의 잠재된 가능성을 깨닫는다면 복음을 더 잘 나눌 수 있도록 용기를 북돋아 줄 것이다. 또한 인도되는 새신자의 곱절의 증가를 가능케 하시는 하나님을 기대해보아라!

추수를 위한 대가 지불

누흐(Nuh)의 삶은 도덕성과 사업의 실패 때문에 사망으로 치닫고 있었다. 그런데 그의 삶을 그리스도께 드린 이후로, 그의 대가족 식구들과 보수적 무슬림 이웃들 중 30명을 믿음으로 인도하는 데 귀한 도구로써 쓰임 받았다. 두 눈에 끓어오르는 뜨거운 눈물을 흘리며, 누흐는 깊은 감사로 이렇게 고백했다. "누군가 나에게 그 복음을 나누어 주지 않았다면 내 삶은 과연 어디에 있었을까요?"

추수에 대한 대가는 무엇인가? 그것은 바로 누군가를 그리스도께 인도하게 될 때 우리가 느끼게 되는 가장 위대한 기쁨이다. 예수께서는 이렇게 말씀하셨다. "거두는 자가 이미 삯도 받고 영생에 이르는 열매를 모으나니 이는 뿌리는 자와 거두는 자가 함께 즐거워하게 하려 함이라"(요 4:36). 그리고 더 많은 삯을 받게 될 것이라고 하셨다 (요 4:36 하). 추수꾼에게 보상은 오늘도 지급될 것이고 나중에도 지급될 것이다. 그러나 그 보상의 가치는 줄어들지 않고 언제나 같을 것이다.

성공적인 추수를 가져오는 것 이외에 농부에게 더 큰 만족을 가져다 줄 수 있는 것은 없을 것이다. 하나님의 영광을 보는 것과 그리스도의 지상명령에 순종하는 것 같이 증언을 이끌어내는 다른 종류의 동기부여도 있을 수 있다. 그러나, 죽음에서 생명으로 옮겨지는 사람들을 직접 볼 수 있는 기쁨보다 더 큰 동기부여는 거의 없을 것이다. 천국까지 미치는 기쁨(눅 14:10), 하나님의 천사들의 임재 가운데 있는 기쁨(눅 14:10) 그리고 아버지 하나님께 기쁨을 올려드리는 것(눅 15:32)들 또한 당신에게 기쁨을 줄 것이다!

**좋은 추수꾼이 되기 위한 다섯 가지 동기부여로써
당신이 배운 것을 붙잡으라!**

1. 추수를 위한 열정 (요 4:31-34)
예수께서는 먹는 것보다 복음전도하는 것을 더욱 원하셨다.

2. 추수의 압박 (요 4:35)
밭의 준비성이 추수의 시기를 결정한다.

3. 추수에 대한 약속 (요 4:37-38)
뿌린 대로 거둔다.

4. 추수의 생산 (요 4:28-30)
각각의 새로운 신자마다 무궁무진한 배가증식을 할 수가 있다.

5. 추수를 위한 대가 지불 (요 4:36)
농부에 주어지는 보상은 추수 그 자체이다.

10
유일한 메시지

성공으로 이어지는 Any-3 다리

Any-3는 지금까지 영적으로 잃어버려진 인간을 다시 연결하는 것이 얼마나 쉬운지에 대하여 당신에게 보여주었다. 그러나 우리의 메시지의 중심은 어떠할까? 그리스도인으로서 우리가 갖고 있는 최대의 힘의 근원은 우리가 선포하는 복음이다. 복음이 주는 메시지의 능력을 진지하게 검토해보고, 우리가 그것을 애매하지 않게 확실히 하는 시간을 잠시 갖도록 하자.

십자가의 능력을 극대화시켜라

사도 바울은 이렇게 말했다. "그리스도께서 나를 보내심은 세례를 베풀게 하려 하심이 아니요 오직 복음을 전하게 하려 하심이로되 말의 지혜로 하지 아니함은 **그리스도의 십자가가 헛되지 않게 하려 함이라**(

고전 1:17). 복음의 제시가 인간의 지식으로 가려질 때, 얻는 것보다 잃는 것이 더 많아진다. 대화를 복음으로 이끌기 위해, 교묘한 서론적 다리들을 내세워 사용하는 것은 복음의 능력을 낮추는 위험을 갖고 있다. 이러한 경우들에 있어서, 복음이 우리를 구원하는 유일한 진리라는 사실보다는 오히려 예수에 관한 수많은 진리들 속에 파묻혀 잊혀지게 된다. 바울의 주된 목표는 그 복음을 전달하는 것이었다. **효과적인 복음전도자들은 관계의 초반에 복음을 나눈다.**

골프 게임은 복음전도에 대한 두 가지의 유용한 어프로치(접근방식, 골프에서 그린에 있는 홀컵으로 가까이 붙이기 위한 모든 샷)를 예시로 보여준다. 어떤 복음전도자들은 그 복음을 위한 기초를 마련하기 위해서 소개역할을 하는 다리들을 사용한다. 이런 다리들은 그 대화를 그린 위로 올릴 수 있는 다양한 골프채의 역할을 하고, 마침내 그린 위에서 승리를 결정짓는 퍼팅이 만들어지는 것이다. 초반에 그들이 선호하는 소개적인 드라이버를 사용한 후, 복음전도자들은 그 사람이 그리스도를 위한 결심으로 가까이 다가왔다는 것을 알 수 있을 때까지 다른 접근방식들을 사용하게 된다. 바로 그 지점에서 그들은 자신의 골프백에서 마지막 클럽인 복음이란 퍼터를 고른 다음, 구원의 메시지를 나누고, 결단을 하도록 압력을 가하는 용도로 사용한다. 이때 그 복음이 결국 그들의 마지막 클럽, 마지막 퍼터로써 역할을 수행한다.

Any-3를 통해, 우리는 영적으로 잃어버려진 사람을 연결한 후, 골프백에서 가장 강력한 클럽을 드라이버로 빼낸 다음, 복음을 제시하기 위해 그 클럽을 사용한다. Any-3 증언에 있어서, 복음을 전달해주는 것은 퍼터가 아닌 드라이버다. 그리고 다른 접근방식들은 후속적인 방문을 위해서 사용될 수 있다. 그러나 그때까지 복음은 이미 나누어져 왔고, 복음 그 자체에 대한 그 사람의 반응을 구분하기 위해서 사용되었다. 복음이 가장 막강한 클럽이다, 그러니 그것을 사용하라!

이것이 바로 1세기 교회가 행했던 모습이다. 그들은 골프를 하지는 않았지만, 효과적인 복음전도를 해냈다. 신약성경을 살펴봐도 과거 첫 번째 방문 시에 증언자가 복음의 제시를 나중으로 미뤘던 사례는 한 번도 없었다. 그들은 복음을 사용한 것이었다.

2000년 전 그분이 그러하셨던 것 같이, 하나님은 단순한 방법으로써 사람들을 구원하신다는 점을 우리는 너무나 자주 잊어버린다. 우리는 정말로 복음의 능력을 높일 수 있는 증언의 다리를 우리 스스로 만들어 낼 수 있다고 생각하는 것인가? 그와는 정반대로, 우리가 그 다리를 중심에 두기보다 복음을 중심에 놓을 때 하나님의 구원의 능력은 나타날 것이다.

Any-3 복음 전도의 3가지 가정(Assumptions)

1. 복음은 희생적인 속죄다.

성경의 핵심 메시지는 인류의 죄악에 대한 하나님의 대신하시는 희생(substitutionary sacrifice)에 있다. 성경의 첫 책인 창세기를 시작하며,

하나님은 구세주의 오심을 예언하셨다(창 3:15). 이 구절은 고난받는 구세주에 관한 수많은 예언들 중 첫 예언이었다. 복음서들은 예수님을 이 세상의 모든 죄악을 지고 가시는 하나님의 어린 양으로서, 고난받는 구원자로서 나타내고 있다. 신약 성경은 피에 적셔진 옷을 입은 하나님의 어린 양의 두 번째 오심으로 끝을 맺는다(계 19:13).

하나님께서는 첫 번째 죄인인 아담과 하와의 임시의 옷을 동물의 가죽들로 대체하셨다(창 3:21). 동물이 인간의 죄악의 영향과 결과들을 덮기 위하여 대신 죽어야만 했기 때문에, 하나님께서 친히 죄 용서를 위한 첫 번째 희생제물을 주셨다. 최초의 인간의 후손이었던 가인(Cain)과 아벨(Abel)은 하나님께 드리는 예배에 희생 제물을 드렸다. 두 가지 희생제물 중에서, 하나님께 용납될 만한 것은 바로 아벨(Abel)이 드린 동물의 희생 제물이었다. 대홍수 이후, 노아도 자신을 의롭게 여겼던 믿음을 가지고 동물의 희생제물을 드렸다.

성경은 명확하게 인류를 위한 하나님의 구원계획으로써 유일한 희생적 시스템을 보여주고 있다(히 9:22). 모세의 율법 아래, 그리스도가 스스로를 최종적인 희생제물로 드리기 전까지 모든 의로운 사람들은 그들의 죄악에 대한 속죄를 위하여 동물의 희생제물을 드려야만 했었다. 그런 까닭에 십자가에 매달린 채 죽어 가면서, 예수님은 희생제물을 위한 하나님의 의로운 요구를 달성하셨음을 나타내며 "다 이루었도다!"라고 부르짖으셨던 것이다. 오늘날, 모든 증인들은 다음과 같이 선포해야 한다. "그리스도께서도 단번에 죄를 위하여 죽으사 의인으로서 불의한 자를 대신하셨으니 이는 우리를 하나님 앞으로 인도하려 하심이라 육체로는 죽임을 당하시고 영으로는 살리심을 받으셨으니"(벧전 3:18)

효과적인 복음전도의 강력하고 깊은 메시지는 단순한 형태의 복음전도 그 자체이다. 복잡한 방법으로 복음을 혼란스럽게 만드는 전도는 단지 복음의 능력을 약화시킬 뿐이다.

2. 복음은 좋은 소식이다.

한 선교 봉사자가 종교적 배경과 분위기가 전혀 다른 지역에서 Any-3 복음전도를 수행하던 도중에, 후세인(Hussein)이라는 이름의 무슬림 남성을 만났다. 통역사와 함께 사역을 하고 있던 그 봉사자는 후세인과 복음을 나눌 수 있었고, 후세인은 복음에 응답할 수 있을 정도로 성숙해졌다. 후세인이 봉사자에게 이렇게 말했다. "이게 바로 지금까지 내가 기다려왔던 말씀이었어요!" 얼마 후, 후세인의 가족과 다른 3명의 사람들이 그리스도께 그들의 삶을 의탁했고, 그들의 마을에 최초의 교회를 세울 수 있게 되었다.

복음은 말그대로 "좋은 소식"을 의미한다. 성령님이 영적으로 잃어버려진 사람들에게 좋은 소식을 깨닫도록 만드실 때, 그들은 복음이 얼마나 놀라운 것인지를 비로소 느끼게 된다. 복음은 하나님의 구원의 선물인 셈이다.

예수께서는 그의 제자들에게 복음을 선포하도록 명령하셨으며 또한 제자들에게 땅 끝까지 이것을 전하도록 명령하셨다(눅 24:44-48). 사도들의 메시지의 핵심은 바로 복음 그 자체였다: "그리스도께서는 우리의 죄악을 위해서 죽으셨다! 그리고 사흘 만에 죽음으로부터 부활하셨다!"(고전 15:1-4; 벧전 3:18). 나의 주님되신 예수님께 자신을 의탁하면 복음을 믿는 사람들은 구원을 받게 될 것이다(롬 10:9-10)

3. 복음은 유일하다.

대부분의 종교들은 인간이 하나님께 도달하기 위한 방법의 시스템을 가르친다. 오직 기독교 신앙에서만 인간이 아닌 하나님만이 죄인된 인간을 구제하는 결정권을 갖고 계시다는 사실을 보여준다. 누구든지 그리스도께 자신을 의탁하고 복음을 믿을 때, 그의 죄는 완전한 용서를 받게 된다.

Any-3 에서, 증언자는 대부분의 종교들이 유사하다고 얘기하면서 대화를 시작한다. 하지만 그의 최종적인 목적은 복음이 완전히 다르다는 사실을 말해주는 것이다.

나 또한 기독교 목사들과 선교사들이 복음의 메시지를 실제로 전달하는 것이 얼마나 중요한지를 당연히 잘 이해하고 있을 것이라고 생각했었다. 하지만 몇 해 전, 복음전도 과정을 가르칠 때, 나는 학생들에게 복음전도란 단지 예수님에 관한 이야기가 아니라 그 복음의 메시지를 전달해 주는 것을 의미한다는 사실을 설명해줘야 한다는 것을 깨닫게 되었다. 학생들 중 한 명이 다음과 같이 말했다. "누군가 구원을 받기 위해서는 반드시 복음을 먼저 들어야 한다는 점을 말씀하시는 건가요?" 바로 그 점이다! 그 청년은 내 말의 요지를 잘 파악한 것이다. 그 때 이후로, 이 학생은 놀라운 증언자가 되었고 수많은 사람들을 그리스도께로 인도했다.

ptimport # 11
메시지 전달자

성공을 위한 Any-3 다리들

성공적인 복음전도는 하나님께서 주시는 선물이지만, 그것은 하늘로부터 떨어지는 것이 아니다. 효과적인 복음전도는 자연적으로 되는 것이 아니다. 그리스도 안에 거하며 다른 사람들의 증언을 관찰하고 스스로 연습할 때 영적으로 온다.

예수께서 "나를 따라 오라 내가 너희로 사람을 낚는 어부가 되게 하리라"(막 1:17)고 말씀을 하실 때, 예수님은 자신을 따르는 제자들이 복음전도자가 될 것이라고 말씀하고 계신 것이다. 우리가 복음전도를 단순히 그리스도인의 덕목 중 하나로 생각한다면, 그것을 통해 많은 열매를 생산하지는 못할 것이다. 그리스도와 함께 날마다 걸어가며 복음전도가 우리의 열정이 될 때, 우리는 수많은 열매를 생산하게 될 수 있다.

과거 삼 년 동안, 개척교회 양육운동을 하는 동안 나는 요한복음 13-17장에서 발견되는 예수님의 다락방 강화(講話) 말씀에 빠져있었다. 그 이야기에서 예수께서는 소위 "자기 안에 거함(내 안에 거하라)"라는 복음 전도 열매 맺음의 비밀을 나타내셨다. 그리스도 안에 거하는 것은 그리스도의 영, 곧 성령으로 충만해지는 것을 의미한다(요 14:16-23).

영적인 열매 맺음이란 그리스도 안에 거하는 삶이 흘러 넘치는 것이다(요 15:1-8). 이 단락의 말씀은 복음전도란 단지 올바른 말 몇 마디를 뱉는 것 보다 훨씬 더 큰 것임을 새롭게 상기시켜 준다. 복음전도는 참 포도나무이신 그리스도와의 연결을 계속 유지해 주는 것을 의미한다. 그리스도를 위한 증언자가 되겠다고 결심한 일부 그리스도인들은 그 기대와는 달리 "계획이 예상대로 이루어지지 않기" 때문에 좌절하게 된다. 효과적인 복음전도는 단지 잘 고안된 계획을 수행하는 것보다 훨씬 더 큰 것이다. 효과적인 복음전도는 예수 그리스도와의 친밀한 교제 속에서 사는 삶을 말하며, 다른 사람들로 하여금 복음을 믿고 그와 동일한 관계 속으로 들어가도록 이끌어 주는 것을 말한다.

예수께서는 오직 자기 안에 거할 것을 제자들에게 시험하신 것과 더불어, 그들에게 이같이 할 수 있도록 본보기를 보여주셨다. 그리스도 안에 거하는 것은 그리스도를 향해 죽음을 불사하는 **절대적인 복종**으로 시작한다(요 12:24; 15:13). 또한 그리스도 안에 거하는 것은 **겸손**을 요한다(요 13:1-17). 우리에게는 그리스도께 복종하기 위해 필요한 숱한 조정과 수정들을 수용할 겸손함이 필요하기 때문이다(요 13:6-10). 겸손은 또한 우리가 서로간에 적합한 관계를 유지할 수 있도록 도와준다(요 13:12-17). 우리 스스로를 죽이는 것과 그리스도의 말씀에 순종하도록 우리의 삶을 변화하는 것은 그리스도 안에 거하며 그 분의 일을 행하는 것에 있어 필수적인 요소들이기 때문이다.

이와 같은 필수전제조건인 절대적인 복종과 겸손과 더불어, 우리는 그 분과의 동행, 그 분의 말씀, 그리고 그 분의 일들을 통해서 그리스도 안에 거하도록 준비된다. 바로 이 세 가지가 열매 맺음을 경험하기 위한 열쇠이다. 그리스도께서는 그의 제자들이 지상명령을 완수하도록 준비시켜 주시기 위해서 다락방 강화의 진리를 사용하셨던 것이다. 이제 겸손과 복종과 그리스도 안에 거하는 삶을 위한 세 가지 열쇠들을 더욱 자세히 살펴보도록 하자.

겸손과 복종

겸손

다락방에서 일어난 수많은 심오한 대화들 가운데, 요한복음 13장 1-11절에 기록된 말씀보다 더욱 중요한 것은 없다. 예수께서 자기 제자들의 발을, 심지어는 자신을 이제 막 팔아넘기려 했던 유다의 발까지도 씻겨주셨다. 예수께서는 자기 자신을 낮은 자들 중에 가장 낮은 자의 밑에까지 겸허히 낮추셨으며 또한 그의 제자들이 다른 사람들에게도 그와 동일하게 행하도록 가르치셨다.

예수께서 12 제자들의 발을 씻겨 주셨을 때, 베드로가 언뜻 보기에 그의 겸손함을 보여주는 말을 했다. "내 발을 절대로 씻지 못하시리이다!"(요 13:8). 사실 베드로의 말은, 그의 오만을 드러내 보여준 것이다. 만일 베드로가 그리스도 안에 거하는 삶의 진정한 기쁨을 경험하려 하였다면, 주님이 의도하신 일에 자신을 겸손하게 내어드려야 했을 것이다.

겸손은 서로 간에 굴복하는 것을 의미한다. 겸손은 우리의 관습보다는 예수의 말씀에 순종하기 위한 개인의 변화를 요구한다(요 13:8-9).

복종

우리가 반드시 만들어 내야만 하는 가장 큰 변화는 우리가 그리스도의 주인되심에 복종할 때 우리 자신을 죽여야만 한다는 것이다. 우리 중 대다수가 복음을 나누는 일로 생명의 위협을 느끼는 일은 없을 것이다. 그러나 일단 우리가 기꺼이 죽으리라고 각오한다면, 담대하게 복음을 나누는 일을 방해하던 두려움의 연결고리들이 우리를 더 이상 묶어놓을 수 없게 된다.
다락방 강화와 그 주변의 세 군데 단락의 말씀들은 그리스도를 따르기 위한 전제조건으로써 자아에 대한 죽음의 필요성을 가르치고

있다: 1)요한복음 12:24 2)요한복음 13:36-38 3)요한복음 15:13-15.

다락방 강화의 바로 앞 장에서, 예수님은 자신의 죽음을 예언하셨으며 또한 제자들이 앞으로의 고단한 길을 스스로 걸어갈 수 있도록 준비시켜 주셨다. "내가 진실로 진실로 너희에게 이르노니 한 알의 밀이 땅에 떨어져 죽지 아니하면 한 알 그대로 있고 죽으면 많은 열매를 맺느니라 자기의 생명을 사랑하는 자는 잃어버릴 것이요 이 세상에서 자기의 생명을 미워하는 자는 영생하도록 보전하리라(요 12:24-25).

베드로가 다락방에서 예수님을 위해 기꺼이 자신의 생명을 내던지겠다고 담대하게 선언하였다(요 15:13). 바로 그날 밤, 베드로는 예수님을 세 번 부인하고 말았다(요 13:38). 그가 비록 스스로 자신만만하게 내뱉었던 말에 실패했을지라도, 베드로는 훌륭한 교훈을 만들어냈다. 바로 그의 삶과 죽음이 그리스도께 속해 있다는 사실이다. 효과적인 복음전도자들은 이미 영원성에 대한 문제를 해결한 사람들이다. 따라서 그런 사람들은 언제든지 그리스도와 함께 살고 죽을 준비가 되어 있다. 베드로는 결국, 다른 제자들처럼 복음을 위하여 자신의 생명을 내려놓았다.

예수님의 말씀에 따르면, 참된 우정은 죽음도 기꺼이 내 줄 것을 필요로 한다. 예수께서는 그의 친구들을 위하여 자신의 생명을 내려놓음으로써 그의 위대한 사랑을 입증해주셨다(요 15:13). 또한 예수께서는 "너희는 내가 명하는 대로 행하면 곧 나의 친구라"(요 15:14) 고 말씀하시며 진정한 우정은 상호적이라는 점을 가르치셨다.

복음의 전달자로서 우리는 스스로를 겸손케 하여 그리스도께 온전히 복종할 때 비로소 그리스도와 하나가 될 수 있다. 누군가 겸손히 죽음까지 각오하게 되면, 그는 그리스도 안에 거할 수 있으며 예수님께서 요한복음 14장 12절에서 약속하셨던 더 위대한 일들을 경험할 수 있도록 준비될 것이다. "내가 진실로 진실로 너희에게 이르노니 나를 믿는 자는 내가 하는 일을 그도 할 것이요 또한 **그보다 큰 일도** 하리니 이는 내가 아버지께로 감이라"

그리스도 안에 거하는 삶을 위한 세 가지 열쇠

1. 그리스도의 보행

그리스도의 보행은 기도의 보행이다. 누가복음 5장 16절에서 우리는 "예수는 물러가사 한적한 곳에서 기도하시니라"하신 모습을 발견한다. 그리고 누가복음 6장 12절에서도 "이 때에 예수께서 기도하시러 산으로 가사 밤이 새도록 하나님께 기도하시고"라는 말씀을 확인할 수 있다.

예수께서는 기도(祈禱)로 자기와 발걸음을 맞춰 동행하는 제자들을 통해서 일하실 것을 약속하셨다. "너희가 내 이름으로 무엇을 구하든지 내가 행하리니 이는 아버지로 하여금 아들로 말미암아 영광을 받으시게 하려 함이라 내 이름으로 무엇이든지 내게 구하면 내가 행하리라"(요 14:13-14). 우리가 그리스도의 말씀을 따라서 기도할 때, 그리스도께서 그분의 지상명령을 성취하시기 위해서 우리를 통해 일하신다(요 15:7).

초대교회 시대의 제자들은 함께 모였을 때 기도하였다. 또한 그들은 밖으로 나갔을 때도 역시 기도하였다. 제자들에게 있어서, 기도란 어떤 의식이나 휴식보다 훨씬 더 큰 의미였다; 기도란 그들과 동행하셨던 주님과 함께 나누는 끊임없는 대화였다(마 28:20).

Any-3에서, 기도 보행은 증언 경험 자체에서 매우 필수적인 부분이다. 우리는 전도하려고 출발하기 전에 항상 함께 모여서 기도한다. 우리가 한 걸음씩 걸어갈 때마다, 이렇게 기도한다. "주님! 우리가 우리 스스로를 당신께 복종하나이다. 복음을 들을 수 있도록 당신께서 준비시켜 준 사람들에게 우리를 인도하여 주소서! 성령으로 우리를 충만하게 하소서! 그리하여 우리가 복음을 잘 나눌 수 있게 하소서!"

Any-3에서, 우리는 기도로 시작하고 기도로 끝낸다. 그리고 그 길을 따라 가며 모든 것을 기도한다. 우리는 복음을 나눈 후에, 우리가 증언하고 있는 그 사람 또는 그녀를 위해서 예수의 이름으로 기도를 해도 되는지에 대해서 묻는다. 기도는 종종 아주 놀라운 대답들을 결과물로 내놓는다. 특히 그 사람이 믿음으로 다가 올 때, 그리스도께서는 마치 그들의 구원경험에 감탄부호를 찍듯이 그분의 권능과 임재를 나타내신다.

2. 그리스도의 말씀

하나님의 말씀에 대한 순종은 그리스도 안에 거하는 삶에 본질적인 요소이다. 예수께서는 "나의 계명을 지키는 자라야 나를 사랑하는 자이니라" 그리고 "나를 사랑하는 자는 내 아버지께 사랑을 받을 것이요 나도 그를 사랑하여 그에게 나를 나타내리라"(요 14:21)고 말씀하셨다.

예수께서는 계속해서 말씀하셨다. "내가 아버지의 계명을 지켜 그의 사랑 안에 거하는 것 같이 너희도 내 계명을 지키면 내 사랑 안에 거하리라"(요 15:10)

'사도행전'에서, 우리는 말씀으로부터 지혜를 구하고, 그 말씀을 다른 사람들에게 선포하며 또 그 말씀 속에 살고 있는 제자들을 본다. 사도행전에서 사람들이 성령으로 충만하게 되었던 각각의 경우마다, 그들은 담대함으로 하나님의 말씀을 선포하였다.

예수님께서는 다락방에서 제자들을 위하여 적어도 열 개 이상의 교훈을 주셨다. 그 중 여덟 개는 계명이었으며 다른 두 개는 담대한 전제였다.

그리스도가 다락방에서 주신 열 가지 값진 교훈들

1. "내가 주와 또는 선생이 되어 너희 발을 씻었으니 너희도 서로 발을 씻어주는 것이 옳으니라"(요 13:14)

2. "새 계명을 너희에게 주노니 서로 사랑하라 내가 너희를 사랑한 것 같이 너희도 서로 사랑하라"(요 13:34; 요 15:12-17에서도 역시)

3. "너희는 마음에 근심하지 말라 하나님을 믿으니 또 나를 믿으라"(요 14:1)

4. "내가 아버지 안에 거하고 아버지께서 내 안에 계심을 믿으라"(요 14:11상)

5. "…나를 믿는 자는 내가 하는 일을 그도 할 것이요 또한 그보다 큰 일도 하리니 이는 내가 아버지께로 감이라"(요 14:12)

6. "내 안에 거하라 나도 너희 안에 거하리라"(요 15:4상)

7. "나의 사랑 안에 거하라"(요 15:9하)

8. "너희도 처음부터 나와 함께 있었으므로 증언하느니라"(요 15:27)

9. "…구하라 그리하면 받으리니 너희 기쁨이 충만하리라"(요 16:24하)

10. "세상에서는 너희가 환난을 당하나 담대하라 내가 세상을 이기었 노라"(요 16:33하)

3. 그리스도의 일들

그리스도의 일들이란 우리가 성령안에서 걸어갈 때 그리스도께서 우리 안에서, 그리고 우리들을 통해서 행하시는 그런 일들을 말한다. 그리스도 안에 거한다는 것은 단순히 기도하고 순종하는 것보다 훨씬 더 많은 것을 의미한다. 성령님께서는 그리스도의 일을 행하는 사람들을 성령으로 충만하게 하신다. 다락방에서 하셨던 예수 그리스도의 말씀에 따르면, 그의 제자들이 해내야 하는 가장 핵심적인 일은 그분에 관하여 증거하는 것이어야 한다. 예수께서는 이렇게 약속하셨다. "

내가 아버지께로부터 너희에게 보낼 보혜사 곧 아버지께로부터 나오시는 진리의 성령이 오실 때에 그가 나를 증언하실 것이요 너희도 처음부터 나와 함께 있었으므로 증언하느니라"(요 15:26-27).

요한복음 15장 8절에서, 예수님은 이렇게 말씀하셨다. "너희가 열매를 많이 맺으면 내 아버지께서 영광을 받으실 것이요 너희는 내 제자가 되리라." 우리가 그리스도 안에 거하게 될 때 우리 안에서, 그리고 우리를 통해서 이루어지는 그리스도의 일들을 보게 된다. 이런 일들 가운데 가장 중요한 일이 제자들을 곱절의 규모로 키워내는 것이다.

요한복음 17장 4절을 보면, 예수께서는 그의 아버지에게 이렇게 기도하셨다. "아버지께서 내게 하라고 주신 일을 내가 이루어 아버지를 이 세상에서 영화롭게 하였사오니" 그런 다음, 계속해서 그의 제자들이 말씀 위에 자리잡기를 기도하시고(8, 14절); 그들을 위해 기도하시고 그들이 기도하도록 가르치신다(9절); 그들을 보호하시고(11,15절); 마침내 그들을 세상 속으로 내보내신다(18절).

그리스도안에 거하는 것이야말로 더욱 더 위대한 영적인 일들을 수행하기 위한 진정한 열쇠가 된다. 제자들이 기도와 말씀을 통해서 그리스도 안에 거하였을 때, 깜짝 놀랄 정도로 의미 깊은 일들을 수행하는 것이 가능했다. 바로 이런 일들이 사도행전의 책 안에 기록된 위대한 업적들이다. 예수님께서 다락방에서 약속하셨던 것처럼 그의 제자들은 예루살렘과 유대와 사마리아와 땅 끝까지 가정 교회들의 네트워크를 세워갔다.

다락방에서 이루어진 제자들을 위한 그리스도의 일들

당신이 그리스도를 위한 효과적인 증인이 되기를 갈망한다면, 성령 충만한 삶의 중요성에 대해서 상기할 수 있도록 도와주는 이러한 접 두어 "ABIDE(거하다)"를 발견하게 될 것이다.

그리스도 안에 거하라
Abide in Christ (요 14:16-20; 15:1-8; 17:11, 20-23)

담대하게 복음을 전파하라[21]
Bold Evangelism (요 15:26-27; 17:20)

배가 증식을 일으키는 제자도
Instill Multiplying Discipleship (요 15:2-8)

교회들로 발전시켜라 그러면서 하나의 교회공동체가 되게하라
Develop Churchs and Be Church Together (요 17:15-26)

지도자들을 무장시켜라
Equip Leaders (요 15:16; 17:6)

바로 이것이 진짜 그리스도 안에 거하는 사람의 생활방식이다. 요한

복음 14장 12절의 위대한 일들의 약속을 통해 그리스도께서 주신 가르침에 따르면, 이러한 방식으로 살아가는 사람들은 그리스도의 사역 안에서 일어났던 것보다 더 위대한 일들을 보게 될 것이다.

더욱 위대한 일들에 대한 약속

요한복음 14장 12절에서, 예수님께서는 자기 제자들에게 지구를 뒤흔들 만큼의 큰 약속을 주셨다. 우리는 그것을 더욱 위대한 일들을 위한 약속이라고 부른다. 이것은 내가 현재 거주하는 나라에서 실시하고 있는 교회개척운동 훈련에서 중요한 주제가 되어왔다.

그 약속의 말씀을 천천히 읽으며, 그것이 오늘날의 당신에게도 적용될 수 있는 것인지 혹은 오로지 1세기 초대 교회에만 적용되는 것인지에 대해서 생각해 보라! "내가 진실로 진실로 너희에게 이르노니 나를 믿는 자는 내가 하는 일을 그도 할 것이요 또한 그보다 큰일도 하리니 이는 내가 아버지께로 감이라" 이 약속은 남녀노소를 불문하고 그리스도를 믿는 모든 사람을 위한 약속이다. 이것은 특별히 사도들만을 위한 것이 아니라 오늘날의 당신과 나를 위해서도 마찬가지로 해당되는 일반적인 교훈이다.

 예수님께서는 자신을 믿는 자들을 위해서 두 가지의 것들을 약속하셨다; 1)그들은 그리스도께서 행하셨던 것과 동일한 일들을 행하게 될 것이고 2)그 일들을 더욱 훌륭하게 수행해 낼 것이다. 이것은 더 굉장한 기적에 대한 약속이 아니다. 오히려 그것은 어떤 위대한 일에 대한 약속이다. 예수의 제자들이 그 안에 거하기 위한 그리스도의 조건을 만족할 때, 그들은 그리스도의 더욱 위대한 일들에 참여하게 될 것이다. 사도행전은 복음이 예루살렘에서부터 유대와 사마리아와 땅 끝까지 전파되어 나갈 때, 제 1세기 제자들을 위한 예수님의 약속이 성취되었다고 말하고 있다. 오늘날의 제자들이 그리스도 안에 거하며 복음전도와 제자훈련과 교회개척과 같은 그분의 일들을 수행해 나갈 때, 그와 유사한 결과들을 기대할 수 있다.

위대한 일들에 대한 약속은 다락방 강화 속에서 등장한다. 그곳에서, 예수님은 자신의 제자들에게 그리스도 안에 거하는 것의 중요성을 가르쳐 주셨다. 그리스도 안에 거함을 통하여, 그들은 요한복음 14장 12절과 요한복음 15장 1-8절 말씀에서 약속하셨던 위대한 일들을 수행해 나갈 것이다. 그리스도 안에 거하는 것은 그리스도와 하나가 되는 것이다. 다시 말해, 성령 안에 동행하는 것을 말한다. 개인이나 집단이 그리스도와 하나가 될 때, 그들은 복음의 열매를 맺으며 나누게 될 것이다. 이것은 사도행전 안에서 일어났던 것과 정확하게 동일하다. 사도들이 성령으로 충만해졌을 때마다, 담대하고 효과적으로 그 말씀을 전했다.

효과적이고 재생산적인 양육이 이루어진다면, 사도행전 방식의 교회개척 운동이 결과적으로 나타날 수 있다. 머리글을 딴 다섯 글자로 이루어진 단어, ABIDE는 Any-3를 사용한 교회개척운동에 기여할 수 있는 필수적인 요소들을 아주 환하게 밝혀줄 것이다. 이와 같은 다섯 가지 구성요소들은 새로운 회심자뿐만 아니라 복음에 열려있는 사람을 양육하는 일을 풀어낸 14장을 통해서 더 분명하게 보여 질 것이다.

12

메시지 전달하기(Messaging)

성공을 위한 Any-3 다리들

놀라운 메시지나 유능한 전달자 또는 좋은 방법보다 효과적인 복음 전도는 무언가 더 큰 것을 지니고 있다. 왜냐하면 실제로 메시지를 전달하는 일에는 수많은 변수들이 발견되기 때문이다. 메시지 전달은 "전달자가 어떻게 그 복음을 나누어야 하는가"라는 것을 다룬다. 복음이 유사한 사람들에게 비슷한 방법으로 전달된다고 하더라도, 그에 따른 반응은 그 정도가 서로 다를 수 있다.

복음전도의 결과는 우리의 직감에 의지하는 것보다 성경에서 무엇을 말하는지에 기초하여 증언할 때 더욱 극적으로 향상된다. 효과적인 복음전도자들은 그들이 메시지를 전달하는 것에 있어서 성경에 기초된 확실한 태도와 믿음에 기초한 기술을 가지고 있다. 이러한 메시지 전달의 특성은 증인이 성령안에서 걸어가며 복음을 나눌 때 나타난다. 그 특성의 네 가지 종류는 바로 확신, 기대, 설득, 그리고 리더십이다.

확신을 갖고 증언하라!

"무리가 다 성령이 충만하여 담대히 하나님의 말씀을 전하니라"(행 4:31하). 확신을 가진 증인은 담대한 증인을 의미한다. 담대함은 자만함과 동일한 것이 아니다. 담대함이란 그리스도의 임재에 있어서 겸허하면서도 변명을 하지 않는 확신이다. 성령을 통하여 우리는 복음의 진리성과 그 복음을 모든 사람에게 선포하도록 하나님께서 우리에게 주신 권위 위에 설 수 있다.

예수께서 지상명령을 제자들에게 주셨을 때, 그분의 권위와 임재하심에 대해서 확신을 시켜주셨다. 이런 확신은 미천하고 교육받지 못한 출신의 평범한 사람들뿐만 아니라 왕들 앞에서도 자신감을 주었다.

"내가 모든 권세를 가졌으니, 가라!"

근본적으로, 예수께서는 이렇게 말씀하고 계셨다. "모든 권세를 내게 주셨으니, 그러므로 그 권세를 가지고 너희가 갈 수 있도록 내가 권위를 부여하겠다."(마 28:18절을 다른 말로 바꾸어 표현함). 지상명령에 순종하는 모든 사람이 그렇게 할 수 있는 이유는 그리스도께서 주신 권위를 소유하고 있다는 사실을 함축하고 있는 것이다. 우리는 복음을 빈부여하를 막론하고 모든 사람들과 더불어 나눌 수 있는 권리를 가지고 있다.

나는 복음을 계속해서 전파하면 경찰서에 잡혀 15년간 징역형을 살게 하겠다고 위협을 받았던 한 새로운 신자를 알고 있다. 판결을 받는 그 순간, 그는 침묵을 유지하며 묵비권을 행사하는 대신, 담대하게 복음을 전파했다. 그런데 바로 그날 그 사람으로부터 복음을 들었던 두 명의 경찰이 믿음을 갖게 되었고 세례를 받았다.

우리는 무모한 것을 지지하는 것도 아니고 앞뒤 가리지 않는 태도를 옹호하는 것도 아니다. 그러나 증언하는 만남들이 우연히 일어나는 것이 아니라는 사실만은 깨달아야 한다. 하나님께서는 그런 만남들을 세심하게 조정하신다. 당신이 복음을 나눌 때, 절대주권적인 하나님이 그 만남을 부르셨다는 것을 깨달아야 한다. 그리고 충만한 확신을 가지고 복음을 나누도록 하라.

"볼지어다 내가 세상 끝날까지 너희와 항상 함께 있으리라"
레일라는 교육받지 못한 농부의 아내였으나, 복음을 나누면 나눌수록 그리스도가 그녀와 함께 하신다는 확신을 갖고 살았다. Any-3를 사용해서, 레일라는 그녀가 살고 있었던 극진 무슬림 지역에서 세 명의 무슬림 여인들을 그리스도께로 인도했다. 그 다음, 그녀는 자신의 남편을 믿음으로 인도했고, 두 부부는 한 가정 교회를 함께 시작했으며, 그 교회는 아홉 개의 그룹으로 성장했다.

예수께서는 이렇게 약속하셨다. "내가 너희와 항상 함께 있을 것이다"(마 28:20하). 복음증거를 위한 자원봉사자들이 우리와 함께 일하기 위해 올 때, 우리는 그들에게 한 가지만큼은 확신시켜 줄 수 있다: "오늘 여러분은 그리스도의 임재하심을 체험하게 될 것입니다." 왜냐하면 그분이 우리에게 그것을 약속하셨기 때문이다. 그래서 우리는 복음을 전하기 위해 나가는 사람들에게 확신을 갖고 그 사실을 약속할 수 있다. 의지를 갖고 복음을 나누는 사람들은 반드시 그리스도의 임재하심을 경험하게 된다. 주님께서 복음을 듣도록 예비하시는 사람들과 준비된 증인들이 순종하여 서로 연결되어 갈 때, 주님께서는 매우 기뻐하신다. 이것이 바로 훈련을 많이 받지 않은 자원봉사자들이라 할지라도 무슬림들을 믿음으로 인도해 내고, 심지어 가정 교회를 시작하는 경우를 우리가 드물지 않게 볼 수 있는 이유이다.

요셉은 에미르라는 이름의 무슬림 친구와 함께 복음을 나누고 있었다. 마침 그 때, 에미르는 자기의 이슬람 종교 선생으로부터 어떤 문자 메시지를 받았다. 그 문자는 이런 내용이었다. "누군가 오늘 너에게 가서 진리를 보여줄 거야." 에미르는 닭살돋은 자신의 팔과 함께 그것을 요셉에게 보여주었다. 요셉의 Any-3 메시지를 들은 후, 에미르는 결국 다음의 진리에 동의하지 않을 수가 없었다. "오직 한 희생제물을 통해서만 우리의 죄악들을 용서받을 수가 있다!"

Any-3 꿈꾸기

한 신학대학원의 석사 학위 과정의 일부로써, 우리는 Any-3 복음전도라는 과정에서 아홉 명의 학생들을 훈련시키게 되었다. 그 과정이 필수 과제였기 때문에 학생들은 어쩔 수 없이 그 수업을 들어야 했다. 다음 날 그들이 자신의 경험을 나누었을 때, 결과는 정말 놀라웠다. 그 반에서 가장 저항이 심한 학생이었던 에릭(Eric)은 그의 가족의 가장을 믿음으로 인도하게 되었다. 또, 후안(Juan)이라는 학생은 자신의 경험을 나누면서, 감동을 받아 눈물을 흘리며 이렇게 말했다. "내가 증언했던 한 무슬림 남성은 내가 그와 함께 복음을 나누고 있는 것을 들으면서 전혀 놀라는 기색이 없었어요. 알고 보니, 바로 그 전 주에 예수님에 관한 꿈을 꾸었다고 했어요. 그래서 내가 그에게 복음을 나누었을 때, 그는 곧바로 그리스도를 영접했어요." 후안이라는 학생은 무슬림을 구원해 내는 복음의 능력을 의심했었던 자신의 모습을 고백하면서 눈물을 흘렸다.

또 다른 사례로, 한 선교사와 그의 통역관이 두 명의 선교훈련 자원봉사자들과 함께 Any-3를 사용하려고 계획했던 장소로 여행을 떠났다. 떠나는 길에 그들은 이렇게 기도했다. "주님, 이 사람들이 오늘 밤 잠자는 동안에 꿈속에서라도 그들을 만나 주시옵소서! 우리로 하여금 꿈을 꾼 사람들과 접촉하게 하시고, 그들로 하여금 그들의 지역에 복음이 전파되게 할 수 있는 평안의 사람들이 되게 해 주소서!" 다음 날 아침, 선교훈련 자원봉사자들 중 한 사람인 톰(Tom)이라는 중년 남자와 그의 통역관이 우연히 길을 잘못 들게 되었는데, 그들은 그 곳에서 여러 명의 가족과 이웃들이 함께 지내는 메흐메트(Mehmet)라는 남자의 집으로 초대받게 되었다. 톰이 그들에게 복음을 전하기 시작했을 때, 메흐메트가 말을 가로막으면서 말했다. "어젯밤에, 나는 두 사람이 우리 집에 들어오는 꿈을 꾸었어요. 한 사람은 우리말로 말을 했고, 다른 한 사람은 우리말을 못하는 사람이었어요!" 그날 아침, 메흐메트의 가정에서 두 사람이 그리스도를 영접했다.

그리스도의 제자들이 복음을 나눌 때, 성령님께서는 먼저 앞서 가시고, 함께 동행해 주시고 그의 제자들을 담대함으로 채워주신다. 그리스도의 임재하심은 우리들이 지상명령에 순종할 때 가장 분명하게 나타나신다. 사도행전에서 제자들이 성령으로 충만하게 되었던 모든 경우마다, 그들은 하나님의 말씀을 담대하게 전했다. 거짓으로 확신을 만들어내는 것은 불가능하다. 왜냐하면 확신은 우리가 그리스도 안에 거하게 되면서 생기는 복음증거의 참된 열매이기 때문이다.

확신을 가지라! 하나님께서 당신을 새 언약의 유능한 사역자로 만드시기 때문이다. "우리가 무슨 일이든지 우리에게서 난 것 같이 스스로 만족할 것이 아니니 우리의 만족은 오직 하나님으로부터 나느니라 그가 또한 우리를 새 언약의 일꾼되기에 만족하게 하셨으니 율법 조문으로 하지 아니하고 오직 영으로 함이니 율법 조문은 죽이는 것이요 영은 살리는 것이니라"(고후 3:5-6).

내가 그리스도께 나의 삶을 굴복시켜 드린 이후 지금까지도 이 두 구절의 말씀들이 나의 사역에 가장 중요한 성경 구절이 되어 왔다. 하나님의 은혜로, 나는 복음의 유능한 사역자가 되었고, 여러분들 또한 마찬가지이다.

당신의 확신을 굳게 세우기 위해서 다음의 행동들을 꼭 취하길 바란다. 첫째, 마태복음 28장 18-20절 말씀과 고린도후서 3장 5-6절 말씀을 암송하라! 그리고 날마다 이 성경 구절들을 되새겨라! 둘째, 당신이 복음을 나누고자 할 때, 성령충만을 구하며 날마다 기도하라! 셋째, 당신이 복음을 전하기 위해 밖으로 나갈 때, 동시에 복음전도 여정을 따라 예수님과 대화를 나눔으로써 하나님의 임재하심을 실천하라! 마지막으로 이 방법이 익숙해 질 때 확신이 커질 것이다. 그러므로 매주마다 Any-3를 수십 번씩 사용하며 복음을 나눠라!

기대하며 증언하라!

"하나님의 나라는 사람이 씨를 땅에 뿌림과 같으니 그가 밤낮 자고 깨고 하는 중에 씨가 나서 자라되 어떻게 그리 되는지를 알지 못하느니라 땅이 스스로 열매를 맺되 처음에는 싹이요 다음에는 이삭이요 그 다음에는 이삭에 충실한 곡식이라 열매가 익으면 곧 낫을 대나니 이는 추수 때가 이르렀음이라"(막 4:26-29).

마가복음 4장 26-29절, 이 단락에서 예수께서는 하나님께서 열매를 맺는 땅을 디자인하셨다고 우리에게 가르치신다. 일단 씨앗이 심겨지면, 그 땅은 그 씨앗을 탈취한다. 좋은 토양 위에 떨어지는 좋은 씨앗은 열매를 맺을 것이다. 이것이 바로 심는 것과 거두는 것의 절대적인 원리이다.

믿음은 기대이다. 믿음이란 보고 난 뒤 신뢰하는 것이 아니라, 신뢰한 후 보는 것이다. 믿음은 하나님께서 자기의 말씀 안에서 계시해 오신 것을 신앙하는 것이며, 또한 하나님께서 약속해 오신 것이 실재가 되도록 그것 위에서 행동하는 것이다. 그런 까닭에 이전에 증언한 경험에 근거해서 다음에 증언할 경험의 가능성을 측정하지 말라! **하나님께서 자기의 말씀을 통해서 계시해 오신 것을 근거로 한 당신의 증언하는 접근방법을 믿음에 의해서 그 때 증언 하는 것을 조절하라!**

하나님께서 그 토양을 준비하셨고, 복음이 나눠 질 때, 성령께서는 준비된 한 사람의 적극적인 마음속에서 그것이 구원과 성화의 결과를 가져올 때까지 그 일을 계속해서 하신다.

어떤 사람은 복음을 듣는 처음 그 시간에 믿게 될 것이다. 다른 사람들은 복음을 듣고, 이어지는 후속 양육 모임에서 그리스도께 자신들의 삶을 드릴 것이다. 어떤 사람들은 아무도 그들을 따르지 않기 때문에 복음을 듣고도 아무런 응답을 하지 않을 수도 있다. 그러나 일정한 기간이 경과한 후, 하나님께서 당신과 같은 어떤 사람들을 연결시키셔서 마찬가지로 그들이 복음에 반응할 수도 있다.

오직 성령께서 죄와 의와 심판의 세계를 입증시켜 주신다(요 16:8)

당신이 증언할 때, 무응답적인 사람들에게서마저도, 당신의 복음 증언의 숨결을 결코 낭비하지 않을 것이다. 오직 성령께서 그들에게 자신들의 죄와 불신앙에 대해서 유죄함을 깨닫게 해 주실 것이다. 그들이 그들 자신의 눈으로는 예수를 볼 수 없을 지라도 성령께서는 또한 그들에게 장차 올 최후의 심판을 깨닫게 해 주실 것이다. 이런 방식으로 성령께서 역사하고 계심을 아는 것은 우리가 성령님과 함께 협력할 때 우리를 격려해 주시고, 또한 우리로 하여금 기대감을 가지고 잃어버려진 영혼들에게 복음을 더욱 힘써 나누도록 하신다.

사람들은 4가지 방식 중 하나로 그 복음에 대해 반응할 것이다

예수님의 씨 뿌리는 비유(막 4:10-20)는 다음의 응답들을 기대하게 해 준다.

1) 어떤 사람들은 복음의 증언을 들을 것이다, 하지만 즉시로 그것을 거절해 버릴 것이다. 2) 다른 사람들도 복음을 듣게 될 것이다. 그런데 그들은 처음에는 복음에 대해 그들의 마음을 연다고 할지라도, 나중에는 멀리 떠나가게 될 것이다. 3) 다른 사람들도 그들의 마음을 열어서 복음을 듣게 될 것이지만, 다른 것들로 마음이 얽매여지게 되어서, 그 결과 열매를 맺는 일에 실패하고 말 것이다. 4) 그러나 어떤 사람들은 복음의 말씀을 듣고 그들의 마음을 열어서 믿음 안에서 계속 성장해 나갈 것이다. 그들은 배가 증식적인 수많은 열매를 맺게 될 것이다.

Any-3는 열매 맺는 사람들로 하여금 복음에 더욱 잘 반응하도록 도와 줄 것이며, 그들을 통하여 아직도 복음이 전혀 접촉되지 않은 다른 종족의 그룹이나 다른 도시로 복음을 전해 주는 일을 위한 당신의 협력자가 되게 해 줄 것이다. 주님께서 당신을 사용하셔서 평안의 사람들을 만나도록 하신다면, 바로 이런 평안의 사람들이 Any-3 유형을 동일하게 따른다면, 틀림없이 다른 사람들을 배가 증식하는 결과를 가져올 것이다.

우리 아시아 협력자들 중 조나스(Jonas)라는 한 남성이 4개월 동안 어떤 사람도 예수님께 나오는 것을 보지 못했지만, 매우 어려운 한 지역에서 신실하게 Any-3를 사용하였다. 조나스가 돌파구를 찾게 되었을 때, 그 결과는 정말 놀라운 것이었다. 처음 두 달 동안 복음이 전파되기 시작했을 때, 120명 이상이 세례를 받게 되었으며, 9개의 제자훈련 그룹들이 그의 이슬람 종족 그룹 가운데서 시작하게 되었다. 이 사람들이 바로 미전도 종족 그룹 가운데서 최초로 알려진 신자들이였다. 13개월 후에는 400명 이상의 새로운 신자들이 세례를 받게 되었다.

"우리를 연결해 달라"

Any-3를 적용하는 동안 우리는 계속해서 이렇게 기도한다. "주님, 복음에 마음이 열려 있는 사람들을 우리에게 연결되도록 해주세요!" 우리가 기꺼이 복음을 나누려고 만반의 준비가 되어 있을 때, 하나님께서는 정확히 올바른 시간에, 올바른 장소에서, 올바른 사람들에게로 우리를 연결해 주신다.

단기 선교 여행에 참여한 대학생 갈렙(Caleb)은 어떤 공원에서 Any-3 복음전도를 하기 위하여 페테(Pete)라는 정규 선교사와 합류했다. 그 두 사람은 "주님, 당신의 복음의 말씀에 열려 있는 사람들을 우리에게 연결해 주세요. 우리가 복음을 전할 수 있도록 성령으로 충만하게 하소서!" 이런 기도를 드리면서 함께 걸어갔다. 잠시 후에 그 두 사람은 외견상으로는 강경 이슬람으로 보이는 한 남성을 만나게 되었다. 잠시 동안 그와 함께 걸어간 후에, 그들은 함께 앉았고, 그와 함께 복음을 나누기 시작했다. 두 시간 후에 그 사람은 그리스도에 대한 믿음으로 나오게 되었다. 이런 경험을 한 후에 대학생 갈렙은 이렇게 말했다. "나는 이제껏 이와 같은 어떤 것을 경험해 본 적이 없었어요." 페테 선교사는 이렇게 응답했다. "나는 이런 종류의 일들이 일어나는 것을 자주 본다네. 나는 항상 하나님께서 행하시는 것에 의해서 경이로움을 경험하지만, 더 이상 놀라지는 않는다네."

하나님께서는 지금도 그들을 부르시고 계신다

Any-3 복음전도를 통해서 믿음으로 나아오고 있는 이런 이슬람교도들은 누구인가? 어떤 사람들은 그들의 종교 안에서 명목상의 신자에 불과한 사람들도 있지만, 다른 사람들은 오직 성령님에 의해서 자신들이 소망 없는 상태에 놓여 있음을 깨닫도록 각성하게 되어 진급진적인 보수적 이슬람교도들이다. 응답하는 사람들 중 어떤 사람들은 그들 공동체 안에서 종교적인 지도자들인, 이맘들(Imams)도 있다. 누가 그 복음에 마음의 문을 열게 될 것인가에 대해서 예측할 수 있는 방법은 없지만, 어떻게 그들이 믿음으로 나아오는 지에 대한 어떤 분명한 유형은 있다. 그들이 복음을 들을 때, 바로 성령님께서 그들로 하여금 죄가 있음을 깨닫게 해 주시고, 그들을 그리스도에게로 이끄신다. 그 결과 그들은 회개를 통해서 예수님께 복종하고 또한 그리스도에 대한 자신들의 믿음을 고백한다. 마침내 그들은 구원을 받게 된다.

적극적으로 권면함으로써 증언하라

"우리는 주의 두려우심을 알므로 사람들을 권면하거니와"
(고후 5:11상)

사도들은 권면함으로써 증언하였다

사도들은 사람들에게 회개하도록 명령했다. "너희가 회개하여 각각 예수 그리스도의 이름으로 세례를 받고 죄 사함을 받으라 그리하면 성령의 선물을 받으리니"(행 2:38) 베드로의 오순절 설교는 계속된다. "또 여러 말로 확증하며 권하여 이르되 너희가 이 패역한 세대에서 구원을 받으라"(행 2:40)

사도행전 18장 4절에서, "안식일마다 바울이 회당에서 강론하고 유대인과 헬라인을 권면하니라" 바울은 복음을 전달하기 위하여 수많은 방법을 사용하였으나, 항상 그들을 회개에 이르도록 설득하려고 애썼다.

예수께서는 자기를 따르른 자들에게 모든 민족들을 제자 삼으라고 명령하셨다(마 28:18-20). 이 명령에 대응하여 예수님의 제자들은 사람들로 하여금 그리스도께 복종하게 하고 장차 올 하나님의 진노를 피하라고 열정적으로 권면했다.

오늘날 우리는 '설득하는 것' 보다는 오히려 복음을 "나누는 것" 과 같은 덜 대립적인 용어들을 선호한다. 증언하는 것은 복음을 나누는 것으로 시작하지만, 거기서 끝나지 않는다. 복음을 선포하는 것은 그 증인으로부터 권면을 요구한다.

어떤 그리스도인들은 하나님께서는 절대주권이시기 때문에 단지 복음을 "나누는 것"만으로도 충분하다고 잘못 단정하는 경향이 있다. 하나님께서는 어느 누구도 멸망을 당하는 것을 원치 아니하시고 모든 사람들이 회개에 이르기를 원하신다는 것(벧후 3:9; 딤전 2:4)을 성경이 주장함에도 불구하고, 하나님께서는 잃어버려진 각 사람들이 구원받기를 원하신다는 것을 확실히 하지 않기 때문에 복음 전도에 있어서 그들의 역할은 수동적인 것이 된다. 하나님께서 선택하신 사람들만 부르시는 하나님의 주권적인 권한을 부적절하게 침범하지 않기 위해서, 그들은 의도적으로 사람들로 하여금 그리스도를 따르도록 권면하려고 애쓰지 않는다. 성경 안에서, 사도들은 응답한 사람들이 하나님의 부르심을 받은 자들이라는 것을 깨달으면서 사람들이 그리스도께로 오도록 열정적으로 권면했다. "이방인들이 듣고 기뻐하여 하나님의 말씀을 찬송하며 영생을 주시기로 작정된 자는 다 믿더라(행 13:48)." 만사에 있어서 절대 주권이신 하나님께서는 복음을 권면함과 더불어 선포하도록 우리를 부르셨다.

진지함은 권면을 요구한다

증인이 복음이야말로 멸망하는 죄인들을 위한 가장 좋은 소식이라는 것을 진지하게 믿을 때, 그는 복음을 권면함으로 나눌 수 있을 것이다. 진지한 증인은 사람의 영원한 운명이 위험에 처해 있을 때 결코 수동적인 태도를 취할 수가 없다.

효과적인 권면은 복음이 관계되는 한 자연 발생적인 것이 될 수 없다. 자연 발생적인 권면은 불성실의 냄새를 풍기게 된다. '진지하지 못한 권면'이 언급되어 질 때 순회하는 수상쩍은 외판원과 과장된 소비자를 위한 설명의 이미지들이 떠오르게 된다. 마음으로 느껴지는 진지함과 함께 선포되어진 어떤 참된 메시지는 사람들로 하여금 그것을 고려하도록 설득한다.

큰 잔치의 비유에서(눅 14:16-24), 예수님은 이렇게 가르치셨다. "길과 산울타리 가로 나가서 사람을 **강권하여** 데려다가 내 집을 채우라"(눅 14:23). 이 비유를 통해서, 예수님은 '강권하여' 라는 말을 사용하심으로써 권면의 역할을 강조하고 계신다. 그 분은 자기의 제자들이 메시아의 큰 잔치에로의 초대가 매우 권면적으로 전달되어야만 한다고 이해하길 원하셨다.

권면은 사람들로 하여금 성령님의 깨닫게 하심과 책망에 응답하도록 부르고 있다. 그것은 '큰 소리'로 요구하지 않을 수도 있다. 큰 소리를 내고, 자신 만만한 많은 사람들은 매우 권면적이지 못하다. 권면이란 한 사람의 마음을 복음의 진리로 설득하는 것을 의미한다. 가르침은 정신을 확장해 주지만, 권면은 마음을 열어준다. "어떤 의심하는 자들을 긍휼히 여기라 또 어떤 자를 불에서 끌어내어 구원하라 또 어떤 자를 그 육체로 더럽힌 옷까지도 미워하되 두려움으로 긍휼히 여기라"(유 1:22-23)

사람들을 복종하도록 인도하라

"예수께서 이르시되 '나를 따라 오라 내가 너희로 사람을 낚는 어부가 되게 하리라' 하시니"(막 1:17).

효과적인 복음전도는 단순히 복음을 나누는 것보다 훨씬 그 이상의 것이다; 그것은 사람들을 그리스도께로 인도하는 것이다. 예수께서는 사람들을 자기 자신에게로 인도하셨다. 그들을 향하여 "나를 따라 오라"고 촉구하셨다. 사람들은 단지 그리스도를 발견한 것이 아니다. 그리스도는 그들을 자기 자신에게로 부르고 계신다. 또한 어떤 사람들은 그들을 그 구원자에게로 인도한다. 우물가의 여인처럼, 우리는 사람들을 그리스도에게로 데려간다. "내가 행한 모든 일을 내게 말한 사람을 와서 보라"고 사마리아 여인이 말했다(요 4:29절 상). "오라"는 말은 함께 어느 곳에 가는 것을 함의(含意)하며 그것은 초대하는 사람이 그들을 같은 방향으로 인도할 것이라는 것을 나타낸다.

효과적인 복음전도자들은 사람들을 믿음으로 인도하기 위해서 성령님과 함께하는 협력관계 속에서 일한다. 빌립보에서 루디아에게 복음을 전한 바울의 증언이 그러한 경우다. 사도행전 16장 14절은 "루디아라 하는 한 여자가 말을 듣고 있을 때 주께서 그 마음을 열어 바울의 말을 따르게 하신지라"라고 말한다. 성령께서 지금도 그 분의 몫을 행하고 계시지만, 우리의 몫은 잃어버린 자들을 믿음으로 인도하는 것이다. 지도력은 종종 사람들을 믿음으로 거의 데려오지 않는 사람들로부터 사람들을 믿음으로 데려가는 사람들을 구별짓는 유일한 자질이다.

잠재적인 개종자를 그리스도께 인도하는 것은 그리스도 안에 있는 그의 새로운 삶이 무엇과 같을 것인가에 대한 그 사람을 위한 비전을 주조하는 것을 요구할 수도 있다. 그래서 당신이 그에게 이렇게 말할 수도 있다. "당신과 같은 수백 명의 사람들이 자신들을 그리스도께로 복종하여 왔습니다. 그리스도를 따르는 사람들은 자신의 집 안에서 예배할 수도 있습니다. 그리스도의 새로운 추종자들은 흔히 자기의 배우자들과 자녀들과 친구들을 그리스도에게로 인도합니다."

당신이 그들을 그리스도에게로 인도할 때, 다음과 같은 명료하게 해주는 질문들을 제시 할 수 있다. "제가 당신과 함께 지금까지 나누어 온 메시지를 믿으시나요? 만일 그러시다면, 이제 당신 자신을 그리스도께 복종시켜 드릴 시간이 오지 않았나요? 그렇지 않습니까?" 그런 다음, "사람들이 보통 그리스도에 대한 믿음을 고백하는 유일한 길이 기도를 통해서입니다!"라고 말해줌으로써 그들이 취해야 할 어떤 단계들을 알도록 도와주어라. 그리스도를 영접하기 위한 기도를 통해 그들을 인도하도록 제시해줌으로써, 잠시 그들과 함께 믿음으로 걸어가라. 그들에게 다음 단계로 행해야 할 것을 보여주어라. 그리고 그 단계를 행할 수 있도록 그들을 양육하라.

성령 하나님의 역사하심 (THE HOLY SPIRIT"S WORK)

"그가 와서 죄에 대하여, 의에 대하여, 심판에 대하여 세상을 책망하시리라"(요 16:8).

확신과 기대와 설득 그리고 지도력이라는 메시지 전달을 위한 4가지 자질들은 우리의 모든 삶의 영역에서 역사하고 계시는 성령님의 막강한 역사 때문에 다만 효과적일 뿐이다. 평화의 사람들을 우리에게 연결시키시는 분은 바로 성령님이시고, 구원을 위한 그들의 필요성을 깨닫게 하시는 분도 역시 성령님이시다.

예수께서는 자기 자신의 사역을 묘사하시면서, "인자가 온 것은 잃어버린 자를 찾아 구원하려 함이니라"(눅 19:10)고 하셨다. 이 구절에서 예수님의 목적에 대한 진술은 예수님을 보기 위하여 한 돌무화과나무에 올라갔다가 예수를 따르게 되었던 삭개오에 대한 말씀의 단락에서 나온 말씀이다. 더욱 가까이에서 검토해 보면, 실제로는 예수께서 삭개오를 추적하고 계셨다는 것을 알게 된다. 예수께서는 그의 이름을 사용하셔서 불러 내셨으며, 그와 함께 그의 집으로 가셨다. 그리고 그 장소에서 삭개오는 회개했으며 구원을 받았다(눅 19:9).

이와 동일한 방법으로, 하나님께서는 지금도 전 세계 도처에 있는 남성과 여성들, 소년들과 소녀들 모든 이들을 구원하시기 위하여 찾고 계신다. 우리가 증언하는 그 사람이 복음에 대해 긍정적으로 반응하든지 그렇지 않든지 관계없이, 우리가 그들에게 증언하고 있다는 사실은 하나님께서 그 사람이 여성이든 남성이든 그들을 추적하고 계신다는 증거인 것이다. 골로새서 4장 3절에서 바울은 골로새 교회를 이렇게 격려했다. "또한 우리를 위하여 기도하되 하나님이 전도할 문을 우리에게 열어 주사 그리스도의 비밀을 말하게 하시기를 구하라 내가 이 일 때문에 매임을 당하였노라." 만일 우리가 하나님께서 친히 준비하고 계시는 사람들과 우리를 연결해 주시도록 미리 기도한다면, 그분은 그 일을 행하실 것이다. 내가 하나님께서 친히 준비하고 계시는 어떤 사람과 나를 연결해주시도록 기도했다는 사실과 함께 그가 혹은 그녀가 바로 당신이라는 사실을 나는 자주 내가 증언해 주고 있는 사람에게 말해주는 체험을 한다.

하나님께서는 십자가 위에서 그것을 위해 모든 값을 지불하신 그들의 구원을 간절히 원하고 계시며(딤전 2:4; 벧후 3:9), 마침내 그들의 면전에 그 기쁜 소식의 전달자를 보내 주신 것이다. 일단 우리가 복음을 나누어 주고 그물을 던져놓았다면, 그들의 반응을 통해서 성령님께서 그들을 추적하시는 정도가 어느 정도 되었는지 알 수 있을 것이다.

남성들과 여성들에게 자신들의 구원에 대한 필요성을 성령님께서 깨닫도록 역사하고 계시는 어떤 장소를 전망하여 알아 챌 수 있도록 예수님께서는 자기 제자들에게 교훈하신 바가 있다. 누가복음 10장에서, 예수님께서는 마을 사람들에게 이렇게 말하면서 70명의 제자들에게 이렇게 주지시켜 주시면서 갈릴리의 모든 마을들로 보내셨다. "어떤 성이나 마을에 들어가든지 그 중에 **합당한 자**를 찾아내어 너희가 떠나기까지 거기서 머물라"(마 10:11).

이렇게 "합당한 자"는 "평안의 사람"이라고 알려졌다. 전형적으로 평안의 사람들은 계속해서 그들의 오이코스에게 복음을 전달해주고, 한걸음 더 나아가 그들 각각의 공동체적 사회 속에서 최초의 교회들을 세우는 최초의 신자들이다. 평안의 사람들은 복음을 듣고 받아들일 뿐만 아니라 복음을 또 다시 그들의 가족이나 이웃 그리고 친구들에게 전파시켜 주는 촉매자들이 된다.

예수님께서는 자신의 사역에 있어서 수많은 평안의 사람들을 만나셨다. 니고데모(요 3장), 삭개오(눅 19장), 사마리아의 여인(요 4장), 아리마대 사람 요셉(요 19장)은 모두가 평안의 사람들이었다. 우리도 마찬가지로 평안의 사람들을 찾게 되길 기대해야만 한다.

평안의 사람들은 예수님의 제자들이 그분의 복음전도 유형을 따랐을 때 신약성경 도처에서 나타난다. 우리는 평안의 사람들에 대한 실례들을 두아디라 출신 루디아에게서 보게 된다. "두아디라 시에 있는 자색 옷감 장사로서 하나님을 섬기는 루디아라 하는 한 여자가 말을 듣고 있을 때 주께서 그 마음을 열어 바울의 말을 따르게 하신지라 그와 그

집이 다 세례를 받고 우리에게 청하여 이르되 만일 나로 주 믿는 자로 알거든 내 집에 들어와 유하라 하고 강권하여 머물게 하니라"(행 16:14-15). 또한 사도행전 16장 19-34절 말씀에서 바울과 실라에게 큰 소리로 "선생들이여, 내가 어떻게 하여야 구원을 받으리이까?"(행 16:30) 부르짖었던 빌립보 감옥의 간수가 좋은 실례이다. 복음을 들은 후에, 성경은 이렇게 말한다. "... 그 즉시로 그와 그 집 안에 있던 모든 사람들이 세례를 받았다"

우리가 가는 어느 곳에서든지, 성령님께서 우리보다 이미 앞서 가신 것을 알 수가 있다. 우리는 그곳에 우리를 기다리고 있는 평안의 사람들이 있다는 것을 확신할 수 있다. 어떤 평안의 사람의 정체를 파악할 수 있는 가장 유일하고 확실한 방법은 그에게나 그녀에게 복음을 나누어 보는 것이고, 그들이 어떻게 반응하는가에 따라서 알 수가 있다. 우리가 어떤 평안의 사람을 찾아냈을 때, 우리는 성령님께서 지금 역사하고 계시는 것과 또한 그것이 효과 있는 사역을 위한 가장 확실한 길임을 알 수 있다.

제3부

모든 사람을 위한 ANY-3

13. Any-3 복음전도의 현장실습(워크샵)
14. 교회 개척 운동(Church-Planting Movement)을 위한 후속조치로써 양육
15. 시작하라!

13
Any-3 복음전도의 현장실습(워크샵)

이번 장을 쓰기 3일 전, 나는 아시아에서 사역하고 있는 32명의 협력자들을 위해서 Any-3 복음전도 워크샵을 진행했다. 첫날 밤 실습과목이 진행되는 동안 우리가 훈련시킨 사람들은 거의 70번 정도 복음을 나누었다. 그들이 마지막 세션을 위해 돌아왔을 때, 이미 10명의 사람들을 그리스도께로 인도하고 난 후였고, 그 10명 중에 절반 이상의 사람들이 이슬람교도 출신이었다.

하루 동안 진행되는 Any-3 복음전도 현장실습은 교회개척운동을 시작하고 증가시킬 수 있도록 사람들을 훈련시키는 방식이다. 4-6시간의 훈련 모임이 끝난 후에, 우리는 저녁시간을 이용하여 이미 배운 것을 실천하기 위해 밖으로 나갔다. 저녁 실습과목이 진행되는 동안 우리는 거의 매번 최소 한 명의 사람이 믿음을 갖게 되는 것을 보게 된다. 현장실습에 참여하는 사람들은 자신들의 믿음을 나누고 또한 지상명령에 순종할 때, 거의 대부분이 그리스도의 기쁨과 임재하심을 경험한다.

우리가 복음을 나눌 때, 특히 사람들이 복음에 응답할 때, 하나님께 뜨거운 찬양을 올리게 되고 증언을 통한 이루 말할 수 없는 기쁨을 경험하게 된다. 한 워크샵에서, 그 자리에 함께하고 있었던 자매가 이런 말을 한 적이 있다. "그 동안 나도 복음을 종종 전하곤 했습니다. 하지만 그 일은 저에게 지겹고 힘든 고역(苦役)이었어요. 나는 다시금 복음전도가 내 취미처럼 느껴지기를 원해요. 내가 깊이 있게 기뻐할 수 있는 그런 것처럼 말이지요." 그날 저녁 복음을 나눈 후, 그 자매는 크게 기뻐하며 돌아왔다. 그렇다! 정말로 옳은 이야기이다! 복음전도는 우리로 하여금 정신이 바짝 들게 하는 하나의 중대한 책무이기도 하지만, 기독교인이라면 그것을 아주 기뻐하며 즐겨야 한다. 왜냐하면 예수님께서도 그러하셨고, 제 1세기의 초기 제자들도 큰 기쁨으로 복음전도 사역을 감당했었기 때문이다(눅 10:17-21).

13장은 당신이 Any-3를 통해서 다른 사람들을 영적으로 무장시키는 훈련을 진행할 수 있도록 하기 위해서 쓰여 졌다. 만약 당신이 현장 실습에 참여하지 못했다고 하더라도, 나는 당신이 이미 이 책을 통해 Any-3를 공동체 안에 적용하는 법을 충분히 습득했을 것이라고 확신한다. 최근에, 한 동양인 협력자가 이 문제에 대한 해답을 보여주었다. 그는 Any-3 훈련 자료를 읽어 보긴 했지만 아직 구체적인 Any-3 적용 현장에는 참여해 본적이 없었다. 그러나 그가 훈련 자료를 토대로 배운 것을 실행에 옮겼을 때, 그가 살고 있는 반기독교 지역에서 4명을 믿음으로 인도할 수 있었고 계속해서 그 일을 실행에 옮기고 있다는 얘기였다. 우리는 당신도 이와 같은 일을 해낼 수 있다고 믿는다. 당신이 이 글을 읽고 적용한다면 당신이 다른 사람을 훈련시키기 위한 자질을 갖추는데 큰 도움이 될 것이다.

Any-3 학습 계획

Any-3 복음전도 현장실습은 세 부분으로 구성되어 있다. 첫째는 Any-3의 배움 단계이고, 둘째는 Any-3의 실습 단계이고, 셋째는 Any-3의 책임과 축하 단계이다.

현장실습 지도자를 위한 모임 준비: Any-3 현장실습을 진행하기 전에 스스로 먼저 이 책의 전반적인 내용을 충분히 숙지하라. 교육생들을 이끌면서 당신은 이 책의 13장 내용을 자주 참고하게 될 것이다. 먼저 아래의 현장실습 프로그램을 전부 읽어본 후에, 세 부분으로 나눠진 각각의 단계들을 통해 어떻게 훈련생들을 이끌지를 염두하며 실천하라.

훈련생들을 위한 모임 준비: 현장실습에 도착하기 전에 교육생들이 요한복음 4장을 읽어오도록 만들어라. 기독교인들로 하여금 추수할 현장으로 복음을 전하러 그들을 내 보내줄 요한복음 4장 28-42절 말씀에 나와있는 예수님의 동기 부여를 교육생들이 각자의 동기로 삼도록 노력해달라고 당부하라.

활동 지향적인 배움: Any-3 현장실습 시간은 결코 길지는 않다(보통 4-6시간 소요). 그러나 시간들은 활동적인 시간이 되도록 초점이 맞춰져야 한다. Any-3의 증언하는 방법을 배울 때, 참여자들은 파트너와 함께 각 단계를 실습한다. 각 단계를 배운 후에는 둘씩 짝을 이루어 서로 실습하고 그것을 연습해보면서 "파악(把握)하도록" 한다.
물론 실습이 완벽함을 주는 것은 아니지만, 훈련생들을 준비시켜주고 그들에게 자신감을 불어 넣어 줄 수 있다. 실습을 더 많이 하면 할수록, 그들은 각각의 단계를 더 잘 파악할 수 있게 된다. 미리 해보는 실습은 참여자들에게 그들이 처음으로 만나게 될 누군가에게 복음을 전하기 위해 자신감과 확신을 안겨준다.

첫 번째 부분: Any-3 배우기

부문 1: 동기부여 [Motivations] (30분~1시간)

본 부문의 목표: 요한복음 4장 28-36절에서 발견되는 추수 밭에 들어가기 위한 동기와 친숙해지기.
이 책의 9장에서 발견되는 5가지 동기부여를 교육생들이 스스로 발견해내는 동기부여와 비교해보라.
1) 훈련생들이 9장에서 설명된 5가지 동기부여 각각에 대한 성경적인 근

거(기준)를 볼 수 있도록 이끌어줘라.

2) 3-4명으로 구성된 소그룹 안에서, 훈련생들로 하여금 어떻게 각각의 동기부여가 복음증언에 영향을 끼치는지 토론하도록 만들어라.

3) 마지막으로, 서로 짝을 짓게 한 다음, 복음의 증언을 위한 5가지의 동기부여에 대해서 얼마나 잘 파악하고 있는지 서로 시험해보도록 하라.

부문 2: Any-3의 깊은 이해 [통찰(通察)Insights] (30분~1시간)

본 부문의 목표: 7장에서 설명한 Any-3의 깊은 이해들과 친숙해지기. 당신의 훈련생들을 위해서 Any-3의 다섯 가지 깊은 이해의 내용을 하나씩 간략하게 설명해주도록 하라. 아래에 목록 되어 있는 "강조해야 할 그 요점들"을 이끌어내도록 주의를 기울이면서, 훈련생들로부터 다음의 "깊은 이해들에 대한 질문들"에 대한 대답들을 이끌어내라.

계획적이다(Intentional)

통찰력을 위한 질문: 왜 예수께서는 사마리아로 가야만 했었나요?
강조해야 할 요점: 예수께서는 물리적인 이유나 논리적인 이유 때문에 사마리아로 가신 것이 아니었다. 다만 순종의 이유 때문에 그 곳으로 가야만 하셨던 것이다.

통찰력을 위한 질문: 우물가에서 일어난 예수님의 증언을 위한 만남은 계획된 것이었나요(planned)? 아니면 자연스러운 것이었나요?
강조해야 할 요점: Any-3 유형의 복음전도가 어떤 식으로 계획된 것인

지를 설명해라. 그렇지만 또한 성령의 역사 때문에 그것이 얼마나 자연적으로 느껴지게 되는지 가르쳐줘라.

격식이 없다(Informal)

통찰력을 위한 질문: 예수님의 증언을 위한 만남은 형식적이었나요? 아니면 형식적이지 않았나요?

강조해야 할 요점: 예수님의 증언을 위한 만남에는 형식이 없었다. 가장 형식적이지 않은 것을 숫자 1, 그리고 가장 형식적인 것을 숫자 10으로 구분하는 하나의 범위를 만들 때, 그것을 이용하여 그들이 각자의 경험을 수치로 평가하도록 유도하라. 예수님의 시대에 존재했던 사회는 남성과 여성간의 어떠한 형식적인 상호작용도 허락되지 않았다는 것을 짚어줘라.

상호작용적이다(Interactive)

통찰력을 위한 질문: 예수님은 그 여인에게 일방적으로 설교를 하셨나요? 아니면 그 여인과 대화식으로 담화를 나누셨나요?

강조해야 할 요점: 예수님은 그 여인과 함께 대화식으로 말씀하셨다. 그 대화가 진행되는 동안 예수님은 7번 말했고, 여인은 6번 말했다는 것을 짚어줘라.

주도적이다(Initiative)

통찰력을 위한 질문: 예수님과 그 여인 사이에서 누가 그 대화를 이끌어나갔나요?

강조해야 할 요점: 우리가 듣고 질문함으로써 대화를 시작할 수는 있어도, 단순히 대화가 거기에서 끝나는 것은 아니다. 복음을 지향하는 대화를 인도하거나 혹은 그 대화를 몰고 가는 것은 효과적인 증언에 있어서 매우 중요하다. 요한복음 4장 7-26절에 나오는 예수님과 여인의 대화를 소리 내어 읽도록 하라. 예수님이 그 대화를 다른 방향으로 돌려가기 위해서 주도권을 잡으셨던 매 순간마다 훈련 참석자들에게 "주도하라"라고 복창하도록 요구하라.

바로 그 메시아를 소개하라(Introducing the Messiah)
통찰력을 위한 질문: 요한복음 4장 25-26절에서 예수님이 이 여인에게 전달하기 원하셨던 가장 중요한 것은 무엇이었나요?
강조해야 할 요점: 예수께서는 자신이 바로 그 메시아인 것을 여인이 깨닫게 되기를 원하셨다.

통찰력을 위한 질문: 우리가 바로 메시아를 소개하는 것이 무슨 의미가 있나요?
강조해야 할 요점: 교육생들 중에 한 사람이 누가복음 24장 44-49절을 소리 내어 읽게 하라, 그런 다음 깊은 이해를 위해 다음과 같은 질문에 대답하게 하라. **우리가 영적으로 잃어버려진 상태에 있는 사람에게 전달해 줄 수 있는 가장 중요한 것은 무엇인가요?**
이제 그들이 고린도전서 1장 17절을 읽도록 하라. 그런 다음 그와 동일한 질문에 다시 대답하도록 해보아라.

부문 3: Any-3을 숙달하도록 해주기 [Mastering] (2.5시간~3.5시간)

본 부문의 목표: 훈련생들로 하여금 2장에 소개된 Any-3의 다섯 발걸음에 있어서 자신감과 확신을 얻도록 해주는 것.

Any-3의 다섯 발걸음을 큰 소리로 내뱉어 말해보도록 하라:

1) **연결고리를 만들어라!**(Get Connected). 2) **하나님을 향하게 하라!**(Get to God). 3) **잃어버린 자신을 보게하라!**(Get to Lostness). 4) **복음으로 인도하라!**(Get to the Gospel). 5) **결심하게 하라!**(Get to a Decision).

훈련생들이 당신을 따라서 이 다섯 발걸음들을 반복해서 말해보도록 하라. 그런 다음 당신의 훈련생들이 그들 전체가 당신과 함께 말해보도록 하라. 이런 활동을 반복해서 하라.

이 Any-3의 다섯 발걸음들이 요한복음 4장에 우물가로 나왔던 여인에게 하신 예수님의 증언 안에서 각각 어떻게 나타나고 있는지를 당신의 훈련생들과 토론해보라.

첫째 발걸음: 연결고리를 만들어라!(Get Connected) (15분간)

예수께서 우물가에 있는 그 여인과 어떻게 연결고리를 만드셨는지 토론해보라(요 4장 7절).

강조해야 할 요점: 이런 실습을 위해서는, 대체로 다음 두 가지 질문으로 연결고리를 만들어가면서 당신의 연결고리 시간을 3-4분 이내로 제한하라. 1) "당신은 누구신가요?(Who are you?)" 2) "당신은 요즘 어떻게 지내십니까?(How are you?)"

다음과 같은 대화 분위기 전환을 위한 질문을 사용함으로써 "연결고리"의 발걸음에서 "하나님을 향하게 하라"의 발걸음으로 넘어가라.

전환 질문: "당신은 힌두교인이신가요? 이슬람교인이신가요? 불교인이신가요? 아니면 기독교인이신가요?" 혹은 "당신은 어떤 종교를 추종하고 계시나요?"

이 지점에서 당신의 진행을 방해하는 세 가지 반응 중에 한 가지 대답을 들을지도 모른다. 그 대신에, Any-3 복음 증거의 다음 단계로 진입하게 하는 대화로 이끌고, 새로운 방향으로 돌리는 것을 실행할 기회를 취하십시오.

3가지 공통적인 반응들

반응 # 1:

"나는 무슬림이지만, 나는 모든 종교들이 좋은 것이라고 믿습니다!"

Any-3의 응답: 맞아요! 대부분의 종교들은 한결같이 비슷하지 않나요? 우리는 모두 하나님을 기쁘시게 하려고 노력하고 있지요. 그래서 우리는 우리의 죄를 용서받으려고 노력하고 있지요. 하지만 우리는 모두 죄인이지 않나요?

반응 # 2:

"나는 무슬림입니다.(이어지는 침묵)"

Any-3의 응답: 대부분의 종교들은 한결같이 비슷하지 않나요? 우리는 모두 하나님을 기쁘시게 하려고 노력하고 있지요. 그리고 우리는 우리의 죄를 용서받으려고 노력하고 있지요. 하지만 우리는 모두 죄인이지 않나요?

반응 # 3:

"나는 무슬림입니다. 당신은 어떤 종교를 믿으시나요?"

Any-3의 응답: 저도 종교적인 가정에서 자랐어요. 저는 하나님을 기쁘시게 하기 위해 착한 사람이 되려고 열심히 노력하곤 했어요. 그런데 착한 사람이 되려고 아무리 노력해봐도 제 스스로 만족할 만한 착한 사람이 될 수는 없었어요. 하나님은 하늘에 계시고 거룩하시지만, 땅 위에 있는 우리는 거룩하지 못해요. 우리는 우리의 종교를 통해서 선행으로 하나님을 기쁘시게 하려고 애써보지만, 그것으로는 결코 충분하지 못해요. 우리는 올라가지만 곧 떨어지고 말아요. 다시 올라가지만 또 떨어지고 말아요. 그것은 정말 우리에게 실망감을 주지 않나요? 대부분의 종교들은 한결같이 똑같지 않나요? 우리는 우리의 죄를 용서받기 위해, 하나님을 기쁘시게 하려고 노력하고 있어요.

만약 당신이 응답 # 3에서 당신 자신을 발견한다면, 당신은 부록 B에서 찾아 볼 수 있는 **"인간의 노력으로는 결코 죄를 용서[대체(代替)]할 수 없습니다!"** 라는 예화를 사용할 수 있다.

이제 두 명씩 짝을 지어서 한 사람은 Any-3 복음증거자의 역할을 하고 다른 한 사람은 이슬람 신도의 역할을 하면서 **첫째**(Getting Connected) **발걸음**에서 **"하나님을 향하게 하라!"**로 전환해 가는 것을 연습해 보라. 그런 다음에는 역할을 서로 바꾸어서 연습해 보라.

둘째 발걸음: 하나님을 향하게 하라!(Get to God) (30분~45분)

강조해야 할 요점: 만약에 그들이 이미 자신 스스로에게 그것을 말해

본 적이 없다면, 그 대화를 "대부분의 종교들은 한결같이 비슷하지 않나요? 우리는 모두 하나님을 기쁘시게 하기 위해 노력하고 있고, 그렇게 해서 어떻게든지 우리의 죄의 빚을 갚으려고 노력하고 있어요"라는 의견으로 이끌어 가라.

그런 다음 이렇게 말하라: "우리는 모두 다 죄인이지 않습니까? 심지어 선한 사람들도 죄를 짓고 살지요. 죄를 짓는 것은 쉽지만, 하나님께 우리가 지은 죄의 빚을 갚는 것은 정말 어려운 일이지요. 그렇지 않나요?"

분위기 전환 질문: "당신은 당신의 종교를 따라, 죄의 빚을 갚기 위해 무엇을 하고 계신가요?" 또는 "당신은 당신의 종교를 따라, 하나님을 기쁘시게 하기 위해서 무엇을 행하고 계신가요?"

보통의 이슬람교도라면 다음과 같은 목록을 열거할 것이다: 1)매일의 기도들 2)베푸는 자선행위 3)라마단 기간 동안의 금식 4)메카로 가는 순례 5)이슬람의 유일한 신앙고백이다.

하나님을 향하게 하라(Get to God)에 대해서 토론하고 실제로 사용해서 보여주어라. 참석자들로 둘씩 짝을 지어 하나님에 관한 대화를 실습하도록 하라.

셋째 발걸음: 잃어버린 자신을 보게 하라!
(Get to Lostness)(30분~45분)

그 또는 그녀가 당신에게 말한 것을 반복해서 되돌려 말하면서, 당신이 무슬림 친구로부터 들은 것을 이런 식으로 요약해 줘라: "그렇다면 당신은 하루에 다섯 번씩 기도를 하고, 자선행위를 베풀고, 라마단 기간 동안 금식을 하고, 그리고 메카로 가는 순례를 함으로써, 죄의 빚을 갚으려고 애쓰고 계시군요."
이제, 이 세 가지 질문을 물어 보세요:
1) 당신의 죄는 완전히 용서받으셨나요?
2) 그러면 언제 당신의 죄가 완전히 용서받을 수 있을까요?
3) 결국 최후의 심판 날에, 당신의 죄가 완전히 용서받게 될 것 같나요?

분위기 전환 진술: "제가 믿는 것은 완전히 다릅니다. 저는 저의 죄가 이미 다 용서받았다는 것을 알고 있습니다."
둘씩 짝을 지어 한 사람은 Any-3 복음증거자의 역할을 하고 다른 사람은 이슬람 신도의 역할을 하면서 **자신이 잃어버려진 상태에 처해 있음을 깨닫게 해주기**를 실습하라. 다시 역할을 바꾸어서 한 번 더 실습을 해보라.

넷째 발걸음: 복음으로 인도하라(Get to the Gospel) (1시간-1시간 30분)

6장에 있는 **처음과 마지막 희생 이야기**를 말해줘라. 이 이야기가 당신을 흥분하게 만들어 너무 길어지게 해서는 안 된다. 왜냐하면 그것은 분명히 그 속에 엮어진 예수님에 관한 축약된 이야기를 수반하고는 있지만 실질적으로는 아담과 하와의 이야기가 되기 때문이다. 당신은 이 이야기를 당신의 훈련생들이 더욱 쉽게 배울 수 있도록 세 부분과 결론으로 나누어 말할 수 있다.

이야기의 첫째 부분은 "하나님의 유일한 말씀이신 예수께서는 태초부터 하나님과 함께 하늘나라에 계셨습니다!" 라고 시작을 하고, 그런 다음 "왜 예수께서 '나는 반드시 죽어야만 한다!'고 말씀하셨는지 당신은 알고 계십니까?"라는 질문으로 끝을 맺는다. 그 이야기의 둘째 부분은 "바로 그 대답은 **타우라트**(이슬람교도들이 모세의 책이라고 부르는 것)안에 있습니다!"라는 말로 시작을 하고, 그런 다음 "우리의 조상들 모두가 자신들의 죄 용서를 받기 위해서 희생제물의 제사를 드렸지요. 이를테면 아담과 하와, 가인과 아벨, 노아, 아브라함, 모세, 다윗, 등등입니다"라고 끝내도록 한다. 마지막 셋째 부분은 "그런데 제가 여러분들에게 앞서 말씀드렸던 것처럼, 예수께서는 이제 이 세상에 오셨습니다!"라는 말로 시작하라. 그런 다음 "만약 우리가 예수님을 주님이라고 인정하며 우리 자신을 그분께 복종시키고, 그분이 자기 자신을 희생 제물로 드리신 죽으심을 통하여 우리의 모든 죄 값을 갚아 주신 것과 또한 그분이 죽은 자 가운데서 다시 살아나신 것을 믿으면, 우리의 죄가 완전히 용서받게 될 것이라고 성경은 우리에게 끊임없이 말씀하고 계십니다!" 그런 다음, "그것이 저의 죄가 용서받았다는 사실을 확실히 알고 있는 이유랍니다!"라고 끝을 맺으라.

분위기 전환 질문: "우리는 우리 자신의 죄 값을 도저히 다 갚을 수는 없지만, 하나님께서 친히 예수님의 희생 제물을 통해서 우리의 모든 죄가 용서받을 수 있는 새롭고 유일한 길을 만들어주셨다는 것, 바로 이 진리가 정말로 이치(理致)와 사리(事理)에 맞는 것이 아닌가요?"

훈련생들을 흩어서 서로 둘 씩 짝을 짓도록 한 다음, **처음과 마지막 희생 이야기**를 한꺼번에 동시에 서로 말해보도록 실습시켜라. 이야기가 끝날 때까지 서로 교대하면서, 각 참석자가 그 이야기의 3분의 1을 말하도록 한 후에, 다시 서로 바꿔서 다른 참석자가 다음 3분의 1을 말해보도록 해라. 그 과정을 반복시켜라.

다섯째 발걸음: 결심하게 하라(Get to a Decision)

분위기 전환 질문: "당신은 예수께서 우리 죄를 위한 희생 제물로 죽으신 것과 죽은 자 가운데서 다시 살아나신 것을 믿으십니까?" 12장의 "사람들을 복종하도록 인도하라"로부터 누군가를 그리스도께 인도하는 방법을 서로 토론하게 하고 또한 실제로 사용하여 보여줘라. 참석자들이 짝을 지어 그물을 내리는 것을 실습하게 하라. 결심에 이르게 하는 두 가지 질문에 대한 대답에 근거해서, 개방성의 정도를 측정해보라: 1)**예** 2)**아니오** 혹은 3)**아직은 잘 모르겠는데요**.

1. 만약에 그 사람이 "예"라고 대답했다면(그가 복음을 믿는다면):
    a. 다음과 같이 질문을 함으로써 그가 이해하고 있다는 것을 확신하라: "그러면 당신이 예수께서 우리의 죄를 위해서 죽으셨고 죽은 자 가운데서 부활하셨다는 것을 믿으시나요?"
    b. 로마서 10장 9-10절을 읽어주거나 인용하라.
    c. 구원을 위한 유일한 자격은 오직 예수님을 주님으로 지금 인정하며 항복하고 있는 것이며 또한 그 복음을 지금도 믿

고 있는 것임을 분명하게 해줘라.

d. 이렇게 말해줌으로써 그를 믿음으로 인도해줘라: "사람들이 보통 예수님께 자신을 복종시키는 대표적인 방법은 기도를 통해서 이루어지거든요. 혹시 기도에 대해서 어떻게 생각하세요? 저는 당신을 예수님께 복종하도록 돕기 위해서 기도를 통해 당신을 인도해 드릴 것입니다."

2. 만약에 그 사람이 "아니오!"라고 대답했다면(그가 복음을 믿지 않는다면)
    a. 복음을 간략하게 재검토할 수 있도록 해준 다음에, 자유롭게 느껴지는 대로 주제를 바꿔가라.

3. 만약에 그 사람이 "글쎄요, 나는 아직 잘 모르겠네요!"라고 말한다면, 그는 어느 정도 복음에 열려져 있을 수도 있겠지만, 그러나 아직은 예수님을 영접할 준비가 되어 있지 않은 것이다.
    a. 만일 시간이 허락된다면, 즉시 하나님께서는 동물의 희생 제사를 받으셨다는 것을 강조하면서 가인과 아벨의 이야기를 말해줘라.
    b. 곧바로 직접적인 양육을 위해서 어떤 시간도 허용되지 않는다면, 당신이 그 사람과 함께 구약성경의 희생 제사 이야기들 중 하나를 공부하기 위해서 그 다음 날이나 이틀 이내에 다시 함께 만날 수 있겠는지 여부를 물어보라.
    c. 예수님의 이름으로 그를 위해 기도해도 괜찮겠는지 허락을 구해보라. 그 사람의 개인적인 필요들을 위해서와 예수

님께서 복음을 그에게 확실하게 말씀해 주시길 위해서 기도하라.

이제, 서로 둘씩 짝을 짓게 한 후에, 그물을 내리는 것을 실습하게 하라.

부문 4: 분위기 전환을 위한 중요한 질문들을 완전히 숙달하도록 하라 (30분간)

Any-3의 다섯 발걸음들을 암기하는 것은 놀라울 정도로 쉽다. 분위기 전환 진술들과 질문들을 숙달하도록 해주는 것은 더욱 도전적인 일이 될 수 있다. Any-3의 첫째 발걸음에서 다음 발걸음으로 넘어가는 것은 효과를 위해서 매우 중요하다; 분위기 전환을 위한 질문과 진술들을 숙달하는 것은 발걸음들을 옮겨갈 때마다 더욱 쉽게 만들어 준다.

한 사람씩 각각 협력자와 함께 짝을 이룬 다음, 분위기 전환을 위한 진술들을 사용하면서 다섯 발걸음으로 통과해서 앞으로 나아가는 것을 직접 실습해보라.

첫째 발걸음: 연결고리를 만들어라!

전환 #1: "당신은 힌두교인이신가요? 이슬람교인이신가요? 불교인이신가요? 아니면 기독교인이신가요?"

둘째 발걸음: 하나님을 향하게 하라!

전환 #2: "당신은 당신의 종교를 따라, 죄의 빚을 갚기 위해 무엇을 하고 계신가요?" 또는 "당신은 당신의 종교를 따라, 하나님을 기쁘시게 하기 위해서 무엇을 행하고 계신가요?"

셋째 발걸음: 잃어버린 자신을 보게 하라!

전환 #3: "그런데 제가 믿는 것은 완전히 다릅니다. 저는 저의 죄가 이미 다 용서 받았다는 것을 알고 있습니다. 그것은 제가 착한 사람이거나, 착한 사람이 되려고 노력하기 때문에 용서받은 것이 아닙니다. 저의 죄가 용서받은 이유는, 하나님께서 저의 모든 죄를 용서하시기 위해 새롭고 유일한 길을 만들어 주셨기 때문입니다."

넷째 발걸음 : 복음으로 인도하라!

전환 #4: "우리는 우리 자신의 죄 값을 도저히 다 갚을 수는 없지만, 하나님께서 친히 예수님의 희생제물을 통해서 우리의 모든 죄가 용서받을 수 있는 새롭고 유일한 길을 만들어 주셨다는 것, 바로 이 진리가 정말로 이치와 사리에 맞는 것이 아닌가요?"

다섯째 발걸음: 결심하게 하라!

전환 #5: "당신은 예수께서 우리 죄를 위한 희생 제물로 죽으셨고, 죽음으로부터 부활하셨다는 것을 믿으시나요?"

이제 훈련이 완료되었기 때문에, 당신의 훈련생들은 자신들이 배워온 것을 실천할 준비가 되어 있다.

두 번째 부분: Any-3를 실천하기

Any-3 현장실습의 두 번째 부분은 당신이 지금까지 훈련받은 것을 행동으로 바꾸는 것이다. 현장실습의 바로 이 부분에서 당신의 훈련생들은 Any-3를 실행하기 위해서 그 지역사회 공동체 속으로 나가게 될 것이다. 본질적인 요소는 아닐지라도, 훈련생들이 둘씩 짝을 지어서 밖으로 나가는 것이 보통은 최선의 효과를 가져 온다. 그들이 밖으로 나가기 전에 자신들이 방문하기를 원하는 사람들을 확인해 보게 하고, 혹은 그들이 Any-3 대화들 속에 관여시킬 목표를 가지고 기도하며 걸을 수 있는 장소들인지에 대해서도 신중하게 확인해 볼 것을 요청하라.

실습 활동:

1) 과제/ 훈련생들로 하여금 낮 시간이나 저녁 시간에 나가서 Any-3를 사용하여 적어도 두사람에게 증언하도록 과제를 부여해 줘라. 훈련생들로 하여금 그들 각자가 한 번씩 전체적인 복음을 반드시 나누어 보도록 하고, 또한 전도대상자들이 복음을 믿는지 안 믿는지 그 사람에게 물어볼 것을 훈련생들에게 상기시켜 주어라.

2) 스케줄/ 당신의 현장실습의 마지막 세 번째 부분인 성적(成績), 책임지도와 축하 격려를 해주기 위한 시간과 장소를 미리 시간표에 잡아두라.

3) 기도/ 훈련생들을 위해서 기도하라, 그런 다음 복음을 Any-3 유형으로 선포할 수 있도록 그들을 밖으로 내보내라. 그들로 하여금

계속 기도 중에 있을 것을 상기시켜주고, 하나님께서 복음을 듣기 위해 준비하고 계시는 사람들에게 친히 자신들을 연결시켜 주시도록 끊임없이 기도하는 가운데 진행할 것을 되새겨줘라.

세 번째 부분: 책임지도와 축하 및 격려

당신의 Any-3 현장실습에서 책임지도와 축하부분이 없다면, 결국 미완성으로 남게 될 것이다. 실습이 제대로 행해질 때, 현장실습의 이 부분은 충성스러움을 격려해 줄 것이며, 또한 앞으로의 Any-3 사역의 노력의 결실들에 대한 믿음을 확고하게 세워 줄 것이다. 당신은 두 번째 부분에서 Any-3를 실천한 후 낮이나 저녁에 세 번째 부분을 하기 위한 일정을 잡아야 한다.

실습 활동:

훈련생들이 Any-3을 통한 복음 전도를 실습하여 생생한 체험을 하고 돌아왔을 때, Any-3 복음전도의 다섯 발걸음을 칠판의 한쪽 편에 써보라. 그런 다음 "Any-3의 다섯 가지 특징(통찰, [1]계획적이다 2)격식이 없다 3)상호작용적이다 4)주도적이다 5)바로 그 메시아를 소개하라]를 그 칠판의 반대쪽 편에 기록해보라.

훈련생들에게 Any-3의 각 발걸음을 통해서 그리고 각 발걸음 안에서 그들이 진행해 나간 것들에 대한 보고를 하도록 요청하라. 그들의 흥미진진한 모험들을 담은 이야기들을 즐길 수 있는 시간을 가져라.

그들의 성공사례들은 축하해주고 그들의 부족한 점들은 격려해줘라.

각각의 훈련생들이 자신의 경험들을 나눌 때, 그 그룹으로 하여금 Any-3의 다섯 가지 특징(통찰) [1)계획적이다 2)격식이 없다 3)상호작용적이다 4)주도적이다 5)바로 그 메시아를 소개하라]의 기준을 따라서 자신들의 보고를 분석해 볼 수 있도록 이끌어줘라.

물론 그것은 **의도적**인 것이다. 왜냐하면 그들이 과제를 이행하고 있기 때문입니다. 그들이 의도적으로 복음을 나누었기 때문에 얼마나 많은 사람들이 복음을 듣게 되었는지 물어보라. 그들의 증언 경험들이 **비형식적**이었나? 다음의 질문들을 물어보라. 그들이 누구에게 증언했는가? 그리고 어디에서 증언했는가? 그곳에서의 경험들이 상호작용적인 **쌍방향적 형식**이었나? 아니면 일방적인 설교 형식이었나? 복음을 지향하는 대화로 이끌어 가기 위해서 적절한 **주도권**을 행사할 수 있었는가? 그들은 어떤 장애물에 직면하게 되었나?

마지막으로 그들은 **메시아를 소개해** 주었는가? 그들 중 얼마나 많은 사람이 실제로 누군가에게 복음을 나누어 주었는가? 누군가의 삶속에 예수님을 주님과 구원자로 영접한 일이 있는가? 그 복음을 나누어 주었던 훈련생들에게는 축하해주라. 복음을 아직 나누어 주지 못한 훈련생들에게는 그 날이 다 가기 전에 다시 한 번 복음을 나눌 수 있도록 격려해줘라. 그리스도 안에서 새로운 생명을 얻게 된 사람은 누구든지 축하해주라.

Any-3의 책임지도와 축하의 모임은 믿음을 고백했거나 혹은 복음에 마음의 문을 연 사람들과 함께하는 양육(후속조치)의 중요성을 소개해야 하는 시간이 되어야 한다. 다음의 "교회개척운동(CPM)을 위한 후속조치로써 양육"이란 제목의 14장에서는 어떻게 우리가 양육을 수행해야 되는지에 대한 구체적인 양육방법을 자세히 설명해 줄 것이다. 이런 양육 방법은 우리와 함께하는 기성 교회로 한 개종자를 데려와 합류시키기보다는 오히려 새로운 개종자와 함께 출발하는 어떤 새로운 교회를 세워 나가는 일로 우리를 데려갈 것이다. **당신은 당신의 Any-3 훈련생들과 좀 더 많은 시간을 보내고 싶을 수도 있겠지만, 그보다 그들과 함께 계속해서 이 책의 과정을 밟아 나가는 것이 더 좋을 것이다.**

14

교회 개척 운동(Church-Planting Movement)을 위한 후속조치로써 양육

어떤 사람을 그리스도에 대한 믿음으로 인도한 후의 다음 단계로써의 후속조치는 새로운 신자가 외로운 회심자로 남게 될 것인지, 혹은 새로운 교회의 좋은 씨앗이 될 것인지 여부를 결정하는 가장 중요한 요소이다. 실제로 새로운 신자는 하나님께서 교회 개척 운동을 시작하기 위하여 사용하시는 한 사람이 될 수가 있다.

우리들이 새롭게 제시하는 생명력이 넘치는 교회개척운동 안에서는 우리가 이미 제 8장에서 당신에게 소개한 첫 약어(略語)를 모아서 소위 **"거하라(ABIDE)"** 라고 부르는 단계들을 따르는 모종의 양육을 위한 제자훈련 계획을 사용한다. 새로운 신자로부터 교회개척운동에 이르기까지 우리가 추구하는 단계들은 이렇다: 1)그리스도 안에 거하라!(**A**bide in Christ) 2)담대하게 복음을 전파하라!(**B**old Evangelism: Any-3) 3)배가 증식을 일으키는 제자도!(**I**nstill Multiplication) 4)교회들로 발전시켜 나가라!(**D**evelop Churches) 그리고 5)지도자들을 무장시켜라!(**E**quip Leaders).

위의 각행의 첫 글자를 따서 제시한 "ABIDE(거하라)" 단계의 각 측면을 함께 보도록 하자.

그리스도 안에 거하라! (Abiding In Christ!)

우리가 그리스도의 길, 그리스도의 말씀 그리고 그리스도의 일들을 실천해 나갈 때, 우리는 그리스도 안에 거하게 된다. 그리스도 안에 거하기 위한 두 가지 필수 조건이 있는데, 하나는 겸손의 정신이고 다른 하나는 그리스도를 위해서라면 기꺼이 죽고자 하는 마음이다.

담대하게 복음을 전파하라! (Bold Evangelism!)

Any-3는 한마디로 담대한 복음전도이다. 우리는 복음에 대해서 "예!"라고 말하거나 혹은 복음에 대해 더욱 배우려고 열린 마음을 표현하는 사람들에게 담대한 복음전도를 사용한다. 마음을 열었지만 아직 믿지 못하는 사람들을 어떻게 양육하는지를 먼저 살펴보도록 하자. 그런 다음, 새로운 회심자들을 양육하는 방법을 검토할 것이다.

마음이 열려진 사람들을 위한 양육

우리는 복음에 대해서 마음이 열려진 사람들에게 구약 성경에 나오는 희생 제사들에 대한 이야기들을 사용해 가면서 복음에 관해서 더욱 잘 배우기 위하여 1주일에 2번씩 우리와 함께 만나도록 초대한다. 우리의 교회개척운동에 있어서, 아시아에 있는 우리 동료들 중 한 사람에 의해서 개발된 "훈련자들을 위한 훈련" 혹은 T4T라로 부르는 제자훈련과 복음전도 훈련방법을 채용해 왔다. [22]여기 14장에서 당신이 읽은 것 중 상당히 많은 내용이 배가증식적인 제자들을 훈련하여 실제로 열매들을 많이 맺는 프로그램으로부터 가져온 것이다.

T4T의 첫 번째 양육은 방문과 함께 시작하며 배가 증식하는 제자훈련 공동체들이나 교회들의 설립을 통해서 계속된다. 우리가 만나는 매 시간마다 분명한 3가지 목적들이 있다: 1)그들을 격려하라! 그리고 책임성 있게 붙잡아 주어라! 2)그들에게 새로운 성경 이야기나 교훈들을 상호작용적인 질문들을 사용하며 그것을 토론해 가면서 가르치라! 3)서로 서로를 위해 기도하라! 그런 다음 그들을 세상으로 내보내라! 다음의 몇 단락들은 그것이 어떤 모습으로 비춰지는지를 설명해준다.

첫째로, 우리는 그 사람들을 책임있게 붙잡아 주어야 한다. 양육을 위한 첫 번째 만남에서 우리는 그들에게 하나님에 관해 기꺼이 와서 더욱 배우려고 하는 마음을 칭찬해 준다. 그런 다음 우리는 이렇게 그들에게 질문한다. "제가 당신에게 말해주었던 처음과 마지막 희생 이야기를 어떤 다른 사람과 함께 나누어 보았나요?" Any-3를 증언하면서 우리가 만나게 되는 사람들과 함께하는 동안, 우리는 그들에게 그 이야기를 꼭 나누어야 한다는 숙제를 내준 적은 없지만, 그들 스스로가 자원해서 그 이야기를 나누었는지 여부를 알아보는 것은 매우 큰 도움을 준다. 양육을 위한 첫 방문을 시작하면서, 우리는 그들과 함께 그 이야기를 자연스럽게 복습하고 또한 그들에게 다섯 명의 다른 사람들과 그 이야기를 나누도록 도전한다. 우리가 만나는 다음 시간에는 그들에게 이렇게 묻는다. "당신은 누구와 함께 그 이야기를 나누었나요?" 그리고 "어떻게 그 이야기를 진행하게 되었나요?" 만일 그들이 갈등했다면, 우리는 그들을 격려해 주며 다시 한 번 그 이야기를 복습하도록 해준다. 만일 그들이 성공했다면, 우리는 그들의 충실함을 축하해준다. 바로 이런 격려와 실천과 책임의 모델이 하나님의 말씀에 대한 적극적인 순종의 생활방식을 서서히 불어 넣어준다.

처음과 마지막 희생 이야기를 나눈 것에 있어서 그들의 충실성을 검증한 후에 우리는 새로운 이야기를 그들에게 가르쳐 준다. 우리는 얼마의 추가적인 정보와 함께 '아담과 하와 이야기'를 바꾸어 말해줌으로써 처음과 마지막 희생 이야기의 뒤를 잇게 해준다. 비록 그들이 아직은 그 이야기를 충분하게 받아들이지 못한다 할지라도, 그 이야기가 한 사람으로 하여금 복음을 다른 사람들과 나누도록 무장시켜주기 때문에 '아담과 하와 이야기'는 문자 그대로 기초를 이룬다.

'아담과 하와 이야기'에 대해서 두 번째로 말해주는 가운데 '가인과 아벨의 이야기'를 덧붙여준다. 각각 이어지는 만남에서 당신은 또다른 구약의 희생 제물 이야기를 추가할 수도 있다. 각각의 이런 이야기들이 하나의 복음제시 안에서 정점을 이룬다. 다른 희생 제물들에 대한 이야기들 속에는 노아, 아브라함, 모세의 유월절과 율법 이야기들이 포함된다. 당신이 각각의 이야기들을 연결시킨 후에, 상호 간에 서로 깊이 생각할 수 있도록 자극하기 위하여, 또한 당신이 떠난 후 새로운 신자들이 혼자서 성경을 공부할 수 있는 생활 방식을 형성시켜 주기 위하여, 자극해 줄 수 있는 다음 여섯 가지 질문들을 사용해보라.[23]

1) 먼저, 그들에게 이렇게 물어보라: 당신은 그 이야기를 당신 나름대로 편하게 말씀해볼 수 있나요? 그들은 처음에는 약간 걱정스러운 반응을 보일 수도 있다. 그러나 약간의 격려와 함께 그들은 그 이야기를 잘 말 할 수 있을 것이다. 그들이 그 이야기를 나름대로 다시 말 한 후에는 다음 질문들로 물어보라.

2) 이 이야기로부터 주님에 관해서 무엇을 배웠습니까?

3) 이 이야기 중에서 당신에게 가장 흥미로웠던 부분은 무엇이었습니까?

4) 이 이야기가 여전히 오늘날 우리에게도 직접적인 관계가 있다고 생각합니까?

5) 우리는 이 이야기에서 무엇을 순종해야 합니까?

6) 우리들이 다음 주간 다시 만나기 전에 이 이야기를 말해 줄 다섯 사람들은 누구인가요?[24)]

양육을 위해 시작하는 각각의 이야기들의 핵심적인 요점은 이것이 하나님께서 요구하신 것이기 때문에 모종의 희생 제물이 드려지게 되었다는 것이다. 각 이야기를 토론할 때, 복음을 다시 나누라. 이 문제는 바로 위의 4)번째 "이 이야기가 **여전히** 오늘날 우리에게도 직접적인 관계가 있다고 생각합니까?" 라는 질문과 썩 잘 어울린다. 하나님께서는 지금도 우리에게 죄악의 용서는 어떤 생명체의 피의 희생 제물을 요구한다는 것을 가르쳐주시고 계시기 때문에 이 이야기는 여전히 적합하다. 그런데도 예수 그리스도는 자기 자신의 희생 제물로 온 세상의 죄악들을 위해서 모든 값을 이미 지불하신 하나님의 어린 양이시다.

마지막으로, 우리는 예수의 이름으로 그 사람을 위해서 기도한다. 우리는 그의 개인적인 것과 가족적인 필요들을 위해 기도한다. 우리는 하나님께서 그를 진리 가운데로 인도하시고, 온갖 오류들로부터 그를 보호해 주시도록 기도한다. 하나님께서 그 사람으로 하여금 그가 선정한 다섯 사람들에게 그 이야기를 말하는 것을 도와주시길 기도하는 것 역시 헌신과 함께 잘 통과하도록 격려해줄 것이다.

그 사람이 언제든지 그리스도에 대한 믿음을 고백하는 경우, 당신은 이미 각 후속 모임을 위한 일정한 유형을 입증시켜 보여 준 것이다. 1) 신실함을 축하해주어라! 2)새로운 공부를 하도록 가르쳐 주어라! 3) 그를 세상으로 파송하라! 이런 세 가지 구성요소의 유형은 시간의 흐

름과 함께 더욱 성숙한 유형으로 발전할 것이다. 하지만 한 주간 모임의 이런 세 가지 필수적인 요소들은 이미 양육을 위한 첫 번째 방문에서 이미 제시된 바 있다.

그 사람이 죄에 대해서 회개하고 또한 그리스도께로 돌아가는 것이 준비되어 있다면, 새로운 신자가 그 자신이나 그녀 자신을 그리스도께 항복할 것을 기도하도록 이끌어주어라! 한 사람이 믿음을 고백할 때마다, 지상명령에 따라서(마 28:18-20) 가능한 한 빨리 그 남성이나, 여성에게 세례를 주도록 모색하라.

이제, 새로운 회심자들의 양육을 위하여 우리가 사용하는 과정을 주목해 보도록 하자!

새로운 회심자들을 위한 양육 과정

양육을 위한 첫 번째 만남은 회심 후에 즉시 일어나며, 그리고 에디오피아 내시의 이야기에 초점을 맞춘다(행 8:25-40). 이 이야기를 토론한 후에, 세례가 예수 그리스도의 죽음과 부활을 상징하며(롬 6:4), 또한 그 지상 위임명령(마 28:18-20)에 대한 순종으로 행해진다는 것을 설명해 줘라. 사도행전의 세례 유형을 따르라.[25]

새로운 신자와의 두 번째 만남에서, 에베소 교회 안에서의 회개의 열매들에 관한 이야기(행 19:13-20)를 그들로 하여금 배울 수 있도록 가르치고, 토론하고, 도와주어라. 이것을 뒷받침해 주는 성경구절은 베드로전서 1장 14-16절 말씀이다. 이런 만남의 목적은 새로운 개종자들이, 모든 신비주의자의 의식(儀式)들을 포함해서, 그의 혹은 그녀의 회심 이전의 삶의 죄악된 유형들을 깨뜨리도록 하기 위해 있는 것이다.[26]

회심 이후의 세 번째 만남에서는 요한복음 15장 1-8절 말씀의 단락을 가르치고, 토론하고, 배우도록 하라. 바로 이 말씀이 어떤 이야기보다는 오히려, 수업 자료로써 사용되어지는 최초의 성경단락이다. 이 만남의 목적은 그리스도 안에 거하기 위해서 필요한 세 가지 열쇠들을 소개해주는 것이다: 1)**그리스도의 걸어가심**(계속적인 기도) 2)**그리스도의 말씀**(그리스도의 명령들에 대한 순종) 그리고 3)**그리스도의 일들**(예수께서 행동하신 대로 행함). 당신은 이 만남에서 첫 번째 성경의 암송 구절인 요한복음 15장 5절을 소개할 수 있다.[27]

배가 증식을 일으키는 제자도! (Instill Multiplying Discipleship!)
초기의 양육을 위한 교훈들은 새로운 회심자(개종자)의 하나님과의 내면적인 관계에 초점을 맞추는 반면, "배가 증식을 일으키는 제자도"라는 부문에서의 교훈들은 밖으로 향하도록 초점이 맞추어 진다. 이런 교훈들이 초기 양육 교훈들이 주어진 후에 즉시 뒤따라 와야 한다. 그런 교훈들은 새로운 회심자들이 그들 가족 구성원들과 친구들 그리고 다른 관계를 맺고 있는 사람들에게 복음을 가지게 하고 또한 잠재적으로 새로운 교회개척운동의 흐름이 생겨나도록 준비시켜 주기 위해 설계된 것이다.

제1과: 열린 사람들을 위한 양육 부문으로부터 여섯 가지 질문들을 통한 접근방식을 사용하면서, 로마 군대 백부장 고넬료에 대한 이야기(행 10:1-48)를 공부하라. 아울러 디모데후서 2장 2절 말씀을 암송하게 하라.

다음 페이지 위에 있는 사람들과 같이 가족과 친구, 그리고 관계를 맺고 있는 사람들의 "오이코스 목록"을 만들어라. 그 목록 위에 있는 사람들의 구원을 위해서 기도하라. 또한 Any-3를 사용하면서 복음을 나누어 줄 수 있는 사람들을 알 수 있도록 인도해 달라고 기도하라. 그들은 가르침을 받게 될 그 다음 목표의 대상들이 되기 때문이다.

제2과: 그들이 복음을 나누도록 하기 위하여 **처음과 마지막 희생 이야기**(제 6장에서 찾아 볼 수 있음)를 사용하도록 가르치라.

그들의 오이코스 목록들로부터, 새로운 회심자가 성령님께서 인도하시는 다섯 명의 남성과 여성을 식별할 수 있도록 해달라고 자주 기도하라. 새로운 개종자가 그 사람들을 위해서 직접 기도하도록 이끌어라. 그리고 Any-3를 사용하여 그들에게 증언하려는 계획을 직접 세우도록 이끌어라. 그 증인은 열려 있고 응답하는 사람들로 하여금 매주 두 번씩 희생 제물 이야기들을 처음으로 다가가고 자기와 함께 양육 받도록 하기 위해 사용된 그와 동일한 과정을 따라 가면서 공부하도록 초대해야만 한다.

제3과: 결과들을 평가할 수 있고, 또한 Any-3 방법을 더욱 잘 숙달할 수 있는 별도의 양육을 위한 만남을 마련하라. 일단 새로운 회심자가 Any-3에 대해서 잘 파악했다면, 제 4과로 나아가라.

제4과: 사도행전 16장 22-34절 말씀을 공부하라. 그리고 그들의 오이코스인 가족, 친구 및 기타 관계된 사람들에 다가가기 위해서 3가지 생명력 넘치는 요인(要因)들을 가르쳐라.

첫째 요인은 복음의 기쁜 소식이다. 그들이 복음을 나누어 줄 때, 성령님께서는 사람들로 하여금 자신들의 죄에 대해서 각성케 하실 것이고, 그 결과 많은 사람들이 신자가 될 것이다. 둘째 요인은 그들의 변화된 삶들이다. 명백한 변화들이 그들의 삶 속에서 일어나고, 그 결과 그들의 개인적인 간증들을 듣게 된다고 사람들이 증언할 때, 예수님께로 돌아올 것이다. 셋째 요인은 예수 그리스도의 유일한 권능이다. 새로운 신자는 예수님의 이름으로 사람들을 위해 기도하는 유형이 세워질 수 있다. 가정문제, 질병, 유혹, 등 수 많은 인생의 문제들의 해결을 위해서 기도하는 것은 자신들의 삶 속에서 예수님께 자기 자신을 나타내시도록 초대하는 것이다.

오이코스 목록
(복음 전도 관계 리스트)

가족(Family)

1. _____   6. _____
2. _____   7. _____
3. _____   8. _____
4. _____   9. _____
5. _____   10. _____

친구들(Friends)

1. _____   6. _____
2. _____   7. _____
3. _____   8. _____
4. _____   9. _____
5. _____   10. _____

이웃, 관계된 사람들(Relationships)

1. _____   6. _____
2. _____   7. _____
3. _____   8. _____
4. _____   9. _____
5. _____   10. _____

배가 증식하는 가정 교회들로 발전시켜라!
(Develop Multiplying House Churches!)

공부하는 그룹들을 가정 교회들로 발전시키기 위한 지침들

모든 새로운 제자들이 이미 시작하였지만 아직도 여전히 그들의 최초의 그룹에만 출석하고 있는 사람들로 구성된 그룹과 함께 그 훈련 과정의 새로운 모형을 만들도록 격려해 줘라. 최초의 양육 단계 후에는, 그룹 모임들이 새로운 회심자가 마찬가지로 또 하나의 새로운 그룹을 시작하는 시간을 허용하면서 마땅히 매주 일어나게 된다.

새로운 제자들이 성경적인 이야기에 대한 이해와 실천과 순종에 있어서 성장함에 따라 매주 양육 모임의 내용이 가정 교회 모임의 모습을 띠게 되고, 이 모임에 참여하는 자들이 세례를 받게 될 때, 더욱 뚜렷한 형태를 나타내게 된다. 각 모임은 여전히 세 가지 부분으로 구성된 형태를 따라 간다: 1)그들을 격려하고, 책임있게 붙잡아 주어라. 2)그들에게 새로운 성경 이야기나 교훈을 가르쳐주고 또한 순종에 기초한 상호작용적인 질문들을 사용하면서 가르치라! 3)그들을 위해 기도하라! 그런 다음 그들을 파송하라! 다음 단락들은 그것이 어떤 모습인지 설명해 줄 것이다.

가정교회 모임의 처음 1/3 시간

가정 교회 모임의 처음 1/3 시간 안에서 진행되는 순서의 구성요소들은 다양할 수 있겠지만, 그것들은 대부분 **격려**와 **책임**을 포함한다. 기독교인의 발걸음을 걸어가면서 서로 상호간에 격려하라. 지난 시간에 배운 것을 다른 사람들에게 계속해서 가르쳐 왔는지, 뿐만 아니라 그들 자신이 순종했는지 그렇지 못했는지에 대해서 상호 간에 서로 물어보라. 지난번의 만남 이후로 3명에서 5명의 사람들에게 복음을 나누었는지를 서로 물어보라. 다른 사람을 위해서 기도하라. 그리고 서로서로 격려하라. 어떤 사람이 그리스도께 순종을 나타내 보였을 때, 그들의 충성스러움을 축하해주어라. 충성스러움을 위한 비전의 제시 역시 처음 1/3 시간에 필수적인 요소이다. 우리의 교회개척운동 현장에서는 이 비전을 담은 짧은 진술을 함께 복창하도록 한다. "우리 민족의 가슴마다 복음을! 우리 민족의 마을마다 가정교회를!"

당신들이 함께 시편을 찬송하고 암송할 때, 구호를 복창할 것인지의 여부는 안전보장의 상황에 의하여 달라질 수가 있다. 이런 찬양 시간은 모임의 1/3의 시간이나 2/3의 시간에 가질 수 있다. 우리의 교회개척운동 현장에서는 믿음을 고백하는 다음의 내용을 포함시키고 있다.

"예수 그리스도를 주라 시인하여 하나님 아버지께 영광을 돌리게 하셨느니라.(빌 2:11하)"
"하나님은 모든 사람이 구원을 받으며 진리를 아는 데에 이르기를 원하시느니라 하나님은 한 분이시요 또 하나님과 사람 사이에 중보자도 한 분이시니 곧 사람이신 그리스도 예수라 그가 모든 사람을 위하여 자기를 대속물로 주셨으니(딤전 2:4-6상)"

가정 교회 모임의 중간 1/3 시간

모임의 2/3는 우선적으로 상호작용적인 방법을 통한 성경공부이다. 비록 우리가 최초의 양육 모임 시간에 구전적인 성경 이야기들을 사용한다 할지라도 적어도, 그 그룹 안에 있는 한 사람 정도는 읽을 수 있다는 것을 당연한 것으로 여기고, 새로운 그룹들은 신속히 직접적인 성경의 구절들을 가지고 공부하는 것을 시작할 수 있다. 이 때도 역시 여섯 가지 질문 세트를 기본적으로 사용하면 매우 유익하다. 그러나 이런 경우, 그 이야기를 나름대로 다른 형식으로 말하도록 하는 대신에 첫 번째 질문을 이런 식으로 바꾸면 된다. "이 성경구절은 무엇에 관한 것이지요?" 또한, 마지막 질문을 위하여 우리는 그 제자에게 그 또는 그녀가 나중에 증언하게 될 목표인 다섯 명보다는 더 적은 세 사람에게 우선 그 이야기를 나누도록 요청한다.

가정교회 모임의 마지막 1/3 시간

가정교회 모임의 마지막 1/3 시간에는 1) 그 시간 배운 교훈을 서로 직접적으로 실습시켜 보기 2) 구체적인 목표들의 설정, 그리고 3) 사명을 위임하는 기도, 이상 세 가지 활동을 포함시키면 좋을 것이다. 이러한 모양으로 실습하는 목적은 자신들이 다른 사람들에게 가르치게 될 그 교훈을 숙달할 수 있도록 하는 것이다. 훈련은 자주자주 어떤 성경구절을 암송도록 하는 것을 포함시킨다. 참석자들은 다음 모임 이전에 그들이 몇 명의 사람들을 위해 전도할 것인가와 누구에게 그 교훈을 제공해주고 복음을 나누어 줄 것인가에 대한 목표들을 세운다. 마지막으로, 참석자들은 세상 속으로 돌아가서 복음을 나누어 줄 것을 사명으로 자신들에게 위임하면서, 서로를 위해서 기도한다.

계속 이어지는 여러 주간에 걸쳐서, 양육을 위한 이런 방식의 제자훈련 그룹은 제자훈련을 기초한 교회의 두드러진 특성들을 더욱 더 많이 갖게 해준다. 그 그룹이 처음 1과에서 4과까지의 공부를 끝마친 다음에, 그들은 제자들로서 그리고 하나의 교회로써의 성숙을 돕는 것을 목표로 하는 전체 20개 과로 구성된 공부로 옮겨갈 수가 있다.

가정 교회들을 위한 영적 성장의 10단계

그리스도를 따라가는 모든 사람들과 모든 교회의 목표는 영적으로 성숙하게 되는 것이다. 우리는 제자들을 지도하기 위해서는 전체 20개 과로 구성된 내용을, 또한 새롭게 일어나는 가정교회들을 지도하기 위해서는 영적 발달의 10단계의 내용을 사용하고 있다. 영적 발달의 10단계는 한 가지 예외와 함께 육체적인 몸의 성장과정을 반영하고 있다. 육체적 성장의 첫 단계는 출생이지만, 영적인 성장에 있어서 첫 단계는 죽음인데, 이것은 그리스도의 죽음과 함께 자신의 신원을 확인하는 것이다.

20개의 모든 수업 시간에는 여섯 가지 상호작용적인 질문들을 사용하면서, 그 모임의 중간 시간대에 그룹이 함께 공부해 나갈 한 성경의 본문을 담고 있다. 그룹의 지도자는 모임의 마지막 3번째 부분의 시간 동안 암송하게 될, 매 수업 시간을 위한 한 개의 성경 암송구절을 선택해야만 한다. 이미 설정되어 온 유형과 일치시켜, 참석자들은 요약된 교훈을 복습하게 될 것이다. 그렇게 해서 그들은 다음 모임을 갖기에 앞서서 3명에서 5명의 사람들에게 그것을 가르칠 수 있게 될 것이다.

영적 성장의 열 단계마다 두 개의 성경 수업들을 포함하고 있다. 이것들 모두 완성하기 위해서는 전형적으로 5개월간의 매주 모임을 요구한다. 20개의 수업시간이 완성된 후에, 많은 가정 교회들이 **마가복음**을 매 단락마다 공부하기 위하여 계속 진행해 나갈 것이다. 이것은 보통 **사도행전과 에베소서** 공부뒤에 따라오게 된다.

제1단계: **예수 그리스도의 죽음과 함께하는 신원확인**

    1)주님의 만찬(마 26:26-35), 2)핍박의 직면(행 4:13-31).

제2단계: **새로운 탄생**

    1)성령에 의한 새로운 탄생(요 3:1-18), 2)바울의 간증(행 9:1-22).

제3단계: **새로운 가정**(그리스도의 몸)

    1)몸의 머리(그리스도께 대한 순종, 마 6:5-15), 2)몸의 기능들(유일한 그 교회, 행 2:29-47). 하나의 교회가 되기 위하여 제자들이 함께 언약을 세우는 것이 바로 이 지점이다.

제4단계: **하나님과의 의사소통**(기도)

    1)주님의 기도를 통한 하나님과의 친밀(親密)함(마 6:5-15), 2)자발적인 기도를 통한 하나님과의 친밀함(마 7:7-11).

제5단계: **영적인 양식**(하나님의 말씀)

    1)하나님의 말씀을 통한 그분과의 친교(親交) 세우기(눅 24:36-

45), 2)하나님과의 만남(눅 10:38-42).

제6단계: **그리스도 팔로어(따르는 사람)들을 위한 새로운 의복들**

1)겉 의류(엡 4:17-32), 2)속 의류(마 6:25-34).

제7단계: **견고하게 서 있음**

1)유혹의 극복(마 4:1-11), 2)하나님의 전신갑주(엡 6:10-18).

제8단계: **예수님의 팔로어(따르는 사람)로서 걸어가기**

1)믿음 안에서 걸어가기(마 14:22-33), 2)복종 안에서 걸어가기 (요 13:13-17).

제9단계: **진정한 신자의 인격성의 특징**

1)사랑(막 12:41-44), 2)소망(희망)(요 11:1-44)

제10단계: **성숙을 향한 성장**

1)주는 것을 배우라(막 12:41-44), 2)새로운 교회에 새로운 생명의 탄생을 드려라(행 1:16:6-15).

지도자들을 무장시켜라! (Equip Leaders!)

우리의 약어 "ABIDE(거하라)"에서 마지막 글자, 그리고 교회개척운동을 위한 양육에 있어서 추구해야 할 마지막 과업은 지도자들을 무장시키는 것이다. 다수의 가정교회들로 발전되어 갈 때, 당신은 가정 교회 지도자들과 성장하는 가정교회의 네트워크를 관장하는 지도자들을 배가시키기 위해 지속적으로 전진해가는 현장훈련을 마련해 주는 것이 필요할 것이다. 이런 현장훈련은 비형식으로 또한 가능한 한 지역적으로 행하도록 노력하라. 성경적이며, 단순하며, 재생산적인 지도력을 훈련하는 자료들을 마련해 주는 것은 그 믿음 안에서 교회 지도자들과 교회 네트워크 지도자들이 더욱 강건하고 깊이 있게 성장하도록 해 주기 위해서 필수적인 것이다.

바로 그런 필요성이 제기되어 우리는 전반적인 신약성경을 통한 체계적인 공부뿐만 아니라 기독교의 기본 교리와 제자훈련 그리고 지도력의 개발을 다루는 일련의 수업과정을 개발하였다. 가정교회 네트워크 지도자들은 지역 지도자 훈련을 위하여 매주 만난다. 이렇게 새롭게 생겨나는 지도자들 역시 책임성과 지도력 훈련 자료를 공부하기 위하여 매달 만난다. 이런 문제들을 본격적으로 다루는 좋은 자료는 광범위하게 이용가능하다. 그런 까닭에 우리는 여기에서 당신을 위한 그런 내용을 굳이 언급하지 않을 것이다.

지도자들을 무장시켜 주기 위해서 아무리 좋은 자료들을 사용한다 할지라도, 항상 그 자료들뿐 아니라 과정에 대해서도 초점을 맞춰야 한다. 지도력 훈련 모임들은 바로 그 양육을 위한 모임시간과 가정교회의 형성을 유형화할 때 사용했던 그와 동일한 세 부분으로 구성된 형식을 따라가야만 한다.

훈련에 참여해 공부하는 사람들은 그들의 가정교회와 네트워크 안에 있는 신자들에게 반드시 그것들을 가르칠 수 있어야만 한다. 바로 이것이 디모데후서 2장 2절의 원리대로 일하도록 해준다. "또 네가 많은 증인 앞에서 내게 들은 바를 충성된 사람들에게 부탁하라 그들이 또 다른 사람들을 가르칠 수 있으리라" **만일 당신이 이런 성경의 가르침의**

원리 대신에, 지도자 훈련을 밖에 있는 다른 제3자들 즉 고급 학위들(석사학위나 박사학위)을 갖춘 비지역적인 전문가에게 의탁한다면, 당신의 지도력을 위한 배가증가 노력은 곧 지도자들의 고갈 난(亂)을 초래하게 되어 처참하게 무너지고 말 것이다.

"거하라 계획"(THE ABIDE PLAN)의 시각적인 이미지

양육, 교회 형성, 그리고 지도력 개발을 통한 Any-3 과정의 시작부터, 당신은 지금까지 너무 많은 내용을 접하게 되었다. 우리의 훈련을 받은 수많은 사람들이 하나의 시각적인 이미지로, 이 모든 내용들이 어울리는가를 그림을 그려 보여주는 것이 매우 유익하였음을 깨달았다.

우리는 당신에게 시작부터 끝까지 Any-3의 모든 과정을 큰 그림이라고 부르는 한 페이지의 이미지를 제공하려고 노력해 왔다. 그것은 전체 계획을 한 눈에 보여준다.

당신의 눈이 바닥부터 가장 정상까지 이 생생한 그림을 추적해 보면, 당신은 이 책에서 지금까지 공부해 온 주제와 구성요소들 각각을 보게 될 것이다. 이 그림의 다섯 가지 구성부분의 각각을 검토하는 시간을 가지길 바란다. 그런 다음, 그것을 기억하도록 노력하라. 다음에는 백지 한 장을 꺼내서, 당신 스스로 그 내용을 다시 그려낼 수 있는지 알아보라. 숲과 같은 이 하나의 이미지를 당신의 마음속에 담아 둘 때, 그것이 숲을 구성하는 각 나무들과도 같이 Any-3의 여러 부분들에서 당신을 인도하도록 큰 도움을 줄 것이다. 그리고 그것들이 교회 배가 운동을 촉진하도록 해주는 데 얼마나 잘 어울리는지를 틀림없이 깨닫게 해 줄 것이다.

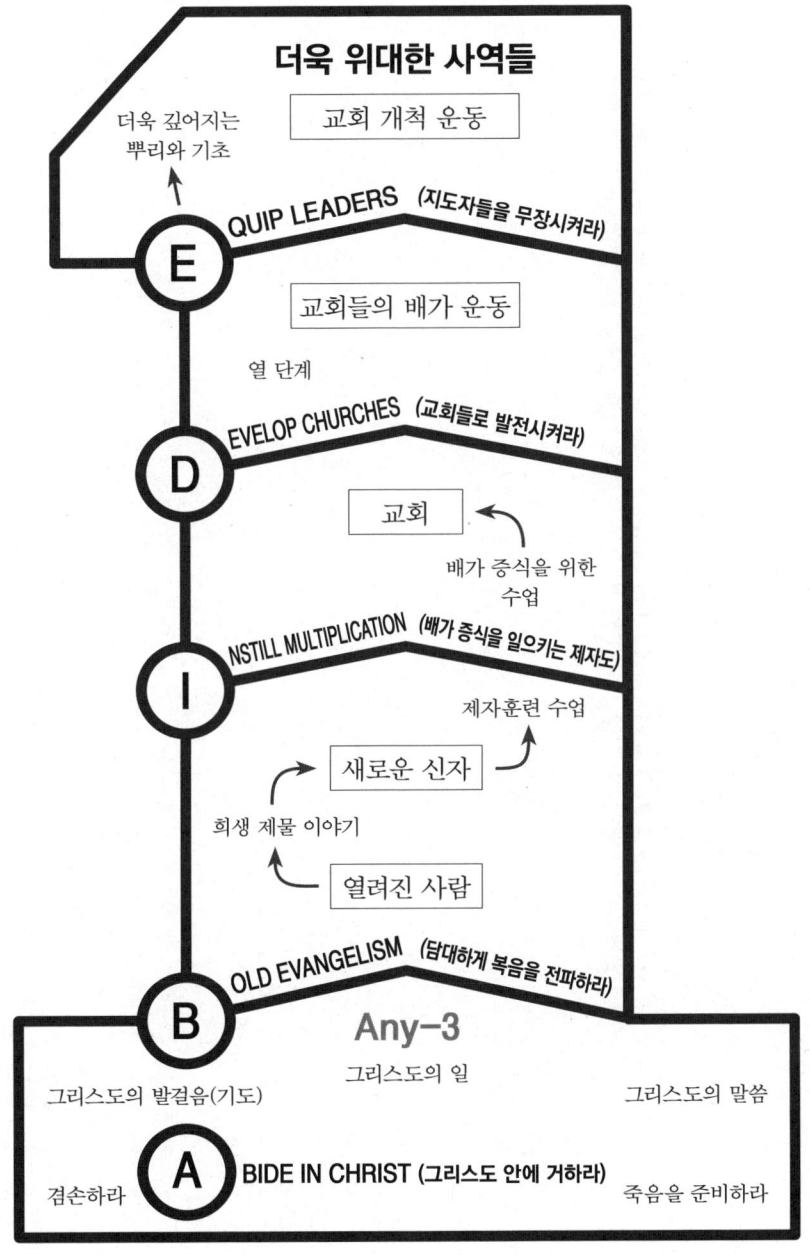

14. 교회 개척 운동(Church-Planting Movement)을 위한 후속조치로써 양육

15
시작하라!

이 책을 출판하려고 할 때, 우리는 하나님께서 이슬람 세계의 다른 여러 곳곳에서 효과적인 복음전도를 위해 Any-3를 어떻게 사용하고 계시는지에 대한 새로운 보고들이 계속적으로 도착하는 것을 보았다. 하나님께서는 지금도 역사하고 계시는 곳에서 영적인 추수를 위하여 그리스도인들에게 새롭고 용감한 도구로 무장시키기 위하여 Any-3를 사용하고 계신다. 일부 이슬람 종족들은 역사상 그들의 최초 개종자들을 보고 있으며, 반면에 다른 종족들은 신자들과 교회의 세대들이 배가 증식하는 것을 보고 있다.

Any-3 실행자들 곁에서 엿듣기

Any-3 복음전도는 많은 경우에 기억할만한 응답들을 일으킨다. 아래 언급은 무슬림들이 Any-3를 통해서 복음을 듣고 있었을 때 말한 몇 가지 간증들이다.

1) 안와르(Anwar)는 어떤 워크숍 실습과목을 행하는 한 선교사로부터 복음을 듣고서 이렇게 결론을 내렸다. "하나님께서 당신을 여기에 보내셔서 내가 이 메시지를 들을 수가 있었네요."

2) 이사(Isa)라는 한 택시 운전사는 Any-3를 통해서 복음을 듣게 되었고, 이렇게 대답했다. "나에게는 예수에 관해 내게 이미 얘기 해주고 있는 어떤 친구가 있는데요. 그런데 그 다음 단계는 무엇인가요?"

3) 예세(Jesse)라는 이름의 한 선교 자원 봉사자가 통역자를 통해서 복음을 전해주고 있었다. 그런데 그들이 증언해 주고 있었던 이슬람 남성이 이렇게 반응했다. "지난 밤 나는 어떤 두 사람이 나의 집으로 어떤 메시지를 가지고 온 꿈을 꾸었어요. 한 사람은 우리 말로 말했고, 또 다른 사람은 우리 말을 몰랐어요. 당신들이 내가 꿈속에서 보았던 바로 그 사람들이신가요?"

4) 한 호텔 종업원이 복음을 듣고 이렇게 반응했다. "실제로, 나는 우리 선지자의 가르침들보다 예수의 가르침들이 더 좋은데요."

5) Any-3의 워크숍 시간 동안, 요안(Joan)과 헬렌(Helen)은 레일라(Leila)라는 이슬람 여성에게 복음을 전하였는데. 그 때 그 여성은 이렇게 결론지었어요. "내가 이 메시지를 들을 수 있도록 하나님께서 당신을 여기로 보냈네요."

6) 중동에 살고 있는 어떤 아랍 기독교인이 Any-3를 배우게 되었는

데, 그것을 배운 다음 즉시 이렇게 응답했어요. "이제서야 나는 나의 이슬람 이웃들에게 복음을 전해줄 수 있는 분명하고 단순한 방법을 가지게 되었네요."

7) 사람들은 여러 차례 Any-3 증언자들을 이런 발언과 함께 환영하며 맞아들였다. "나는 최근에 텔레비전에서 예수 영화를 보았어요." 바로 이것은 십자가 위에서 우리를 위해 죽으신 예수의 희생제사에 대한 설명으로 쉽게 이끌었다.

8) 수많은 사람들이 이렇게 응답한다. "모든 길이 천국으로 인도하는 길이 아닌 것이 분명히 드러나는군요. 나는 이제야 천국에 갈 수 있는 길은 오직 한 길밖에 없다는 사실을 알게 됐어요."

9) 버트(Bert)라는 한 선교 자원봉사자는 그가 복음을 나누었던 이슬람 남성이 이렇게 말한 것에 무척 놀라지 않을 수 없었다고 했다. "그래요, 바로 그게 맞아요! 예수를 따르는 사람들은 자신들의 죄가 용서받았음을 잘 알고 있지만, 우리 무슬림들은 그런 확신을 전혀 가지고 있지 않아요."

10) 아주 보수적인 한 이슬람 지역 속으로 들어가서 실시된 최근의 Any-3의 복음전도에 있어서는, 거의 그 복음을 들은 사람들의 25%가 예수님께 "예!"라고 응답했고, 그들의 삶속에 예수님을 초청하는 기도를 드렸다.

물론 Any-3는 결코 마술적인 공식이 아니다. 그러나 그것은 분명하고 효과적인 복음제시를 위해서 아주 신뢰할만한 믿음직한 길임에 틀림없다. 정말 유일한 능력은 복음 안에 있다! 다만 Any-3는 복음의 증언을 배가 증식하도록 도와준다. 아마도 당신은 이미 Any-3의 다섯 발걸음이 결코 이슬람 세계에만 국한되지 않는 인간의 공통적인 관심사들을 명백히 다루고 있다는 것을 주목했을 것이다.

결과적으로, 수많은 기독교인들이 이런 질문을 제기해 왔다. "과연 Any-3가 비이슬람권의 다른 그룹의 사람들에게도 복음을 가지고 접근하기 위하여 사용될 수 있을까?" 그 대답은 물론 "예!"이다. 이런 일은 이미 일어나고 있다. 비록 Any-3의 몇 가지 측면들이 그들이 목표로 삼은 대상자들에게 적합하게 변경할 필요가 있다 할지라도 Any-3의 기본적인 발걸음들은 잃어버려진 민족들의 어떤 그룹들에게도 얼마든지 적용될 수 있다.

모든 사람들을 위한 ANY-3

복음이 모든 사람들을 위한 것이기 때문에, Any-3는 힌두교도나, 불교도나, 유교(儒教)인들 뿐만 아니라 심지어는 명목상의 그리스도인들에게 참된 복음을 나누어 줄 수 있는 믿음직한 최선의 길을 마련해 주고 있다. 단, Any-3의 접근방식이나 용어들에 대한 약간의 조정들을 거쳐 이런 다양한 종교적 공동체들을 위해서 문화적으로 적합하게 만들 수 있을 것이다.

그럼에도 불구하고 Any-3의 그 기본적인 측면들만큼은 결코 바꾸어져서는 안 된다. 증언하기 위한 만남의 특징은 언제나 한결같다. 1)의도적이다! 2)격식에 얽매이지 않는다! 3)쌍방향적이다! 4)주도적이다! 5)바로 그 메시아를 소개하는 것이다.

다섯 발걸음의 전도여정 역시 어떤 변경도 있어서는 안 될 것이다. 1)연결고리를 만들어라! 2)하나님을 향하게 하라! 3)잃어버린 자신을 보게 하라! 4)복음으로 인도하라! 5)결심하게 하라!

다음의 단락들은 당신으로 하여금 다른 종교적인 공동체들과 더불어 Any-3의 사용을 본격적으로 시작하도록 제의하는 몇 가지 실천적 지혜들을 제공해 줄 것이다.

명목상의 기독교인들

명목상의 기독교인들이란 자신들을 가톨릭교회(Catholic), 프로테스탄트교회, 그리고 정교회 기독교인이라고 부른다. 하지만 이들은 자신의 죄악들에 대한 하나님의 용서를 받기 위해서 믿음으로 자신들을 그리스도께 헌신하지 않은 사람들이다. 그들은 여전히, 그리스도의 희생제물 대신에, 자신들을 구원하기 위해서 자신들의 선행과 노력에 의존하고 있다.

최근에 한 동료가 몇몇의 젊은 신학대학원 학생들에게 Any-3를 훈련시켰다. 불신자들에게 증언하라는 실천적인 과제를 수행하기 전에, 한 학생이 지역교회 목사에게 Any-3 접근방식을 시도했다. 자기의 죄를 용서받기 위해서 그가 무엇을 하고 있는지를 물었을 때, 그 목사는 자신이 희망했던 여러 선행들이 자신을 구원할 것이라고 하면서 목록들을 나열했다. 그는 자신이 구원을 받았는지 여부를 확실히 알지 못했다는 것을 인정한 후에, 그 목사는 복음을 들었으며, 그런 다음 오직 그리스도에 대한 자신의 믿음을 고백했다. 진실로 복음이란 종교적인 선행들, 심지어 **기독교적인** 종교적 선행들까지라도, 그러한 것들과 전혀 다른 것이다.

명목상의 기독교인들, 특히 가톨릭과 정교회 기독교인들에게 증언하는 일은 무슬림들에게 증언하는 것과 결코 다르지 않다. 그런 접근방식은 "당신은 하나님께 당신의 죄의 빚을 갚기 위해 무엇을 하고 계신가요?"라는 질문과 함께 칭의(稱義)의 교리(the doctrine of Justification)에 초점을 맞춘다. **가톨릭 및 정교회 교인들이 그들의 종교적 차용권을 따라서 의롭다함을 받기 위해 행동해야만 하는 특별한 선행목록이 이슬람의 요구들과 전혀 다르다 할지라도 양자 모두는 아주 세련된 종교적 의식들을 소유하고 있다.**

우선, 접촉을 하는 일은 모든 정황 속에서 동일하다. 핵심에 이르는 것은 아무래도 "당신은 힌두교인이신가요? 이슬람교인이신가요? 불교인이신가요? 아니면 기독교인이신가요?"라는 분위기 전환을 위한 질문을 던지는 것이다. 이 질문은, 우리는 모두 죄인이라는 공통된 동의에 이를 때까지, 즉시 우리의 죄악에 대한 토론으로 이어지게 해준다.

무슬림들에게 시행하는 Any-3 접근방식과 마찬가지로, 증인은 "당신은 당신의 죄를 용서받기 위해서 무엇을 하고 계신가요?"라는 질문을 하곤 한다. 상호작용적인 질문들을 사용하면서, 증인은 구원을 얻기 위하여 그들이 행하고 있는 행위들을 토론할 수도 있을 것이다. 다음과 같은 표준이 되는 세 가지 질문들을 사용함으로써 이 부문을 끝내도록 하라. "첫째, 당신의 죄는 완전히 용서받으셨나요? 둘째, 그러면 언제 당신의 죄가 완전히 용서받을 수 있을까요? 셋째, 결국 최후의 심판날에, 당신의 죄가 완전히 용서받게 될 것 같나요?

처음과 마지막 희생 이야기를 가지고 이런 분위기 전환을 위한 질문들을 따르라. 그런 다음 Any-3의 마지막 발걸음인 '결심하게 하라'는 지점으로 분위기를 전환하라.

힌두교인들

힌두교가 많은 변형들을 가지고 있을지라도, 한 가지 공통된 주제는 영의 세계의 노여움을 달래기 위하여 헌물을 드리거나 혹은 제사의 행위들[푸자(Puja)라고 불림]의 유일한 필요성이다. 힌두교인들은 신들이 자신들에게 노여움을 갖는 것을 막기 위하여 제사와 희생제물을 통한 그들의 종교를 계속해서 실천한다.

힌두교인들에게 말할 때, 우리는 칭의(稱義)의 교리보다는, 인간의 잃어버려진 상태를 메울 수 있는 유일한 다리가 되는, 화목(和睦)의 교리에 초점을 맞춘다. 화목이란 "하나님의 진노하심에 대한 만족"을 뜻한다. 다른 말로 하면, 예수께서는 자신의 희생제물적인 속죄함으로 죄인들을 향한 하나님의 진노하심을 만족하게 해주셨다.

인간의 잃어버려진 상태를 각성시켜 줌에 있어서, 우리는 로마서 2장을 예로 들어 말할 수 있다. "다만 네 고집과 회개하지 아니한 마음을 따라 진노의 날 곧 하나님의 의로우신 심판이 나타나는 그 날에 임할 진노를 네게 쌓는도다 하나님께서 각 사람에게 그 행한대로 보응하시되"(롬 2:5-6)

우리는 힌두교인 친구에게 이렇게 물을 수 있다. "당신은 신들이나 혹은 영들이 당신에게 노여움을 내지 않도록 하기 위해 무엇을 하고 있나요?" 그런 문제를 토의한 후에, 다음과 같은 세 가지 후속 질문들이 유익함을 줄 수 있을 것이다. 1) "신들이 당신에게 여전히 노여워하고 있나요?" 2) "당신은 신들이 더 이상 노여움을 일으키지 않는 바로 그 지점에 언제 도달할 수 있나요?" 3) "당신이 죽을 때, 신들은 당신에게 여전히 진노할까요?" **다시 한 번, 그들의 노력들이 그들이 추구하는 목표인, 예수 그리스도의 구원하는 사역에 의해 마련된 해방, 즉 하나님의 진노로부터 해방에 이르는데까지 도저히 도달할 수 없다는 점을 말해 주어라.**

힌두교인들을 위한 가장 기쁜 소식은, 하나님께서는 오직 그리스도 안에서 죄인들에게 더 이상 진노하지 않으신다는 것이다. 바울이 기록한 바, "하나님이 우리를 세우심은 노하심에 이르게 하심이 아니요 오직 우리 주 예수 그리스도로 말미암아 구원을 받게 하심이라 예수

께서 우리를 위하여 죽으사...."(살전 5:9-10상)

그런 다음 우리는 이렇게 말함으로써 처음과 마지막 희생 이야기로 분위기를 새롭게 전환시킬 수가 있다. "그런데 제가 믿는 것은 완전히 다릅니다! 저는 하나님께서 저에게 진노하지 않으신다는 사실을 알고 있습니다. 하나님께서 자신의 진노를 진정시키시는 한 길을 친히 만들어 주셨기 때문입니다." 그런 다음 당신은 Any-3의 "결심에 이르게 하라"는 마지막 발걸음과 함께 처음과 마지막 희생 이야기로 끝맺음을 할 수 있을 것이다.[28]

불교인들

수많은 민속 불교인들은 힌두교인들과 유사한 세계관을 공유하고 있다. 힌두교인들처럼, 이런 민속 불교인들은 영적인 세계로부터 축복뿐만 아니라 보호하심을 추구한다. 이런 경우들에 있어서, Any-3의 힌두교인들을 위한 적용적인 실천적 지혜들은 그들을 위한 접근방식에서도 매우 효과적이다.

불교의 어떤 다른 학파들에서는 그들로 하여금 영혼 환생의 순환[윤회(輪回)사상]을 깨뜨릴 수 있도록 허용하게 해 줄 수 있는 어떤 공로(功勞)의 획득을 모색한다. Any-3는 이런 세계관에도 "당신은 영혼의 환생으로부터 벗어나게 해 줄 수 있는 공로를 쌓기 위해서 지금도 무엇을 행하고 있으신가요?"라고 질문함으로써 관여할 수 있다.

그러나 수많은 불교인들을 위하여서는 무엇보다, 하나님과의 화목(和睦)에 대한 강조가 그들의 마음을 열도록 도와준다. 화목이란 십자가 위에서 완성하신 그리스도의 속죄를 통해서 그리스도께서 하나님과의 평화를 친히 회복하셨다는 바로 그 교리이다. 더욱 분명하게 말하면, 우리들이 이제는 더 이상 하나님의 원수들이 아니라는 뜻이다.

사람들은 모두가 옳은 것들을 행하려고 애쓰고 있다. 그렇게 해서 그들은 하나님과 평화를 소유할 수 있다고 생각한다. 그러나 문제는 우리가 하나님과 완전한 평화를 전혀 성취할 수 없다는 사실이다. 우리는 매일 이 세상에서 죄를 짓고 살아간다. 그리고 그런 죄들은 우리 자신이 하나님께로부터 분리되었다는 것을 생각나게 해준다.

사도 바울은 고린도교회 성도들에게 보낸 편지에서 이렇게 화목의 교리를 제시해 주었다. "**이 모든 것이** 하나님께로서 났으며 그가 그리스도로 말미암아 우리를 자기와 화목하게 하시고 또 우리에게 화목하게 하는 직분을 주셨으니 곧 하나님께서 그리스도 안에서 계시사 세상을 자기와 화목하게 하시며 그들의 죄를 그들에게 돌리지 아니하시고 화목하게 하는 말씀을 우리에게 부탁하셨느니라"(고후 5:18-19).

우리는 불교인들과 함께 Any-3을 나누며 실천할 때, "하나님과의 화목을 얻기 위하여 당신은 무엇을 행하고 계신가요?"라고 질문함으로써, 하나님께로부터 잃어버려진 상태에 있는 자기 자신을 발견하도록 도와 줄 수 있을 것이다. 그 부문은 그들에게 이렇게 물음으로써 매듭

질 수 있다. "당신은 현재 하나님과 화목하게 된 것을 확신하십니까?" "언제 그 일이 일어날 수 있나요?" "당신이 죽을 때, 지금도 열망하고 있는 하나님과의 평화와 하나됨을 성취할 수 있을까요?"

여느 때처럼, 바로 이 지점에서 증인은 "내가 믿는 것은 완전히 다릅니다!"라고 말해 줌으로써 이제 복음을 직접 접촉할 수 있도록 분위기를 바꿀 수 있다. 그 다음 이렇게 말해 주어라. "나는 지금 하나님과 화목한 상태에 있다는 사실을 확실히 알고 있어요. 그 이유는 내가 단지 착한 사람이 되려고 노력하고 있기 때문이 아닙니다. 하나님께서 이미 인류와 화목을 친히 이루어 놓으셨기 때문에 내가 지금 하나님과 화목을 누리게 되는 것이지요!"

아담과 하와가 하나님의 명령을 불순종하고 선악을 알게 하는 나무에서 그 실과를 따먹었기 때문에, 그들은 하나님께로부터 소외(疏外)되었다; 하나님과 그들의 관계가 깨어져 버렸다. 그 결과 그들은 하나님을 사랑함으로써 에덴동산에서 하나님과 함께 걷고 함께 대화하는 즐거움을 더 이상 누릴 수 없게 되었다. 그 대신, 그들은 자신들의 죄를 계속 숨기는 것을 택하게 되었다. 그럼에도 불구하고 하나님께서는 당신이 창조하셨던 남자와 여자와 더불어 화목하게 되시기를 원하셨다. 그래서 하나님께서는 "너희가 어디 있느냐?"라고 질문하시며, 그들을 불러 내셨던 것이다. 하나님께서는 지금도 당신의 창조와 함께 화목된 관계를 열망하고 계신다.

그런 다음, 당신은 **처음과 마지막 희생 이야기**를 하나의 복음제시로써 나눌 수 있다. 비록 불교인들이 일반적으로 피의 희생 제물에 대한 관념을 몹시 싫어한다고 할지라도, 그것은 바로 우리들의 죄악과 화목을 위하여 가장 위대한 값을 완전히 지불해 버리신 사실임을 강조한다. 우리가 그리스도의 자기희생에 대해서 말할 때, 우리는 그분의 말씀, "다 이루었도다(It is finished)!"를 강조할 수도 있을 것이다. 진실로 그리스도는 마지막 희생 제물이시다! 그런 까닭에 한사람의 불교인을 위해서도, 그것은 참으로 기쁜 소식임에 틀림없다!

당신이 복음을 전달하려고 하는 대상이 어떤 민족 집단이든지 혹은 어떤 세계관을 가지고 있든지, Any-3의 다섯 발걸음은 당신에게 처음 접촉으로부터 마지막 그리스도까지 정말 신뢰할 만한 성경적인 길을 마련해 줄 수 있다. 복음이 예수님 당시의 다원적인 세계관들을 꿰뚫어버렸던 바로 그 복음과 마찬가지로, 오늘날도 역시 복음은 모든 남성과 여성들의 마음을 통찰해 말씀하실 수가 있다.

유교인들
부록 D 참조 (역자주)

"천국(HEAVEN)으로 가십시오!"
예수님께서는, 부활 이후 서로 다른 다섯 번의 나타남의 시간을 통해서, 적어도 다섯 번씩이나 그분의 위대한 위임 명령을 주셨다. 각 시간마다 예수께서는 서로 다른 것을 강조하셨다.

마태복음 28장 18-20절에서는, 예수께서 제자도의 과정에 대해서 1) 가서 2)세례를 주고 3)가르치라고 말씀하셨다. 마가복음 16장 15-16절과 사도행전 1장 8절에서는, 예수께서 그것의 관대한 범주를 강조하셨다. 그 복음은 모든 사람을 위하여 존재하며, 또한 세례는 모든 신자를 위해 존재한다. 누가복음 24장 44-47절에서는 예수께서 십자가에 못 박혀 죽으셨고 다시 살아나신 메시아에 대한 메시지를 제시해 주셨다.

예수님의 위대한 위임명령에 대한 요한의 보고는 우리를 특별하게 도전하고 있다. "예수께서 또 이르시되 '너희에게 평강이 있을 지어다 아버지께서 나를 보내신 것 같이 나도 너희를 보내노라'(요 20:21),는 말씀을 하시고 그들을 향하여 숨을 내쉬며 이르시되 '성령을 받으라'" 예수님의 제자들은 그분의 발아래 있어야만 했고, 그분의 목소리는 구원을 선포해야만 했다. 성령께서는 제자들을 앞서 가시며 그들을 충만하게 하셨고, 그리하여 그들과 나란히 역사하셨다.

예수님의 그 다음 말씀은 오늘날 우리들을 놀라게 만든다. 예수께서 이르시되, "너희가 누구의 죄든지 사하면 사하여질 것이요 누구의 죄든지 그대로 두면 그대로 있으리라"(요 20:23). 예수께서 "죄의 용서함이 너희 손 안에 있다!"고 말씀하셨다. 그렇다면 그리스도의 제자로서, 우리가 복음을 나누려하거나 그렇지 않을 때, 우리는 사실상 죄용서함을 제공하거나 그렇지 않거나를 선택하고 있는 것이다. 분명하게 말하면, 용서함이란 하나님에 의해 매수되어졌으나 한 잃어버려진 영혼이 예수님께 나아가 "예"라고 말씀드릴 때(요 3:18, 36) 주어진다.

15. 시작하라!

하지만 그리스도께서 죄에 대한 용서함의 제공을 선포하는 그 권위와 책임을 주신 것은 바로 복음을 짊어지고 가는 자들인 우리들에게만 해당된다.

더욱 살벌하게 말한다면, 우리가 복음을 보류하거나 억제하는 것은 누군가에게 "지옥에나 가버려라!"로 말하고 있는 것이다. 그러나 우리가 누군가에게 복음을 나누는 것은 "그리스도의 희생 제물을 믿으십시오. 그래서 당신의 모든 죄를 용서받으세요! 꼭 그렇게 믿으세요! 그리고 천국가세요!"라고 말하고 있는 것이다.

바울은 바로 이 책임의 중차대함을 깨닫고 있었다. 에베소에서 그의 사역의 마지막에 이렇게 말했다.

"내가 달려갈 길과 주 예수께 받은 사명 곧 하나님의 은혜의 복음을 증언하는 일을 마치려 함에는 나의 생명조차 조금도 귀한 것으로 여기지 아니하노라 보라 내가 여러분 중에 왕래하며 하나님의 나라를 전파하였으나 이제는 여러분이 다 내 얼굴을 다시 보지 못할 줄 아노라 그러므로 오늘 여러분에게 증언하거니와 모든 사람의 피에 대하여 내가 깨끗하니"(행 20:24-26)

바울은 자신이 복음을 이미 증언했기 때문에 더욱 깨끗한 양심을 가지고 에베소에서의 그의 사역을 뒤로하고 떠날 수가 있었던 것이다(24절). 이것이 모든 복음 사역자들의 유일한 목표가 되어야 한다.

우리의 아시아 국가에서, 파티마(Fatima)라는 한 나이 많이 드신 여성은 그녀의 임박한 죽음의 공포에 사로잡힌 채 몹시 고통가운데 괴로워하고 있었다. 그런데, 마침 그날 그 시간에, Any-3를 사용하는 자원 봉사자 한 사람이 파티마 할머니에게 복음을 나누어 주었다. 파티마 할머니는 평생 그런 복음을 들어본 적이 없었지만, 그 복음은 그 여인이 평생 찾아왔었던 그것이었다. 파티마 할머니는 그 메시지를 믿게 되었으며, 즉시로 그리스도를 영접했다. 파티마 할머니는 기쁘게 그녀의 손뼉을 치기 시작하면서 이렇게 말했다. "나는 이제 갈 준비가 되어 있어요!"

도전하라 그리고 시작하라

그리스도 안에서의 죄 용서에 대한 이 기쁜 소식은 "성도에게 단번에 주신 믿음의 도"(유 1:3하)이며, 바로 "이 복음은 믿는 모든 자에게 구원을 주시는 하나님의 능력이 됨이라"(롬 1:16)이다. 초대 교회를 통해서 흘러 온 이 복음의 능력은 Any-3가 오늘날 효력이 있는 유일한 이유이다. 하나님에 의해서 명령되어지고, 그리스도에 의해서 매입(買入)되어지고, 성령에 의해서 생명력이 부여된 가장 단순하고 전혀 시간에 구애받지 않는 Any-3를 통해 제시되는 바로 그 기쁜 소식이 당신 자신의 사역 속에서 풀어져서 자유하게 하라!

Any-3의 원리와 유형은 결코 새로운 것이 아니지만 항상 새롭다. 2000년 전, 그리스도에 의해서 모범이 되어지고, 위임이 되어졌으나, 오늘날 역시 누구든지, 어디든지, 언제든지 여전히 말씀하고 계시는 유일한 방법인 동시에 동일한 메시지이다.

부록

부록 A: 구약의 희생제물과 양육을 위한 이야기들
부록 B: Any-3를 위한 예화들
부록 C: 하나님의 은혜의 수단과 세례의 효력과 집례자의 자격
부록 D: 유교(儒敎) [귀신(鬼神)과 제사(祭祀)]
부록 E: 복음전도(福音傳道) 선언문(宣言文)

부록 A
구약의 희생제물과 양육을 위한 이야기들[29]

가인과 아벨의 이야기

아담과 하와가 에덴의 낙원으로부터 추방된 이후, 두 아들, 가인과 아벨을 낳게 되었다. 가인은 농부가 되었고, 아벨은 목자가 되었다. 어느 날 두 사람 모두 하나님께 희생제물을 가지고 왔다. 가인은 들판으로부터 생산된 것을, 반면에 아벨은 그의 가축들로부터 한 짐승을 각각 희생 제물로 드렸다. 하나님은 아벨의 희생제물을 기쁘게 받으셨지만, 가인의 제물은 받지 않으셨다. 가인은 자기 동생을 시기하게 되었다. 비록 하나님께서 가인에게 회개하도록 경고하셨을지라도, 그는 동생 아벨을 죽였다. 하나님은 가인에게 형벌을 내리셨다. 이와는 정반대로, 아벨은 하나님께로부터 의롭다함을 인정받고, 영원한 생명을 유업으로 받았다(히 11:4).[30]

노아의 이야기

이 세상이 죄악으로 가득차게 되었다. 오직 노아만이 하나님에 의해서 의로운 사람이라 여겨졌다. 하나님은 이 세상을 홍수로 멸망시키려고 결심하셨다. 오직 노아와 그의 가족들과 각종 동물들로부터 소수만이 그 멸망으로부터 구원을 받게 되었다.

이전에는 이 땅 위에 비가 전혀 온 적이 없었을지라도, 오직 믿음으로 노아는 하나님의 명령에 순종하여 방주를 지었다. 하나님께서는 노아와 그의 가족들에게 동물들과 함께 방주 속으로 들어가라고 명령하셨으며, 그런 뒤 하나님께서는 방주의 문을 닫으셨다. 40일 낮과 밤 동안, 홍수가 온 땅 위를 뒤덮어 버렸으나, 하나님께서는 그 방주 안에 있는 노아의 가족들을 보호하셨다. 그러나, 방주 안으로 들어가지 않았던 모든 인간들과 동물들은 멸망을 당했다.

홍수가 서서히 빠져나가 수위가 낮아졌을 때, 방주는 아라랏(Ararat)산 위에 머물게 되었다. 바로 그 때, 노아는 제단을 쌓고, 방주 위에 있었던 동물들로부터 희생제물을 하나님께 드렸다. 비록 노아와 그의 가족들이 방주에 들어감으로써 당대의 심판으로부터 건짐을 받았을지라도, 그들은 여전히 자신들의 죄악들을 위한 대체물(代替物)[31]을 필요로 했다. 하나님께서 그 희생제물의 향기를 맡으셨을 때, 하나님은 홍수로 심판했었던 것처럼, 다시는 홍수로 이 땅 위에 있는 모든 살아있는 생명체들을 멸망시키지 않기로 약속하셨다. 하나님은 그 징표로써 무지개를 주셨다.

아브라함의 이야기

아브라함은 믿음과 순종으로 자신의 인생을 살았다. 하나님은 아브라함에게 수많은 열방 나라들의 아버지가 될 것이라고 약속하셨다(창 17:4). 그러나 아브라함과 그의 아내 사라는 나이 들어 늙게 되었으나, 아직 아무런 자식이 없었다. 그렇기는 하지만, 하나님은 다시 아브라함에게 그의 아내, 사라를 통하여 아들을 주시기로 약속하셨다.

때때로 아브라함의 믿음이 요동쳤을지라도, 하나님은 그와 아내에게 그의 인생 훗날에 아들을 주셨다. 그리고 나서 여러 해가 지나서, 돌연 하나님께서는 아브라함에게 그의 아들을 희생 제물로 드리라고 말씀하셨다! 아브라함은 하나님께서 희생 제물을 친히 준비하실 것이라고 믿으면서, 하나님께서 말씀하신대로 순종하여 그의 아들을 드렸다. 그가 칼을 들어 자기 아들을 막 죽이려고 하는 그 순간에 주의 천사가 그를 가로막아 멈춰 서게 했다. 하나님은 희생제물을 위하여 어린 양 한 마리를 준비하여 주셨다. 오직 하나님만이 가장 적합한 희생제물을 준비하여 주실 수가 있다.[32]

모세의 이야기: 유월절(Passover)

아브라함의 손자, 야곱의 후손들이 이집트에 정착하게 되었다. 그들의 인구 숫자가 급격히 증가하기 시작하자, 이집트 사람들은 그들을 노예로 삼아버렸다. 하나님께서는 이들의 자유를 위하여 이집트의 왕 바로(Pharaoh)에게 모세(Moses)를 보내셨다. 바로가 하나님의 요구를 거절할 때 마다, 하나님은 이집트 전역에 형벌로써 재앙들을 보내셨다. 이런 재앙이 열 번에 걸쳐 발생했다.

마지막 형벌은 하나님께서 그 땅 전역에 있는 모든 가정의 장자들과 가축의 첫 새끼들을 죽이는 것이었다. 그런데 이 재앙을 피할 수 있는 유일한 길이 있었다.

오직 하나님의 요구를 순종하는 사람들만이 구원을 받을 수가 있었다. 하나님은 아브라함의 자손들에게 흠없는 어린 양을 희생 제물로 삼고, 그들의 각 집 문설주와 인방에 그 어린 양의 피를 바르도록 명령하셨다. 각 가정의 맏아들과 첫 새끼들이 죽자, 이집트의 전 영토에 걸쳐서 통곡의 바다를 이루었다. 하나님께서는 한 마리 어린 양을 희생 제물로 드렸던 사람들에게 긍휼을 베푸셔서 넘어 가셨고, 그 결과 그들은 구원을 받았다. 이런 최종적 형벌과 함께 바로는 이스라엘 백성을 이집트로부터 자유롭게 나가도록 허락하였다.[33]

모세의 이야기: 율법(Law)

이집트에서의 노예생활로부터 아브라함의 후손들을 건져내신 이후, 하나님께서는 모세를 시내산 정상으로 부르셨다. 그곳에서 하나님은 모세에게 율법을 주셨다. 그 율법은 십계명에 기초한 다른 수백 개의 명령들과 함께 열 개의 주요 명령들을 내포했다.

율법의 목적은 하나님께서 거룩하시기 때문에, 하나님의 백성들이 거룩한 삶을 살아가도록 하기 위한 것이었다. 그러나 그의 백성들은 계명들을 순종하기보다 오히려 계명들을 자주 깨뜨렸다. 심판은 항상 하나님의 명령들에 대한 불순종으로부터 기인했다.

백성들이 하나님의 율법들을 깨뜨렸을 때, 그들이 용서를 받기 위하여 무엇을 행하여만 했었는가? 율법에서는 죄악들이 용서받기 위해서 피의 희생 제물들이 바로 그 대가(代價)라고 규정하고 있다. 한 사람이 어떤 흠 없는 희생제물인 동물을 가져와서, 그 사람의 죄가 그 동물에게로 옮겨지고 있는 것을 보여주면서, 자기 손을 그 동물의 머리 위에 안수했다. 그런 다음, 죄의 삯은 사망인 것을 입증해 보여 주면서, 그 동물은 죽임을 당했다. 제사장은 그 때, 동물의 피 중 얼마를 제단에 뿌려서, 그 사람의 죄가 속죄(贖罪)되도록 하였다. 오직 하나님만이 사람의 죄악들을 속죄할 수 있는 방법을 결정할 수 있으며, 오직 그분만이 **속죄(贖罪)의 유일한 길로써 피의 희생 제물**을 마련하실 수 있다.[34]

부록 B
Any-3를 위한 예화들

Any-3의 몇 가지 요점을 명백히 해주는데 도움을 주기 위해서 당신의 공구 상자 속에 두고 사용할 수 있는 간략한 예화들이 있습니다.

인간의 노력으로는 결코 죄를 용서[대체(代替)]할 수 없습니다!

사람들은 종종 착한 일들을 행함으로써 거룩하게 되려고 애를 써보지만, 그들은 결코 끝까지 하나님께로 도달 할 수 없다는 것을 설명해 주는 것이 무엇보다 Any-3의 과정에서 도움을 줍니다. 사람들은 끊임없이 지속적으로 실패하고 있습니다. 예를 들면, 나는 눈높이까지 한 손을 듭니다. 나의 다른 한 손은 허리 높이까지 둡니다. 나는 하나님은 거룩하시고, 우리들은 하나님과 같이 거룩하게 되기 위해 노력한다고 설명합니다. 우리는 자주 선한 일들을 행하거나 혹은 거룩하게 되려고 예배 의식들의 참석을 시도하며 잠시 동안은 성공하는 것 같아 보이지만, 우리는 다시 실패한다는 것을 보여주면서, "우리는 이렇게 올라갑니다, 그런 다음 추락하고 맙니다. 다시 올라갑니다. 그런 다음 또 다시 추락하고 맙니다. 우리는 결코 정상까지는 도달할 수 없습니다. 우리의 어떤 종교적인 노력도 결코 우리의 죄를 충분히 용서할 수 없기 때문에 좌절하게 될 수밖에 없습니다."

* 꾸란에도 동정심 많고 자비로운 알라가 죄를 용서해 준다는 약속들이 되풀이 해서 나온다. 그러나 이런 약속들은 모두 공적을 지니고 있는 사람에게만 주어진 것으로써, 그들의 공적은 알라의 저울에 의해 측량될 뿐이다. 그러나 성경의 복음은 받을 자격이 없는 자들에게 주어지는 자비의 기쁜 소식이다. 그런 까닭에 예수의 종교의 상징은 저울이 아니라 십자가인 것이다. (역자주)

죄는 마치 빚과 같습니다!

우리가 어떤 사람에게 "당신의 죄는 언제 용서받을 수 있나요?"라고 질문할 때, '잃어버린 자신을 보게 하라!'는 부분에서, 우리는 가끔씩 이런 예화를 사용합니다.

"우리의 죄는 마치 빚과 같습니다. 우리는 매시간 죄를 지어서, 우리의 빚은 점점 커져만 갑니다. 우리가 처음 돈을 빌렸을 때, 얼마만큼의 빚을 졌으며, 언제 그 빚을 다 갚게 될지에 대해서 대략 알고 있습니다. 동일한 방식으로, 우리는 죄에 대해서 우리의 착한 행위들로 그 빚을 갚아보려고 애를 씁니다. 만일 당신이 지금 갚아 가고 있는 방식으로 계속 갚아 나간다면, 언제쯤 당신의 모든 죄를 용서받을 수가 있을까요?"

참고로, 그 사람은 그것에 대한 대답을 거의 하지 못합니다. 하지만 그는 자기가 지은 모든 죄들을 완전히 갚게 될 때가 언제인지 알지 못한다는 사실을 인정할 수밖에 없을 것입니다.

오토바이(Motorcycle) 예화

Any-3를 수행할 때, 우리는 가끔씩 사람들이 이렇게 말하는 것을 듣습니다. "하나님께서는 자비로우시기 때문에, 나의 모든 죄들을 용서하실 것이라고 생각합니다!" 처음과 마지막 희생 이야기"를 들은 직후에도, 사람들은 여전히 이런 방식으로 응답합니다. 하나님께서는 그 대화를 바른 길로 자리잡기 위해서 전도자를 통해 다음의 예화를 사용하셨습니다.

"어떤 사람이 오토바이 한 대를 사고 싶어 한다고 가정해 봅시다.[35] 그 사람은 보통 은행에 매달마다 얼마만큼의 액수를 갚을 것이라는 지불 계획을 세우게 됩니다. 내가 이런 방식으로 오토바이 한 대를 구입했다고 합시다. 그러나 첫째 달의 지불 액수를 내야만 할 시점이 왔을 때, 나는 충분한 돈을 갖고 있지 못했습니다. 나는 이런 위기상황에서 벗어날 수 있는 방법을 찾으려고 시도했습니다. 나는 내 가족을 먹이기 위해서 사육하고 있던 닭 다섯 마리를 모아가지고, 그 은행으로 가져갔습니다. 그 은행에서 돌아다니는 다섯 마리 닭들을 상상해 보시길 바랍니다. 사람들은 마치 내가 이상한 사람인 것처럼, 또는 재정적으로 곤란한 사람인 것처럼 나를 지켜보고 있습니다. 최종적으로, 은행 출납원이 내 번호를 불러서, 그 닭들을 가지고 계산대로 다 가선 다음, 그 위에다 그 닭들을 올려놓았습니다. 그 은행원은 오토바이를 위한 지불방식으로 내 닭들을 받아 줄까요? 물론 아니겠지요, 그 은행원은 웃으면서, "선생님, 맨 정신이세요? 왜 이러시는지요?"라고 말할 것입니다. 왜냐하면 지불을 위한 상호 협약은 닭이 아니라 돈이었기 때문입니다. 이것은 바로 하나님께도 같은 이야기가 되는 것입니다. 하나님께서는 죄는 오직 피흘림을 통해서만 갚을 수 있다고 인류와 협약을 하셨던 것입니다. 그런 까닭에 예수께서는 사람들의 모든 죄들을 용서받을 수 있도록 최종적이고 유일한 방법으로써 자신의 피를 흘려주셨던 것입니다."

천국 안에는 어떤 자랑하는 사람도 없습니다!

무슬림들에게 복음을 증언하려고 할 때, 두 가지 시나리오가 자주 일어납니다. 1) 만일 우리의 죄들이 이미 용서받았다는 것을 알 수 있다면, 그것 때문에 회심 후에도 의도적으로 죄를 지을 것이라고 때때로 주장하곤 합니다. 2)그들은 그들의 선행 때문에 천국에 들어갈 것이라는 주장을 지속적으로 주장하기도 합니다. 어떤 시나리오의 경우이든 다음의 예화가 도움이 되는 것으로 검증되어 왔습니다. 그것은 로마서 4장 2절의 원리를 확인해 줍니다. 즉 우리가 우리의 행위에 의해서 의롭다함을 받을 수 있다면, 우리를 대신한 그리스도께서 이루신 구속 사역보다 오히려 우리 자신의 성취에 대해서 더욱 자랑스럽게 여길 수 있을 것입니다.

나는 착한 사람입니다. 그래서 나의 선행들 때문에 천국에 들어갔다고 상상해 봅시다. 나는 아마도 내 자신을 스스로 몹시 자랑스러워 할 것입니다. 정말 그렇지 않겠습니까? 바로 이것은 사람들이 어떤 존재인가를 잘 보여줍니다. 우리가 우리의 역량 때문에 성공했다면, 우리는 긍지감을 갖게 되며 그것에 관해서 자랑합니다. 그러나 천국에서는 교만한 사람이 단 한 사람도 없습니다. 그곳에서 그 어떤 사람이 감히 교만한 마음을 갖겠습니까? 실제로, 천국에서 자랑스러워 할 수 있는 유일한 분이 있다면, 그 분은 바로 하나님이실 것입니다. 왜냐하면 바로 그분이 우리의 죄들을 용서할 수 있는 한 길을 마련하셨기 때문입니다. 하늘에서는 예수님을 영접한 사람들이 겸손하게 될 것입니다. 왜냐하면 우리의 착한 행실 때문이 아니라 그리스도가 희생제물이 되셨기 때문에 우리가 그곳에 존재하게 되었음을 깨닫게 되기 때문입니다.

돼지고기(Pork) 예화[36]

얼마의 Any-3 실천자들이 무슬림들과 더불어 효과있게 사용해 온

한 가지 예화가 바로 돼지고기 예화입니다. 이 예화의 요점은 모든 사람들이 죄인이며 그들의 죄악이 많든지 적든지 상관없이, 우리 모두는 하나님으로부터 분리되어 있는 것입니다.
예화는 다음과 같습니다.

모세와 이슬람의 율법은 돼지고지 먹는 것을 모두 금지하고 있습니다. 제가 당신에게 돼지고기 요리를 담은 그릇을 드린다고 상상해봅시다. 당신은 그것을 먹는 것을 허락하시겠습니까? 아니면 거부하시겠습니까? 대부분의 무슬림들은 자연스럽게 이렇게 대답할 것입니다. "절대로 안 됩니다! 나는 그것을 먹도록 허락되지 않았습니다!"

"오직 나만이 그 그릇 속에 있는 아주 작은 돼지고기 조각을 주문한다고 상상해 보시길 바랍니다. 그런 다음 나는 그 돼지고기 조각을 쌀밥과 채소로 덮어서 그것을 더 이상 안보이게 만들었습니다. 당신은 그 그릇의 내용물들을 먹도록 허락받았습니까?"

부록 C

하나님의 은혜의 수단과 세례의 효력과 집례자의 자격

은혜의 수단은 하나님께서 죄인에게 은혜를 베푸시는 수단인데, 그것은 1)말씀과 2)성례와 3)기도 등이다. 웨스트민스터 소요리문답 88문답, "그리스도께서 우리에게 구속의 은택들을 전달하시는 일반적 외적 수단은 그의 규례들, 특히 말씀과 성례와 기도인데, 그 모두가 선택된 자들에게 구원을 위해 효력이 있습니다."

은혜의 수단에 대한 여러 견해들;
은혜의 수단의 역할에 대하여 역사상 여러 견해가 있었다.

1) 로마 천주교회는 말씀과 성례를 은혜의 수단으로 제시하나 성례를 더 강조하며 교회 자체를 은혜의 중요한 수단이라고 주장한다. 특히,

하나님의 구원적 은혜가 성례에 객관적으로 들어 있으며, 성례는 '행해진 행위에 의해' 하나님의 구원적 은혜를 전달한다고 본다.

2) 루터파는 하나님의 말씀을 성례보다 강조하며 성례가 가견적 말씀으로써 말씀을 떠나서는 무의미하다고 보지만, 하나님의 은혜가 말씀이나 성례에 들어 있다고 생각한다. 즉 하나님의 말씀과 성례 자체에 효력이 있다고 보는 것이다.

3) 신비주의는 은혜의 수단이 자연세계에 속하는 것이므로 영적 효력과 결실을 가져오지 못하며, 하나님의 은혜는 그런 수단에 얽매이지 않는다고 본다. 따라서 신비주의는 은혜의 수단을 무시한다.

4) 이성주의는 은혜의 수단을 성령의 초자연적 활동의 도구로 보지 않고 단지 도덕적 설득의 도구 정도로 본다.

그러나 5) 개혁교회는 은혜의 수단이 그 자체 안에 하나님의 능력이 있는 것은 아니나 하나님의 은혜를 전달하는 도구가 된다고 이해한다. 따라서 은혜의 수단은 비록 미신적으로 취급되어서는 안되지만, 존중히 여겨지고 사모하는 마음으로 사용되어야 한다고 본다. 그것은 구원받은 성도들에게 성화의 중요한 수단이라고 본다.

신약성경은 오직 두 가지의 성례만 가르친다. 그것은 1)세례와 2)성찬이다. 이것들은 구약의 1)할례와 2)유월절 제사에서 각각 같은 영적 의미를 가졌던 규례들이다.

골로새서 2:11-12: "그 안에서 너희가 손으로 하지 아니한 할례를 받았으니 곧 육적 몸을 벗는 것이요 그리스도의 할례니라. 너희가 세례로 그리스도와 함께 장사되고."
마태복음 26:19: "제자들이 예수께서 시키신 대로 하여 유월절을 준비하였더라."
고린도전서 11:23-24: "내가 너희에게 전한 것은 주께 받은 것이니 곧 주 예수께서 잡히시던 밤에 떡을 가지사 축사하시고 떼어 이르시되 이것은 너희를 위하는 내 몸이니 이것을 행하여 나를 기념하라 하시고."
고린도전서 5:7: "우리의 유월절 양 곧 그리스도께서 희생되셨느니라."

천주교회에서는 일곱 가지 성례들을 말하지만, 세례와 성찬 외에 어느 것도 그리스도에 의해 직접 제정되지 않았고, 또한 신품과 혼배는 성경에 언급된 규례이지만, 은혜언약의 상징인 성례에 포함될 수 없다. 성례는 1)바른 재료와 2)바른 형식과 3)바른 의도를 가질 때 바르게 시행된다. 세례의 경우, 1)바른 재료는 물이요, 2)바른 형식은 아버지와 아들과 성령의 이름으로 세례를 주는 것이요, 3)바른 의도는 세례 주는 자가 세례 받는 자를 예수 그리스도의 교회 안으로 인도하려는 마음을 가지는 것과, 세례 받는 자가 주 예수 그리스도를 믿고 그에게 순종하고자 하는 마음을 가지는 것이다.
성례의 효력은 성례 자체에 있는 것이 아니고 그것과 함께 역사하시는 성령의 활동에 있다. 웨스트민스터 신앙고백 27:3, "바르게 사용된 성례들에서 혹은 그것들에 의해 표시되는 은혜는 성례들 안에 있는 어떤 힘에 의해 주어지는 것이 아니며, 또 성례의 효력은 그것을 집

행하는 자의 경건이나 의도에 달려 있지 않고 오직 성령의 활동과 성례 제정의 말씀에 달려 있다. 그 말씀은 그것의 사용에 대해 권위를 주는 명령과 함께, 그것들을 합당하게 받는 자들에 대한 은택의 약속을 포함한다."

성례 집례자의 자격에 관하여는, 성례가 복음 진리의 엄숙한 유형적 제시이므로 하나님의 말씀의 전파와 수호의 책임을 정당하게 맡은 사역자들에 의해서만 집행되어야 합당하다. 웨스트민스터 신앙고백 27:4, "(세례와 성찬) 그 어느 것도 합법적으로 임직된 말씀의 사역자 외에 누구에 의해서도 거행될 수 없다."

세례란 무엇인가?

세례는 주 예수 그리스도께서 친히 명하시고 제정하신 성례이다. 마태복음 28:19, "그러므로 너희는 가서 모든 민족을 제자로 삼아 아버지와 아들과 성령의 이름으로 세례를 베풀고." 그러므로 이 규례를 고의적으로 무시하는 것은 큰 죄가 된다. 웨스트민스터 신앙고백 28: 5, "비록 이 규례를 멸시하거나 소홀히 여기는 것은 큰 죄이지만."

세례의 의미는 무엇인가?

세례의 의미는 무엇인가? 웨스트민스터 소요리문답 94문답, "세례는 성례인데, 이 의식에서 아버지와 아들과 성령의 이름으로 물로 씻는 것은 우리가 그리스도께 접붙임 됨과 은혜언약의 혜택들에 참여함과 또 주의 것이 된다는 우리의 약속을 표시하고 확증하는 것입니다." 세례의 의미는 네 가지로 요약된다.

첫째로, 세례는 신자의 죄 씻음을 상징하고 확증한다. 이것은 세례의 기본적인 의미이다.

사도행전 2:38: "너희가 회개하여 각각 예수 그리스도의 이름으로 세례를 받고 죄 사함을 받으라." 사도행전 22:16: "일어나 주의 이름을 불러 세례를 받고 너의 죄를 씻으라."

에베소서 5:26: "물로 씻어 말씀으로 깨끗하게 하사 거룩하게 하시고."

히브리서 10:22: "우리가 마음에 뿌림을 받아 악한 양심으로부터 벗어나고 몸은 맑은 물로 씻음을 받았으니."

에스겔 36:25: "맑은 물을 너희에게 뿌려서 너희로 정결하게 하되." 물은 씻음 곧 죄 씻음을 상징한다.

둘째로, 세례는 신자와 그리스도의 영적 연합을 상징하며 확증한다.

마태복음 28:19: "아버지와 아들과 성령의 이름으로('안으로,' 에이스) 세례를 주어라."

사도행전 8:16: "주 예수의 이름으로[안으로] 세례를 받으니."

사도행전 19:5도 같음. '안으로'(에이스)라는 말은 연합의 의미를 가진다.

셋째로, 세례는 신자가 은혜언약의 혜택들을 누림을 상징하고 확증한다. 은혜언약의 혜택들이란 중생, 영적 부활, 영생, 양자됨 등을 가리킨다.

로마서 6:3: "무릇 그리스도 예수와 합하여(에이스, '안으로') 세례를 받은 우리는 그의 죽으심과 합하여(에이스) 세례 받은 줄을 알지 못하느냐?"

갈라디아서 3:27: "누구든지 그리스도와 합하기 위하여(에이스) 세례를 받은 자는 그리스도로 옷 입었느니라."

넷째로, 세례는 신자가 하나님의 백성이 되는 공적 신앙고백이다. 그러므로 세례는 유형교회의 회원이 되는 기본적 절차이다. 세례교인만 교회의 정회원이다.

마태복음 28:19: "모든 민족을 제자로 삼아 아버지와 아들과 성령의 이름으로 세례를 베풀고."

사도행전 2:41: "그 말을 받은 사람들은 세례를 받으매 이 날에 신도의 수가 삼천이나 더하더라."

세례의 방식은 무엇인가?

세례의 정당한 방식은 무엇인가? 교회 역사상 일반적으로 인정된 세례의 방식들은 세례받는 자의 머리에 물을 뿌리거나 붓거나 혹은 그를 물속에 담그는 것이다. 침례교회는 침수(浸水), 즉 물속에 담그는 것만 세례의 정당한 방식이라고 주장한다. 그들이 그렇게 주장하는 이유는, ①원어에서 '세례준다'는 말(밥티죠)이 '물에 담근다'는 의미이며, ②물속에 담그는 것만 세례의 근본적 의미인 죽음과 부활의 상징을 표현하기 때문이라고 한다.

그러나, 성경은 세례의 방식에 대해 명확히 말하지 않는다. 더욱이 다음 네 가지의 사실들을 고려할 때 침수만을 고집하는 침례교회의 입장은 정당하지 못하다고 본다.

첫째로, 신약성경에 '세례준다'는 헬라어(밥티죠)는 일차적으로 '물에 담그는 것'을 의미한다고 보지만 반드시 그것만 의미하지는 않는다. 그것은 1)'물에 담근다'는 뜻 외에 2)'깨끗케 한다,' 3)'씻는다' 등의 뜻도 있다. 신약성경에서 예를 들면,

마가복음 7:4: "시장에서 돌아와서도 물을 뿌리지(밥티죠, '씻지') 않고서는 먹지 아니하며 . . . 잔과 주발과 놋그릇을 씻음이러라(밥티죠)."
히브리서 9:10: "여러 가지 씻는 것(밥티스모이스)."

둘째로, 신약성경에서 세례의 예들은 세례가 물에 담그는 방식이었음을 증거하지 않는다.

마태복음 3:16: "예수께서 세례를 받으시고 곧 물에서 올라오실새." 이것은 단지 예수께서 세례를 받으시기 위해 요단강에 내려가셨음을 증명할 뿐이다.

사도행전 8:38-39: "빌립과 내시가 둘 다 물에 내려가 빌립이 세례를 베풀고 둘이 물에서 올라갈새." 또한, 오순절에 3천명이 받았던 세례(행 2:41)나 빌립보 간수의 온 가족이 밤에 받았던 세례(행 16:33)는 물에 담그는 방식이었을 가능성이 더 적다.

덧붙여, 초대교회의 관습에서도 세례가 물에 담그는 방식만이 아니었음이 분명하다. 주후 100년경의 "디다케"는 흐르는 물이나 다른 물에서 하는 세례뿐 아니라 또한 머리에 물을 세 번 붓는 방식에 대해 언급한다(7:3). 또 에드워드 로빈손은 말하기를, "아직 보전된 어떤 세례용 돌항아리는 너무 작아서 세례 지원자의 몸 전체를 담글 수 없다. 또 실상 매우 믿을 만하고 상당히 오래된 몇 개의 기념물들은 물을

붓는 세례들을 보여 주는데, 예컨대 콘스탄틴 황제의 세례의 경우 등이 그러하다"고 하였다.

셋째로, 세례의 의미는 반드시 물에 담그는 것만을 요구하지 않는다. 세례의 기본적 의미인 "죄 씻음"은 물을 붓거나 뿌림으로도 충분히 표현된다. 구약성경은 피나 물을 뿌림으로 죄를 깨끗케 함을 풍부하게 증거한다.

레위기 1:5: "제사장들은 그 피를 가져다가 회막 문 앞 제단 사방에 뿌릴 것이며."

레위기 4:6: "그 제사장이 손가락에 그 피를 찍어 여호와 앞 곧 성소의 휘장 앞에 일곱 번 뿌릴(나자아) 것이며."

에스겔 36:25: "맑은 물로 너희에게 뿌려서(자라크) 너희로 정결하게 하되."

죽음과 부활은 세례에 내포된 의미이지만 세례를 통해 예수 그리스도와 연합된 결과이다.

로마서 6:3: "무릇 그리스도 예수와 합하여 세례를 받은 우리는 그의 죽으심과 합하여 세례를 받은 줄을 알지 못하느냐?"

골로새서 2:12: "너희가 세례로 그리스도와 함께 장사되고."

따라서 세례 자체가 반드시 죽음과 부활의 상징을 나타내야 하는 것은 아니라고 본다.

넷째로, 복음의 보편적 성격은 '물에 담그는 것만 정당하다'는 주장에 반대된다. 예컨대, 1)심각한 병자들, 2)사막 지방, 3) 추운 지방의 경우들에 세례 대상자들을 물 속에 담그는 것은 부적합하다.

그러므로 우리는 일반적으로 인정되는 세례 방식 즉 물을 뿌리거나 물을 붓거나 물 속에 담그는 세례 방식들이 다 정당하다고 본다. 세례에서 중요한 것은 물이라는 상징물이지 물의 양(量)이 아니라고 본다.

세례의 대상-유아세례의 정당성

세례의 대상에 관해, 예수 그리스도를 구주와 주님으로 고백하는 신자들과 그들의 자녀들에게 세례가 베풀어져야 한다는 것은 일반적으로 인정된다. 그러나 침례교회는 유아세례가 옳지 않다고 주장한다. 침례교회가 유아세례를 반대하는 이유는, ①유아가 예수 그리스도께 대한 바른 신앙을 고백할 수 없고, ②성경에 유아세례에 대한 명확한 명령이나 예가 없기 때문이라고 한다. 이와 같이 유아세례를 거부한 것은 종교개혁 당시 재세례파(再洗禮派, Ana-baptists)에게서 볼 수 있었던 입장이었다. 재세례파는 유아세례를 부정했고 신앙을 고백하며 순종하는 신자들에게만 세례를 주고 그들만 교회의 구성원으로 간주하였다.

그러나 비록 성경에 유아세례를 베풀라는 명확한 지시가 없지만, 우리는 유아세례가 성경적으로 또 역사적으로 정당하다고 본다. 그 이유들은 다음과 같다.

첫째로, 은혜언약의 동일성 때문이다. 구약이나 신약이나 하나님의 은혜언약은 동일하다. 구약시대에는 그 표가 할례이며 신약시대에는 세례이다. 구약시대에 유아들은 언약 백성의 표로서 난 지 8일 만에 할례를 받았고(창 17:12) 모압 평지에서도 언약의 갱신 때에 참여하였다(신 29:11-12). 자식은 여호와의 주신 기업이요 태의 열매는 그의 상급이다(시 127:3).

아브라함의 언약에 나타난 하나님의 은혜는 신약 백성인 우리에게도 유효하다.

로마서 4:16: "그러므로 상속자가 되는 이것이 은혜에 속하기 위하여 믿음으로 되나니 이는 그 약속을 그 모든 후손에게 굳게 하려 하심이라. 율법에 속한 자에게 뿐만 아니라 아브라함의 믿음에 속한 자에게도 그러하니 아브라함은 모든 사람의 조상이라."

갈라디아서 3:29: "너희가 그리스도의 것이면 곧 아브라함의 자손이요 약속대로 유업을 이을 자니라."

특히, 하나님께서는 구약 아래서 믿는 가정에서 태어난 유아들을 언약 백성으로 받아들이신 후 그들을 언약 공동체에서 제외하신 적이 없기 때문에, 신약시대에도 유아들은 하나님의 언약의 백성이지 결코 이방인이 아니다. 믿는 가정에서 태어난 유아들은 하나님의 기업이요 선물이다. 사실, 신약시대는 구약시대보다 하나님의 은혜가 더 풍성히 나타난 시대이다.

요한복음 1:17: "율법은 모세로 말미암아 주신 것이요 은혜와 진리는 예수 그리스도로 말미암아 온 것이라."

둘째로, 유아들에 대한 주 예수와 사도 바울의 태도와 증거 때문이다. 주 예수께서는 신자들의 유아들을 영접하셨고 그들을 천국백성으로 여기셨다.

마가복음 10:14,16: "어린아이들이 내게 오는 것을 용납하고 금하지 말라. 하나님의 나라가 이런 자의 것이니라…어린아이들을 안고 그들 위에 안수하시고 축복하시니라."

누가복음 18:15: "사람들이…자기 어린 아기를 데리고 오매."

또 사도 바울은 신자들의 자녀들을 거룩하다고 불렀고, 교인으로 간주하여 교훈하였다.

고린도전서 7:14: "믿지 아니하는 남편이 아내로 말미암아 거룩하게 되고 믿지 아니하는 아내가 남편으로 말미암아 거룩하게 되나니 그렇지 아니하면 너희 자녀도 깨끗하지 못하니라. 그러나 이제 거룩하니라".

에베소서 6:1: "자녀들아, 주 안에서 너희 부모에게 순종하라. 이것이 옳으니라."

셋째로, 신약성경에 기록되어 있는 가정 구원의 약속과 가족 세례의 예들 때문이다.

사도행전 2:39: "이 약속은 너희와 너희 자녀와 모든 먼 데 사람 곧 주 우리 하나님이 얼마든지 부르시는 자들에게 하신 것이라."

사도행전 16:31: "주 예수를 믿으라, 그리하면 너와 네 집이 구원을 받으리라."

또 사도행전 16장에 보면, 루디아와 그 집[가족들]이 다 세례를 받았고(12-15절), 빌립보 간수와 그 가족들도 다 세례를 받았다(32-34절).

이러한 말씀들은 유아세례를 지지한다.

넷째로 그리고 부수적으로, 신약교회의 역사 때문이다. 유아세례는 신약교회의 매우 초기로부터 보편적으로 행해져 왔던 전통적 의식이었다. 사도 시대에 유대교는 이방인 가정이 유대교로 개종할 때 유아들을 포함하여 온 가족이 세례를 받고 입교하게 하였다고 하며, 이러한 풍습은 하나님의 섭리로 신약교회에 이어졌다고 보인다. 이 의식은 종교개혁 시기에 재세례파의 반대를 받기 전까지는 반대를 받은 적이 없었다.

주후 155년경, 86세로 순교한 폴리갑은 자신이 86년 간 그리스도의 종이었다고 말했고, 2세기에 순교자 저스틴은 그의 당시 60세나 70세의 남녀 그리스도인들 중 "유아 때부터 그리스도의 제자이었던" 자들이 있었다고 말했다. 또 2세기에 이레니우스는, "그리스도께서는 자신을 통해 중생하는 모든 연령의 사람, 즉 영아들과 유아들과 소년들과 청년들과 노인들을 구원하려고 오셨다"고 말했다. 이러한 말들은 유아세례의 정당성을 지지한다.

3세기에 오리겐은 "유아세례는 교회가 사도들로부터 받은 확정된 풍습이다"라고 말하였다. 주후 253년경의 카르타고 회의는 유아세례를 당연한 것으로 여기고, 유아들이 제8일 이전에 세례받을 것인가에 대해서만 토의하였고 그렇게 하기로 결정하였다.

처음 4세기 동안 오직 두 명의 교부들만 유아세례의 연기를 주장하였다. 터툴리안은 이방인 부모의 자녀들에게 베푸는 세례에 관해 말한 것이었고, 나지안저스의 그레고리는 3살 될 때까지 연기할 것을 권한 것이었다. 그러나 그 두 사람은 다 자기들의 견해에 대한 정당한 근거를 제시하지 못하였다. 주후 5세기에 어거스틴은 "유아세례의 교리가 교회 회의들에 의해 제정되지 않았으나 전세계 교회가 보편적으로 시행한다는 사실을 볼 때, 그 교리는 아마 사도들의 권위로 확정되었을 것이다"라고 말하였다.

유아의 구원 문제에 관하여는 정통 교회 안에 두 가지 견해가 있다. ①어떤 이들은 유아 시절에 죽는 모든 사람이 구원을 받을 것이라고 보았으나, ②다른 이들은 언약의 자손들이 구원받는 것은 확실하나 그 외의 경우는 불확실하다고 보았다.

유아세례에 대한 반론들

유아세례에 대한 여러 가지 반론들이 있다.

첫 번째 반론은 신약성경에 유아세례에 대한 직접적 혹은 명백한 명령이 없다는 것이다. 그러나, 유아세례에 대한 직접적 명령만 유아세례의 근거가 되는 것이 아니며 또 유아세례에 대한 언급이 없다는 것이 그것을 반대할 충분한 조건이 되는 것도 아니다. 무엇보다, 구약시대로부터 내려오는 은혜언약의 원리가 신약시대에도 그대로 적용된다는 사실이 중요하다. 하나님께서는 구약시대에 유아들을 언약 백성으로 간주하신 후 그들을 제외시키신 적이 없다. 그러므로 믿는 가정에 태어난 유아들이 언약 백성의 특권을 누려야 하지 않겠는가?

두 번째 반론은 신약성경에 유아세례에 대한 분명한 예가 없다는 것이다. 그러나 신약성경에 유아세례를 반대하거나 제외시킨 예도 없다. 신약의 역사서인 사도행전은 선교 역사의 기록이기 때문에 사도들의 선교의 활동 외에는 많은 내용이 생략되어 있다. 그러나 사도행전에 언급된 가정 세례의 예들은 당시의 유대교의 풍습을 볼 때 유아세례를 포함하였을 것이라고 보는 것이 정당하다.

세 번째 반론은 세례의 조건은 신앙고백이며 유아는 신앙을 고백할 수 없으므로 세례를 받을 수 없다는 것이다. 마가복음 16:16, "믿고 세례를 받는 사람은 구원을 얻을 것이요." 그러나 이 말씀은 성인들을 두고 하신 말씀이며 유아들을 두고 하신 말씀이 아니다. 또한 침례교인들이라 할지라도 신자의 유아들이 아직 확실한 믿음이 없기 때문에 다 구원받지 못하였고 따라서 믿는 가정 안에 있는 이방인들이요 지옥에 갈 자들이라고 보지는 않을 것이다. 우리는 유아들도 하나님의 언약 백성이라고 본다.

네 번째 반론은 유아세례와 성인세례의 근거가 다르다는 것이다. 그러나 실상 두 세례의 근거는 다르지 않다. 모든 세례의 근거는 '은혜언약'이다. 단지, 성인들은 신앙고백을 통해 은혜언약 안에 들어오지만, 유아들은 출생을 통해 은혜언약 안에 들어온다는 차이가 있을 뿐이다.

다섯 번째 반론은 유아들은 성찬식에 참여할 수 없으므로 세례받는 것이 합당치 않다는 것이다. 그러나 유아들을 성찬 참여에 제외시키는 것은 단지 성찬 참여에는 분별력이 요구되기 때문이다. 고린도전서 11:27-28, "누구든지 주의 떡이나 잔을 합당하지 않게 먹고 마시는 자는 주의 몸과 피에 대하여 죄를 짓는 것이니라. 사람이 자기를 살피고 그 후에야 이 떡을 먹고 이 잔을 마실지니."

여섯 번째 반론은 유아세례 받은 자들의 생활이 해이하다는 것이다. 그러나 유아세례를 받은 사람들의 잘못된 삶이 유아세례의 부당성을 증명하는 것은 아니다. 물론 유아세례교인들의 생활의 해이함은 교회가 더욱 일깨우고 가르쳐야 할 문제이다. 또 유아세례를 받게 한 부모들은 그들의 자녀들을 신앙 안에서 양육하는 일에 성실해야 한다. 즉 성실히 하나님의 말씀을 가르치고, 그들을 위하여 기도하고 또 그들과 함께 기도하고, 또 그들에게 경건하고 선한 인격과 삶의 모범을 보여주어야 한다.

물세례와 성령세례와 성령충만

물세례가 무엇인가? 그 뜻은 죄와 허물을 물로 씻는다는 뜻이다. 물속에 내 옛사람을 수장(水葬)한다는 뜻이다. 요즘은 교회에 나오면 6개월쯤 지나면 교회에서 물세례를 받게 한다. 교회에 따라서 약간씩 다르지만, 교회는 일 년에 한 두 차례 세례의식을 가진다. 교인들 앞에서 신앙고백을 하고 죄사함 받았다는 확신을 고백하면 세례를 받는다.

초대교회 때는 세례가 제도가 아니었다. 언제 어디서나 누구나 신앙을 고백하면 즉각 물세례를 베풀었다. 길을 가다가도 주님을 영접하면 물 있는 곳에서 세례를 집례했다. 물세례라는 말은 회개라는 말과 같이 사용되었다. 이교도가 기독교로 개종할 때, 개종이란 말과 그 의미가 같았다. 그러나 교회가 제도화되고 세례의식도 하나의 예식이 되면서 일 년에 한 두 차례 세례식을 가지지만, 원래는 그렇지 않았다. 회개, 신앙고백, 개종이라는 뜻과 세례는 같은 의미였다.

성령의 역사(세례)가 없이는 누구도 회개할 수 없다. 요한복음 16:8, "그(성령님)가 와서 죄에 대하여, 의에 대하여, 심판에 대하여 세상을 책망하시리라." 우리는 다 내가 죄인이라고 고백하는 사람들이다. 이것이 가능한 이유는 내 안에 성령이 계시기 때문이다. 죄가 무엇인지, 회개가 왜 필요한지 성령이 우리에게 깨닫게 하시는 것이다. 성령의 역사 없이는 불가능하다.

그러니까 엄밀하게 얘기하면 물세례보다 성령세례가 앞선다. 우리가 물세례를 받기 위해서는 회개해야 하는데, 회개가 가능하기 위해서는 성령이 내게 강림하셔야 한다. 내 의지로는 안 된다. 내 능력으로도 안 된다. 성령이 강림하셔야 내가 죄인이라는 사실을 고백할 수 있다.

내가 구원받기 위해서는 주님이 필요하다는 사실을 깨닫고 결단하게 하는 이가 바로 성령이다. 성령세례와 물세례는 불가분리의 관계이다. 그러므로 여건과 형편, 상황에 따라 물세례가 없을 수는 있어도 성령세례가 없을 수는 없다. 물세례는 못 받아도 천국 가는 데 지장은 없다. 그러나 예수를 믿고 천국 가는 사람 중에 성령세례를 못 받은 사람은 없다. 성령세례를 받았기 때문에 물세례를 받을 수 있다는 것이다. 물세례가 하나의 의식으로 보이지만, "성령세례 때문에" 서약하고 신앙고백을 하며, 내가 죄인이라는 사실을 깨달을 수 있었던 것이다. 그런데 이것은 아무나 할 수 있는 것이 아니다.

우리 신자들은 성령세례에 대한 확신을 가져야 한다. 성령세례에 대한 오해와 혼란이 없어야 한다. 이미 예수를 믿는 사람들은 성령세례를 다 받았기에 성령세례를 달라고 기도할 필요는 없다. 신자들 안에 성령이 계신다. 신자들은 걸어 다니는 성령의 전이요 집이다. 신자들이 깨닫지 못해 성령과 소통하고 교감하지 못했을 뿐이다. 이미 성령은 신자들 안에 계신다. 지금도 부단히 계시하고, 감동을 주시며, 깨닫게 하시고, 회개하게 하신다. 우리가 때가 많이 묻어 우리 영성으로 느끼지 못할 뿐이다. 성령은 지금도 우리에게 말씀하고 계신다. 그런데 우리가 영성이 둔감해서, 투명하지 못해서 그것을 감지하지 못하는 것이다. 그래서 성령의 감동을 묵살하기도 하고, 때론 고의적으로 성령의 감동을 짓누르기도 한다.

성령 충만이라는 말은 성령세례라는 말과는 다른 뜻이다. 성령세례는 성령의 내주라는 말과 같다. 성령 충만은 이런 뜻이다. 에베소서 5:18, "술 취하지 말라 이는 방탕한 것이니 오직 성령으로 충만함을 받으라." 성령세례는 내게 성령이 강림하는 사건이고, 성령 충만은 성령이 내 안에 꽉 차는 상태를 뜻하는가? 아니다. 성령은 물량적인 분이 아니시다. 성령은 인격체이시다. 한 분 하나님이시다. 성령 충만은 내게 강림하신 성령을 양적으로 이르는 말이 아니라, 내 안에 계신 성령께 내가 복종하는 정도를 뜻한다. 성령의 계시에 내가 반응을 보이고 순종하는 정도를 이르는 말이다. 내 안에 계신 성령께 내가 얼마나 복종하고 순종하느냐의 정도가 바로 성령 충만이다. 다시 말하면, 성령은 한 분 하나님이시지 양적인 분이 아니시다. 성령 충만은 내 안에 계신 성령께 내가 충실히 응답하며 사는 삶을 가리킨다. 따라서 성령 충만하지 못한 삶은 내 안에 계신 성령의 말씀에 귀를 기울이지 않는 것이다. 그것은 바로 성령을 근심하게 하는 것이고, 성령 소멸로 이어진다. 그러므로 성령의 감동을 묵살하면 안 된다. 이것이 바로 성령을 근심하게 하고 훼방하며 소멸하게 하는 것이기 때문이다. 내 안에 계신 성령과 보다 긴밀하게 교통하고 소통하라. 성령의 계시와 역사에 전적으로 순종하고 복종하라. 성령의 감동에 민감하게 반응을 보이라.*

---

* 김효성, 조직신학, 서울: 옛 신앙 (출판사), 2015 pp. 515-524 (역자주)

부록 D

유교(儒敎)

[귀신(鬼神)과 제사(祭祀)]

　동아시아의 사상의 흐름은 크게 유교(儒敎)와 불교(佛敎) 그리고 도교(道敎)이다. 한국은 이런 세 가지 사상적 요소를 모두 흡수 구비하여 발전시켜왔다. 그 가운데서 중국(中國)과는 지리 문화적으로 인접한 까닭에 고대로부터 중국의 유교 사상이 한국으로 들어와 한국 민족정신 형성에 중요한 역할을 하였다. 특히 유교는 중국을 발상지로 하고 그것이 아시아의 여러 나라로 전해진 것으로 되어있다. 삼국시대 이전의 한국 사상에 대해서는 문헌 부족으로 자세히 알 수는 없으나, 한국유교의 시원(始原)에 관한 견해는 대체로 3가지로 요약할 수 있다. 첫째, B.C. 12세기경 은(殷)나라 망하자 기자(箕子)가 고조선으로 와서 홍범구주(洪範九疇)의 원리에 따라 범금팔조(犯禁八條)로 우리 사회를 교화했다는 이른바 기자동래설(箕子東來說)이다. 비록 역사적 사실성에 의문이 있지만, 한국 유교의 전통적 자부심을 확고히 해주었다. 둘째, 고조선과 인접한 전국시대 연(燕)나라를 통해 한자(漢字)와 문물이 전래되면서 유교사상이 전래되었다는 견해이다. 중국 사료와 문헌을 통해 입증될 수 있다. 셋째, 삼국의 발생을 전후하여 한사군(漢四郡: B.C. 108~A.D. 313)이 설치되면서 중국 문물의 유입과 더불어 유교사상이 도입되었다는 견해이다. 우리 땅에서 나온 유물을 통하여 확인될 수 있는 주장이다.

유교(儒教)의 문화적 특징을 한마디로 말한다면, 우리는 일반적으로 제사(祭祀) 예법(禮法)을 그 대표적인 것으로 들지 않을 수 없다. 한국의 근대화 이후, 유교적 세계관의 영향력이 한국 사회에 마치 단절되어진 것처럼 보여도, 오늘날 한국의 수많은 가정에서는 말할 것도 없고, 심지어 분단 이후 현재까지 무신론 사상의 대표적인 공산국가인 북한의 대다수의 가정에서도 아직도 여전히 조상들에게 제사를 드리는 유교 문화의 영향력으로부터 자유로울 수 있는 남북한 국민은 거의 없다고 보여 진다.

원래 설문(說文: 한자(漢字)의 구조와 본디의 뜻을 설명함)에서 '귀'(鬼)는 귀(歸)로서 사람이 돌아가는 것, 즉 죽은 사람의 혼령을 의미하였으며, '신'(神)은 천신(天神), 지신(地神), 인신(人神) 등 자연신을 포괄하는 개념이었다. 천신 중에는 상제(上帝; 하느님)가 가장 높으며 그 아래 오제(伍帝)가 있어서 목, 화, 토, 금, 수를 관장한다고 생각했다. 그 외에도 사중(司中), 사령(司命), 풍우(風師), 우사(雨師), 뇌사(雷師), 운신(

雲神), 일월성신(日月星辰) 등이 천신(天神)으로 간주되었다. 인신(人神)은 주로 인간에게 유익을 가져다 준 반인반수(半人半獸)의 인물로서, 뱀의 몸과 사람의 얼굴을 가진 복희(伏羲), 뱀의 몸을 가진 여와(女渦), 소의 머리를 가진 신농(神農) 등이 인신(人神)으로 간주되었다. 지신(地神)으로는 사직(社稷), 오사(伍祀), 오악(伍嶽), 산림(山林), 천택(川澤) 등이 받들어졌다. 사직(社稷)은 땅과 곡식의 신으로서 민생에 가장 중요하였기 때문에 사직에 제사를 지내지 않는 임금은 무도한 임금으로 반드시 나라를 잃게 된다고 간주되었다.

제사(祭祀)에는 교(郊), 체(禘), 조(祖), 종(宗) 등의 개념이 있었다. 교제(郊祭)는 상제에게 지내는 제사로써 천자만이 주관할 수 있었으며, 그 밖의 사람들은 함부로 지낼 수 없었다. 체제(禘祭)도 시조(始祖)를 천(天)에 배향하여 드리는 제사로써 원래 천자(天子)에게만 허락되었다. 체제(禘祭)는 모든 제사 중에서도 가장 지엄한 것으로써 의례적인 경(敬)의 극치를 나타내는 것인데, 경(敬)이란 천(天)을 비롯한 백신(百神)에게 바치는 제사 의식과 인간의 생활규범 전체에서 지녀야 할 자세로 간주되었다. 하대(夏代)에는 이러한 제천(祭天) 의식이 매우 경건하고 장중하게 행해졌으며, 은대(殷代)에는 하늘에 대한 제사 외에도 귀신에 대한 숭배가 행하여졌다. 주대(周代)에는 주공(周公)이 이전부터 전해오는 예악(禮樂)을 정비하여 주례육관(周禮六官)을 만들어서 정치조직과 제사에 대한 규정 등을 확립하였으며, 따라서 하늘에 대한 제사 예절이 더욱 중요하게 되었다.

특히 조상에 대한 제사는 황제(黃帝)에 대한 제사로부터 시작되었다고 전해지는데, 그 후 큰 공이 있고, 덕이 있으며 지위가 높은 성왕들에게도 제사가 드려졌다. 원래 조(祖)는 공이 있는 사람에게 드려지던 제사였으며 종(宗)은 덕이 있는 사람에게 드려지던 제사였다. 최초의 제사는 혈통보다는 공덕이 있는 사람을 제사하였는데, 하후씨(夏后氏) 이후에 주대(周代)에 이르면 혈통에 제사 지내는 것이 완전히 자리를 잡고 하늘에 제사 지내는 것과 동등한 비중을 가진다. 조상에 대한 제사에는 계급에 따라 범위와 방식에 제한이 있었는데, 주말(周末)에 오면 사회변동에 따른 질서의 붕괴로 이러한 계급적인 제한이 무시 되어졌다. 그래서 공자는 이렇게 제사 예법이 문란해진 것을 보고 몹시 한탄하였다.

공자는 조상인 귀(鬼)에게 드리는 제사는 효(孝)의 연장으로써 인정하였지만, 다른 귀(鬼)에게 드리는 제사는 도에 맞지 않게 복록을 구하는 것이기 때문에 아첨이라고 비판하였다. 자연신에 대해서도 공자는 나라와 향당 의식의 일부로써 예에 따라 제사를 지내는 것을 인정하였다. 공자는 귀와 신에게 제사 할 때에는 마치 마주 대하는 것같이 하라고 말할 정도로 제사에 대한 정성이 지극하였다. 그러나 한편 공자는 '사람을 섬기지 못하면서 어찌 귀신을 섬기겠으며, 삶을 모르면서 어찌 죽음을 알겠는가' 라고 말하면서 귀신과 죽음의 문제에 대해서 자세히 논하지 않았다. 다만 공자는 귀신을 공경하되 멀리하라고 권고하였다. 즉 공자의 주된 관심사는 죽음이나 귀신, 본성 등에 관한 형이상학적인 문제가 아니었기 때문이다.

사실 조상에 대한 제사는 유교의 고유한 전통이라기보다는 중국의 고대 신앙으로부터 유래한 것이다. 유교가 특별히 예(禮)를 전문적으로 다루어왔고 거기에 제사(祭祀)에 대한 예(禮)도 포함되어 있었던 것은 사실이다. 그래서 이 때문에 제사가 유교의 산물인 것으로 오해되는 경향이 있지만, 실제로 유교가 한 역할은 제사의 예법을 확립한 것에 지나지 않았다.

우리나라에서도 제천의식(祭天儀式)을 행했다는 기록이 '삼국사기'(三國史記)에 나타나지만, 조상(祖上)에 대한 제사(祭祀)의 예는 건국 시조를 조상신으로 제천의식에서 배향한 것 외에는 거의 찾아보기 힘들다. 고려(877-1394) 초(初)만 하더라도 자기 조상에게 제사를 지내는 사람은 극소수의 유학자들뿐이었다. 고려 말(末)에 성리학의 도입으로 신진사대부(新進士大夫)에 속하는 유학자들이 늘어났으며 조선 초에는 유교가 국가적 이념이 되었다. 그러나 조선(1392-1910) 초에도 제사를 지낸 사람은 유교를 신봉하는 소수의 양반에 불과 했으며, 양반의 수는 조선 후기 숙종(1674-1720) 때까지만 해도 전체 국민의 1할도 안되었다. 임진왜란과 병자호란 이후 급격한 사회변동과 함께 신분질서가 해이해지면서 양반의 수가 급속히 증가하였으며, 조선 말 철종(1849-1863)에 이르면 전체 국민의 7할 정도가 양반이 되었다. 그리하여 제사를 지내는 것이 양반의 상징으로써 전 국민에게 보편화되었다.

중국에서 상제에 대한 제사는 결국 자연신, 조상에 대한 제사 등과 혼합 되었으며, 상제는 유일신이 아니라 단지 여러 신중에서 가장 높은 신에 불과한 존재가 되어버렸다. 그것은 마치 다신론적인 희랍신화를 연상케 한다. 중국 고대의 상제 개념이 비록 성경에서 말하는 하나님과 일치하는 면이 있다 하더라도, 그것은 어디까지나 부분적으로만 진리일 뿐이다. 그리고 하나님의 자기 계시가 중국 역사를 통해서 있었다 하더라도 이제 그것은 변질되었으며 더 이상 성경이 말하는 것과 일치하지 않는다.

성경은 유대인에게 유익한 것이 범사에 많으나 첫째는 하나님의 말씀을 맡았기 때문이라고 말한다(롬 3:1-2). 그러나 사단은 지금도 사람들이 믿어 구원을 얻지 못하게 하려고 말씀을 그 마음에서 빼앗으며(눅 8:12), 사람들이 잘 때 곡식 가운데 가라지를 덧뿌린다(마 13:25). 사단은 우리가 완전한 진리인 하나님 말씀을 가지지 못할 때, 반드시 나머지 부분을 거짓으로 채우고 급기야 조금 있던 부분적 진리조차도 왜곡시켜 버린다. 사단은 인류 역사상 모든 사상과 종교에서 이러한 거짓의 전략을 사용해왔다.

성경은 "위로 하늘에 있는 것이나 아래로 땅에 있는 것이나 땅 아래 물 속에 있는 것의 아무 형상도 만들지 말며 그것들에게 절하지 말며 그것들을 섬기지 말라"(출 20:4-5)고 경고한다. 성경은 또 "**무릇 이방인이 제사하는 것은 귀신에게 하는 것이요 하나님께 제사하는 것이 아니니…… 귀신과 교제하는 자가 되기를 원하지 아니하노라**"(고전 10:20)고 말한다. 성경에서 말하는 '귀신'은 헬라어 '다이몬'($\delta\alpha\iota\mu\nu\iota o\nu$)을 번역한 것으로써 죽은 조상의 혼령이 아니라 타락한 천사들이다(계 12:4).

즉, 이방인들이 신(神)이나 죽은 조상에게 제사를 지낼 때, 실제로는 타락한 천사들이 와서 그 제사를 흠향하여 결과적으로 타락한 천사들인 마귀와 교제하는 것이 된다는 뜻이다. 그러나 귀신이 죽은 자의 혼령이라고 하는 생각이 심지어는 기독교 안에도 침투해 있다. 이러한 주장은 대체로 귀신을 쫓아낼 때의 경험에 입각한 것이다. 귀신들은 쫓겨날 때 자기가 언제 죽은 누구이며, 어디에서 어떻게 살았다고 말하면서 그 사람의 목소리를 그대로 흉내내기도 한다. 그리고 이러한 귀신의 진술을 조사해보면 그것이 대부분 사실이다. 따라서 귀신이 불신자의 죽은 혼령이라고 생각하는 것이다. 그러나 성경적으로, 귀신들의 정체는 타락한 천사들에 불과하며, 사탄이나 마귀는 거짓의 아비이며 귀신들 역시 거짓말장이(요 8:44)라는 것을 안다면, 귀신들이 쫓겨날 때 하는 말을 그대로 믿을 수는 없다. 그렇다면 왜 타락한 천사인 귀신은 죽은 혼령의 흉내를 내며, 또 가계(家系)에 대해서 정확한 진술을 할 수 있는가 하는 질문에 대한 성경적인 대답은 사람들을 미혹하여 그 영혼을 도둑질하고 죽이고 멸망시키기 위해서 뿐이다(요 10:10상).

귀신들은 사단을 정점으로 하여 계급적인 조직을 가지고 있으며, 그 지위에 따라서 어떤 지역의 지역 영(territorial spirit)으로서 활동한다. 이것은 마치 행정조직을 방불케 한다. 에베소서 6장 12절에서의 '정사'와 '권세'와 '어두움의 세상 주관자'와 '악의 영들'은 타락한 천사들 세계의 계급을 말해주는 것으로 보인다. 지역 영에 대한 대표적인 성경적 근거는 다니엘서 10장에 나타나는 다니엘의 기도에서 찾아볼 수 있다. 천사가 다니엘의 기도에 대한 응답을 가지고 와서 말한다. "다니엘아 두려워하지 말라. 네가 깨달으려 하여 네 하나님 앞에 스스로 겸비하게 하기로 결심하던 첫날부터 네 말이 응답받았으므로 내가 네 말로 말미암아 왔느니라. 그런데 바사 왕국의 군주가 이십일일 동안 나를 막았으므로 내가 거기 바사 왕국의 왕들과 함께 머물러 있더니 가장 높은 군주 중 하나인 미가엘이 와서 나를 도와주므로…" 여기서 바사국 군은 페르시아 왕을 의미한다. 그러나 한 인간에 불과한 페르시아왕은 천사를 막을 수가 없으며 미가엘 천사와 싸울 수도 없다. 그러므로 바사국 군은 페르시아 지역에서 역사하는 지역영이라고 볼 수 있다.

이러한 국가적 단위보다 조금 더 작은 단위의 지역에서 역사하는 영이 마을의 수호신과 같은 귀신이라고 할 수 있다. 그리고 더 작은 단위의 지역 영은 한 집안에서 역사하는 귀신들일 것이다. 그러므로 죽지도 않을 뿐 아니라 광범위한 조직망에 의해서 엄청난 정보를 가지고 있는 영적 실체인 귀신들이 어떤 가계에 대한 완벽한 정보를 가지고 광명한 빛 가운데 임하는 천사처럼 위장하여 어떤 죽은 사람의 흉내를 내는 것은 매우 쉬운 일일 것임에 틀림없다.

타락한 천사들이 죽은 조상의 흉내를 내는 것은 매우 보편적인 전략이라고 할 수 있다. 광범위한 문화권에서 조상을 숭배하거나 죽은 조상과 영적인 교류를 시도하는 관습이 있는 것은 바로 이런 영적 현상을 말해준다고 볼 수 있다. 그렇게 함으로써 사단이 무엇보다도 가장 먼저 노리는 것은 자신의 신분을 감추고 사람들과 접촉하는 것이다. 귀신이 타락한 천사이며 악령이라는 사실을 안다면, 대부분의 사람들은 아무도 초혼(招魂)이나 신접(神接)을 하려고 하지 않을 것이다. 사람들은 조상에 대해서는 아주 우호적이기 때문에, 사단은 조상숭배라는 허울 좋은 행위를 통해서 사람들에게 접신과 초혼의 근거를 제공해주고 있다. 그러나 이러한 접신과 초혼을 통해서 만나는 것은 실제로 조상이 아니라 타락한 천사들이다. 사무엘상 28장 7절에서 20절까지를 보면 사울이 사무엘의 혼을 불러내어 신접하는 이야기가 나온다. 그러나 사울이 부른다고 진짜 사무엘이 땅에서 올라올 리가 만무하다. 사단은 사무엘의 모습을 띠고 사울에게 나타나서 사울을 자포자기(自暴自棄)하게 하고 그를 파멸(破滅)로 끌고 갔던 것이다.

타락한 천사들이 일관되게 죽은 망자(亡者)의 흉내를 내는 또 한 가지 이유는 하나님의 심판의 심각성을 약화시키고자 하는 것이다. 히브리서 9장 27절은 "한번 죽는 것은 사람에게 정하신 것이요 그 후에는 심판이 있으리니"라고 하는데, 조상 숭배를 말하는 사람들은 이러한 심판이 없으며 조상들이 이승과 저승을 마음대로 오갈 수 있다고 주장하는 것이 되기 때문이다.

조상에게 제사를 지내는 것은 죽은 혼을 부르는 일종의 초혼 행위이며 기복(祈福)행위로써 하나님이 매우 가증히 여기는 행위이다(신 18:11). 죽은 사람은 우리가 부른다고 올 수 있는 것도 아니고, 또 우리에게 복을 줄 수 있는 능력을 가진 존재도 아니다. 제사를 지내면 조상이 오는 것이 아니라 타락한 천사들이 와서 사람들을 영적으로 구속하고 억압한다. 사실 조상에게 제사를 지내지 않았다고 조상이 자손에게 저주를 내린다는 생각은 살아생전의 자식에 대한 부모의 사랑을 생각할 때 납득이 가지 않는다. 그리고 자신의 행실에 관계없이 조상에게 빌어서 복을 구한다면 그것은 사사로운 욕심이 아닐 수 없다. 설사 복을 구하기 위한 것이라 하더라도 아무 힘이 없는 죽은 조상보다는 더욱 능력이 있는 전능하신 하나님 아버지께 구해야만 할 것이다. 그러므로 성경은 "백성이 자기 하나님께 구할 것이 아니냐 산 자를 위하여 죽은 자에게 구하겠느냐 하라"(사 8:19) 라고 말한다.

전통적으로 한국의 유학자들은 하늘(상제(上帝)나 천(天))에 대한 '경'(敬)과 부모(父母)에 대한 '효'(孝)를 강조해 왔으며, 조상에 대한 제사를 효와 경의 연장선상에서 이해하고 이해시키려 했다. 그러나 성경이야말로 참된 효(孝)와 경(敬)을 매우 중요시한다. 성경은 하나님과 부모에 대한 공경을 십계명 안에 둘 정도로 효와 경을 강조한다. 십계명은 하나님을 사랑하고 그의 계명을 지키는 자에게는 천대(千代)까지 은혜를 베풀며(출 20:6, 신 5:10), 부모를 공경하면 하나님께서 주신 땅에서 생명이 길고 복을 누릴 것(출 20:12, 신 5:16)이라고 말한다. 그러나 성경은 죽은 부모에게 효도하라고 말하지는 않는다. 효는 부모가 이 세상에 살아계시는 동안 성심성의껏 해야 하는 인간의 기본 윤리요 의무요 또한 하나님의 명령이요 사명이기 때문이다.*

---

*안점식, 세계관과 영적 전쟁, 서울: 죠이선교회출판부, 1996, pp. 129-145 참고 (역자주)

부록 E

복음전도(福音傳道) 선언문(宣言文)

'이 천국 복음이 모든 민족에게 증언되기 위하여 온 세상에 전파되리니 그제야 끝이 오리라' (마 24:14)

'아름답도다 좋은 소식을 전하는 자들의 발이여' (롬 10:15)

바울은 하나님이 유대인과 이방인 모두, 즉 전 인류에 대한 장래 계획을 가지고 계시며, 그들이 '충만' 하게 자라는 일이 복음전도에 의해 일어나리라고 확신한다. 그런데 복음, 그 자체에 대한 올바른 이해가 선행되지 않는다면 올바른 복음전도는 사실상 불가능하다.

그러면 성경에 있는 그대로의 복음이란 무엇인가? **그 복음에 대한 여섯 가지 근본적인 진리가 있다**(롬1:1-6 참고). 1)복음의 근원은 하나님

아버지이시다. 2)복음의 내용은 그분의 아들, 예수 그리스도이시다. 3)복음의 입증은 구약성경이다. 4)복음의 범위는 모든 열방이다. 5)복음을 전파하는 우리의 즉각적인 목적은 사람들을 믿음의 순종으로 데리고 오는 것이지만, 6)우리의 궁극적인 목적은 예수 그리스도의 이름의 더 큰 영광이다. 여섯 개의 전치사를 사용해서 이 진리를 간단하게 표현한다면, 그 좋은 소식은 성경을 따라서(according to Scripture), 모든 열방들을 위한(for the nations), 믿음의 순종으로(unto the obedience of faith), 그리고 그 이름을 위하여(for the sake of the Name) 그리스도에 관한, 하나님의 복음(gospel of God, about Christ)이다. 바울은 이런 논리에 대해 강한 어조로 진술하며(롬10:14-15) 여러 가지 방식으로 복음전파에 대해서 언급한다. 그러므로 로마서를 통해서 복음전도에 대한 바울의 가르침을 요약하면, 이렇게 여덟 항목으로 된 선언서를 만들 수 있다.

1. 복음전도의 절대적 필요성: 사람들이 복음(the Gospel)을 듣고 그것을 받아들이기 이전까지는 잃어버려진 상태에 처해 있기 때문에 복음전도가 필수적이다!

바울이 로마서 1-3장에서 논했듯이 인간이 얼마나 심각한 상황에 처해 있는가에 대한 인식은 복음전도에 필수 불가결하다. 모든 인간은 하나님이 보시기에 죄로 가득하며, 죄책을 지니고 있으며, 이에 대해서는 핑계의 여지가 없다. 구원 받으려면 그들은 주님의 이름을 불러야만 한다(10:13). 하지만 이를 위해서는, 그들에게 복음을 들을 기회가 주어져야 한다(10:14-15).

2. 복음전도의 범위: 전 인류가 복음(the Gospel)을 듣는 기회를 가져야만 한다!

하늘이 온 땅에 하나님의 영광을 선포하는 것과 마찬가지로(10:18), 그리스도의 증인은 전 세계에 하나님의 은혜를 선포해야 한다. 모든 민족이 복음을 들어야만 하며(1:5; 16:26), 이스라엘도 들어야만 한다. 그들의 독특한 특권도(9:4-5), 그들의 종교적 열심도(10:2), 예수님을 믿는 믿음을 대신할 수는 없기 때문이다(11:23). 또, 죄나(3:22-23) 구원의 방도 면에서나 유대인과 이방인 간에는 차이가 없다고 한 예수님이 '그를 부르는 모든 사람에게 부요하시기'(10:12) 때문이다. 하나는 이방인을 위한 것이고 또 하나는 유대인을 위한, 두 가지 구원의 길이 있지 않냐고 하는 의문은 있을 수 없다.

3. 복음전도의 동기: 복음전도는 사랑과 마음의 열망에서 생겨난다!

애국적인 유대인인 바울은 동포들이 메시아를 거부한 것에 대해 초조해 하거나 '비통함 혹은 경멸의 표시를 전혀 나타내지 않았다. 로이드 존스 박사가 말했듯이, 바울은 '그들에게 성가셔하는 기미는 전혀 보이지 않는다. 그들에 대해 얕보는 듯한 기미도 조금도 없다. 바울은 그들을 무시하거나 비난하거나 공격하지 않는다. 바울은 심지어 그들

때문에 초조해 하지도 않는다.' 그 대신에 바울은 그들이 잃어 버려진 것에 대한 마음의 고통(9:1-2)과 그들이 구원받기를 원하는 열망(10:1)에 대해 쓴다. 바울은 그들이 구원받을 수만 있다면 심지어 기꺼이 멸망당하기까지 하려 한다. 복음전도가 이와 동일한 사랑에 의해 고취되지 않는다면, 거기에는 신빙성이 결여된 것이다.

4. 복음전도의 본질: 복음전도는 십자가에 못박혀 죽으시고 부활하신 그리스도의 좋은 소식을 다른 사람들과 함께 나누는 것이다!

복음전도란 바로 그 복음을 퍼뜨리는 것을 뜻한다. 따라서 복음이란 말을 정의하지 않고서는 복음전도를 정의할 수 없다. 로마서 9:30-10:13에서 바울은 그릇된 구원의 길과 참된 구원의 길을 대조시키는데, 우리 역시 그렇게 해야만 한다. 특히 우리는 그리스도와 그 분께 다가갈 수 있다는 데 초점을 맞추어야 한다. 그리스도께서 이미 오셨고 죽으셨고 살아나셨으며, 단순한 믿음을 가지면 쉽게 그 분께 다가갈 수 있기 때문이다(10:6 이하).

5. 복음전도의 논리: 복음전도는 전도자들을 보내어 복음을 들은 자들이 구원을 위해 그리스도를 부르도록 하는 것을 요구한다!

그리스도의 이름을 부르는 일이 없이는 구원이 있을 수 없으며, 그 이름이 의미하는 바를 믿지 않고서는 그분의 이름을 부를 수 없다. 그리스도에 대해 듣지 않고서는 그분을 믿을 수 없으며, 복음을 전파하지 않고는 들을 수 없고, 전파하는 사람이 보냄을 받지 않고서는 전파가 이루어질 수 없다(10:13이하). 예수님의 제자라면 누구나 복음전도의 노력을 해야 하지만, 예수님은 일부 사람들에게 복음전도자의 은사와 소명을 주시며, 교회는 이들이 전파하도록 엄숙하게 임명하고 권한을 부여해 주어야 한다.

6. 복음전도의 결과: 복음전도는 믿는 사람들에게 너무나 큰 복을 가져다주기 때문에 다른 사람들의 시기심을 불러일으킨다!

바울은 이 장들에서 세 번에 걸쳐 '시기나게하다'라는 헬라어 동사 '파라젤로오'(parazeloo)를 사용한다(10:19; 11:11,14). 시기란 다른 사람이 가지고 있는 어떤 것을 자기도 갖고 싶어 하는 것이다. 그 '어떤 것'이 구원이라면, 사람들이 구원을 받은 사람들을 시기하는 것, 즉 자신도 구원받기를 원하는 것은 이해할 만하다. 많은 사람이 '시기함'을 통해 회심했다. 그런 사람 중 하나로 침례교 목사이자 저술가요 찬송가 작가인 로버트 로빈슨(Robert Robinson)이 있다. 그는 열일곱 살 때인 1752년에, 런던으로 조지 휫필드(George Whitefield)의 설교를 들으러 갔다가 회심했다. 그는 휫필드에게 이렇게 썼다. 나는 가련하게 미혹된 감리교도들을 불쌍히 여기며 갔지만, 그들의 행복을 부러워하며 떠나왔습니다.'

7. 복음전도를 위한 소망: 복음전도는 하나님의 선택에 의지할 때에만 성공의 소망이 있다!

선택과 복음전도는 상반되는 것이 아니다. 선택에 대한 강력한 가르침을 담고 있는 바로 이 장들은 또한 **기도-복음전도**(Prayer-Evangelism: 사람들이 구원받도록 간구하는 것, 10:1)와 **전파-복음전도**(Preaching-Evangelism: 다른 사람들과 복음을 나누는 것, 10:14-15) 둘 다가 필요하다고 분명히 언급한다. 우리의 책임은 복음이 전 세계에 전파되어 모든 사람이 복음을 듣고 그에 반응할 기회를 가지는 것을 보는 것이다. 하나님의 말씀은 하나님이 정하신바 믿음을 불러일으키는 방식(10:17, NEB)이며, 또한 믿는 자들을 구원하는 방식이기 때문이다. 모든 사람이 반응을 보이지는 않을 것이다. 그리고 하나님은 불순종하고 강퍅한 사람들에게 인내심 있게 그 분의 손을 벌리는 것(10:21)이 얼마나 고통스럽고 심지어 굴욕적인 상처를 주는지 아신다. 요약하면, '은혜 안에 나타난 하나님의 주권은 복음전도를 무의미한 것으로 만들어주기 보다는 오히려, 복음전도를 무의미하게 되는 것으로부터 막아주며 더욱 의미 있게 해 줄 수 있는 유일한 것이다.'

8. 복음전도의 목표: 복음전도는 회심자들을 하나님의 백성으로 받아들이고, 그럼으로써 하나님께 영광을 가져온다!

복음전도는 그 자체 안에 목표가 있는 것이 아니다. 복음전도는 또한 우리를 하나님의 백성과 연합시킨다. 하나님의 유일한 감람나무에 밑는 이방인들이 접붙임을 받게 되고 또한 믿는 유대인들이 다시 원상태로 접붙임을 받게 되어서, 결과적으로 우리가 모두 같은 역사(아브라함까지 거슬러 올라가는)와 같은 지리(전 세계 구석구석으로 확산되는)안에서 공유한다. 그렇기 때문에 우리는 하나님의 백성의 연속성과 연대성 모두를 기뻐하게 된다.

그러나 복음전도의 궁극적 목표는 하나님의 영광이다. 바로 그 복음은 하나님의 능력을 보여주고, 하나님의 이름을 선포하며, 하나님의 영광의 부요함을 알려주고, 그리고 그 분의 긍휼을 드러내 준다(9:17,22-23; 11:30 이하). 그런 까닭에 자랑할 여지는 전혀 없다. 오직 겸손하고, 감사하며, 놀라운 찬양만이 있을 뿐이다. 그 분께 영광이 영원히 있을지어다. 아멘.*

---

*John R. W. Sott, Romans: God's Good News for the World, InterVarsity Press, 1994, pp. 313-315 (역자주)

후주

1) Any-3 안에서 일어나는 복음전도운동들이 전형적으로 높은 곡선을 지금까지 그려오게 된 주된 원인은 1)신약성경 안에 있는 그대로의 바로 그 복음과 2)유일한 기독론 혹은 그리스도의 본성에 대한 바른 이해-그리스도는 완전한 인간이실 뿐만 아니라 완전하신 하나님이시다-에 온 비중을 두는 데 있다.

2) 이 책에 나오는 모든 이야기들은 사실이지만, 관계된 그분들의 사역들을 보호하기 위해서 그 이름들은 불가피하게 변경했다. [아홉 세대들에 걸쳐서 번식되어 나간 이슬람 배경의 교회들]이란 제목의 생생한 그래픽 그림은 스티브 스미스(Steve Smith)의 T4T: 새롭게 혁신된 제자도(A Discipleship Re-Revolution(Monument, CO: WIGTake Resources, 2011), p. 118에 처음 소개되었지만, 그것은 본래 우리 Any-3 운동에 관한 것이었다. 그리고 Any-3운동은 그것의 양육 프로그램 안에서 T4T를 결합한다(제14장 각주를 참고하라).

3) "제 4번째 세대"라는 말은, 1)그 자체를 재생산 했던 한 개의 교회가 제1세대, 그런 다음 2)그 교회가 그 자체를 재생산 했던 또 다른 한 개의 교회가 제 2번째 세대, 그런 다음 또 다시 3)그 교회가 그 자체를 재생산 했던 또 다른 한 개의 교회가 제 3번째 세대, 그런 다음 또 다시 4)그 교회가 또 다시 그 자체를 재생산했던 또 다른 한 개의 교회가 제 4번째 세대, 그런 까닭에 우리는 재생산의 4개의 세대들(four

generations of reproduction)이라고 의미를 규정한다. 여기에 언급된 세대들에 관한 자료는 2009년도 1/4 분기 기간에 마지막으로 측정된 것이다.

4) 교회 개척 운동(Church Planting Movements)은 데이비드 게리슨(David Garrison)의 책, 교회 개척 운동, 어떻게 하나님께서 잃어버려진 세상을 구속하시고 있는가(Church Planting Movements, How God is Redeeming a Lost World (Richmond: WIGTake Resources, 2004)에서 길게 설명된다.

5) 이슬람교도들과 더불어, 흔히 처음 만나서 시작하는 인사는 "살람 알레이 쿰(Salaam aleikum)"이다. 그것의 문자적인 의미는 "당신에게 평화가 있으시길 바랍니다!"이다. 그 인사말을 내 조국에서 우리가 사용하는 그 인사인, 더욱 친숙한 영어 표현으로 "안녕하세요? 혹은 여보세요(Hello)?" 혹은 "좋은 밤 되세요!"라고 번역했음.

6) 어떤 사람들은 첫 번째 만남의 대화를 나누는 동안 그들이 처음으로 그 복음을 듣게 될 때 자기의 믿음을 고백하는 경우들도 있을 것이다. 그러나 첫 번째, 두 번째, 혹은 세 번째의 양육을 위한 방문 기간 동안에 그들의 믿음을 고백하는 것이 더욱 일반적이다.

7) 만일 그 사람이 이런 질문에 긍정적으로 반응하고 있다면, 그 다음 발걸음은 그들로 하여금 죄에 대한 회개와 그리스도를 주님으로서 고백하고 헌신하는 것의 필요성을 강조하면서, 로마서 10:9-10절을 함께 읽어주면 더욱 좋을 것이다. Any-3의 전반적인 양육과정은 제 10장에서 자세히 설명되고 있다.

8) 엘머 타운즈(Elmer Towns)의 저서, 요한의 그 복음(The Gospel of John): 믿으라 그리고 살아라(Believe and Live)(Old Tappan, NJ: Fleming and Revell Co., 1990), 101 쪽에 있는 요한의 복음(Gospel of John), 제1권, 155 쪽에서 재인용된 바클레이(Barclay)에 의한 언급이다.

9) 엘머 타운즈(Elmer Towns), 요한의 그 복음: 믿으라 그리고 살아라(The Gospel of John: Believe and Live)(Old Tappan, NJ: Fleming and Revell Co., 1990), p.101.

10) 나의 동료인 마크(Mark S.)은 그가 우리 Any-3에 처음 소개되기 훨씬 전에도 사도행전 안에서 증언에 대한 이런 특징적인 유형들을 이미 밝혀낸 바 있으며, 마크는 또한 Any-3안에서 그 유사성을 주목하게 되었으며, 그 결과 나와 함께 이런 관찰들을 공유하게 되었다.

11) Any-3는, 그것이 그리스도의 속죄적인 사역을 통한 기독교인의 구원에 대한 확신과 이슬람교도의 자신의 영원한 운명에 대한 불확실성 사이에 존재하는 분명한 대립을 날카롭게 하기 때문에, 의도적으로 "죄의 빚에 대한 청산(paying off a sin debt)"이라는 비유를 사용하고 있다.

12) 어떤 다른 신앙을 가진 사람에게 증언할 때는, 누구든지 이런 이야기 속에서 약간의 변화들을 줄 수가 있다. 이런 변화들에 대해서는 제12장에서 구체적으로 제안되어 있다. 좀 더 쉽게 배우고 사용할 수 있도록 나는 이 이야기를 세 부분으로 나누었다.

13) 만일 당신이 어떤 종교적인 배경의 가정에서 성장하지 않았다면, 당신은 여전히 이렇게 말할 수 있다. "나는 하나님을 기쁘시게 해드리려고 나름대로 애를 쓰곤 합니다. 하지만 저는 항상 실패하는 것처럼 보여 지네요. 그래서 이런 삶이 저를 크게 좌절하게 만들어 버린답니다." 그런 다음, "대부분의 종교들은 다 비슷하지 않나요..." 하며, 이런 표준이 되는 응답으로 계속 대화를 이어 나가면 됩니다.

14) 그 이야기는 예수를 소개함으로써 시작하고, 그런 다음 예수 이야기의 마지막 부분을 다시 시작하기 전에, 아담과 하와의 이야기로 전환시킨다는 점을 주목하길 바란다. 만약 시간의 한계가 가로막아 '처음과 마지막 희생 이야기'를 다 할 수 없을 경우, 예수님으로부터 그 대화를 곧장 시작하는 것이 우리로 하여금 그 복음을 오히려 신속하게 나눌 수 있도록 하는 데 유익하다는 점을 우리는 나중에 깨닫게 되었다. 그러나 그렇다 할지라도, 만약에 시간 제약의 문제가 없다면, 아담과 하와의 이야기로 시작하고 그런 다음 예수에 대한 이야기를 말해주는 것이 마찬가지로 매우 효과적이다.

15) 마음이 열려진 사람들을 양육하기 위하여 우리가 사용하는 그 이야기들에 대한 축소된 버전들이 부록 A에 들어 있다.

16) 이슬람교도들은 꾸란(Quran)안에 있는 수라 알-임란(surah al-Imran) 3:42-55절로부터 예수가 1)하나님의 말씀이며, 2)예수의 동정녀 탄생 그리고 3)기적들에 대한 그 분에 관한 언급이 있음을 인정할 것이다. 이와 같은 꾸란 안에 있는 "예수"에 관한 부분이, 꾸란으로부터 실제로 인용함은 없지만, 케빈 그리슨(Kevin Greesen)의 "그 낙타, 어떻게 이슬람들이 그리스도에 대한 믿음으로 돌아오고 있는가?(The Camel, How Muslims Are Coming to Faith in Christ!(Richmond: WIGTake Resources, 2007)의 많은 내용들과 일치되는 것이 발견된다. 다만 귀신들을 내는 기적은 꾸란 안에서는 언급되지 않는다.

17) 예수의 거룩한 행위에 대한 이런 언급은 바로 그 분을 이슬람을 창설한 바로 그 선지자, 마호메트(Muhammad)와 예리한 대조를 피할 수 없다.

18) 수많은 이슬람교도들이 예수가 죽지 않았다는 것을 믿는다고 할지라도, 우리는 '처음과 마지막 희생 이야기'에서 그분의 죽으심에 관한 진리를 반드시 말한다. 그들의 선지에 대한 존경심 때문에, 그들은 보통 우리가 그 이야기를 끝날 때까지 경청해준다. 만일 그들이 바로 이 지점에서 어떤 반대를 제기하는 질문을 해온다면, 그 복음을 제시한 이후까지 그 질문에 대한 답변을 보류하도록 하는 것이 좋다. 그러나 그 질문에 대한 답변이 꼭 제시되어야 한다면, 우리는 자주 예수의 죽음에 대한 구약의 예언들을 참고하도록 해준다. 우리는 또한 꾸란 3장 55절과 19장 33절을 언급한다. 그 첫 번째 구절(3:55)은 예수가 죽었다는 것을 분명히 진술하고 있으며 또한 수라 미리암(surah Miriam) 19:33-34절은 예수가 자기의 죽음과 부활을 예언했다고 하는 이슬람의 입장을 이렇게 진술하고 있다. "그리고 내가 태어났던 바로 그 날과 내가 앞으로 죽게 될 바로 그 날과 내가 다시 살아나게 될 바로 그 날에 평화가 내게 임한다. 바로 그 사람이- 그들의 논쟁 중에 있었던 진리의 말씀-마리아의 아들, 예수이다."

19) "그것 정말 참 재미있네요!" 라고 입에 붙어 있는 말들처럼 자주 사용함으로써 자유로운 분위기를 느끼도록 해줘라. 바로 이 이야기에서 강조하는 중요한 핵심은 이런 것들이다. 1) 죄가 심판을 가져왔다; 2) 죄의 결과들은 부끄러움(shame)과 두려움(fear)과 심판(judgement)이다; 3) 아무리 훌륭한 선행들이라도 죄를 없애버릴 수는 없다; 4) 하나님의 가죽 옷에 대한 준비는 한 희생제물적인 구원자에 대한 하나님의 미래적 준비를 그림자로 미리 보여주는 한 희생적인 동물로부터 만들어진 것이었다.

20) "오이코스"란 확장된 가족을 의미하는 희랍어 단어이다. 그것은 누군가의 직접적인 가족, 확장되어진 가족, 혹은 누군가의 영향권 안에 있는 직접적인 친구들과 교제하는 사람들로 구성된 확장된 가족을 언급한다.

21) 두문자어(頭文字語)인 "The ABIDE(거하라)" 단어는 아시아에서 섬기고 있는 선교사 동료들에 의해서 소개된 훈련을 위한 한 구성체계(framework)로부터 그 첫 문자들을 채용해서 만들어진 것이다.

22) T4T 제자훈련 접근방법은 철저하게 스티브 스미스(Steve Smith)와 잉가이(Ying Kai)의 책[T4T: 제자훈련의 재-혁명(a Discipleship Re-Revolution, Monument, (CO: WIG Take Resources, 2011)]에서 철저하게 설명되고 있다. T4T에 대한 간략한 소개는 웹 사이트: WWW.T4TOnline.org 에서 찾을 수 있다.

23) 이 과정은 단순한 한 개인이나 혹은 한 그룹과 더불어 시행될 수 있다.

24) 매우 높은 핍박의 배경 속에 있는 상황에서는, 사전에 미리 담대하지만 지혜로운 방식으로 나누는 방법을 당신의 훈련생들과 함께 논의하고 기도하길 원할 것이다.

25) 사도행전 안에서의 침례는 A, E, I, O, U 모음들로 기억될 수 있는 한 유형이다. 예수 그리스도에 대한 그들의 믿음의 고백 후에(After their profession of faith in Jesus Christ), 그 믿음을 고백한 사람은 모두 다 침례를 받아야 하고(Every person who professed faith was baptized), 침례를 줄 때 모든 몸을 물속에 잠기도록 하는 것은 항상 유일한 의전적인 형식이었으며(Immersion was always the practiced form), 그들에게 복음을 전해준 바로 그 사람은 전형적으로 그들에게 침례를 베풀었던 유일한 사람이었으며(The One who reached them, was typically the one who baptized them), 그리고 그것은 순종의 한 입증으로서 긴급한(즉각적인) 것이었다(And it was Urgent(immediate) as a demonstration of obedience). 사도행전 공식의 이행은 그 복음과 침례의 세대적인 전이를 촉진하는 데 생명력이 있다.

26) 우리는 복음전도의 "결심에 이르게 하라"는 단계에서 한 사람이 주님으로서, 예수 그리스도께 항복하도록 초대할 때 반드시 회개를 강조한다. 우리는 양육을 위한 두 번째 방문에서 회개를 다시 확인했다. 이런 교훈은 정령(精靈)신앙자들(Animists)과 강신(降神)술사들(Spiritists)로 하여금 자신들의 회심 이전의 의식(儀式)들로부터 깨뜨릴 수 있도록 돕는데 매우 유익했음을 입증시켜 주었다.

27) 새로운 회심자(개종자)를 위한 양육의 모든 단계들이 완성된 후에, 새로운 회심자(개종자)들은 만일 그가 지금까지 터득하지 못했다면, 열린 사람들을 위한 양육 부문으로부터 남아 있는 희생 제물에 대한 이야기들을 숙달해야만 한다. 이것은 그로 하여금 그의 공동체 안에서 한 그룹에 다가가게 하고, 모이게 하고, 인도하도록 무장시켜줄 것이다. 새로운 회심자(개종자)들을 매주 계속 만나라, 그리고 나중에는 복음전도의 과정과 가정교회들을 시작함에 있어서 그나 혹은 그녀를 위한 충실한 조언을 해주기 위해서 이주 간격으로 만남을 계속하라.

28) 힌두교인들과 불교인들을 대상으로 Any-3을 사용하고 있는 수많은 선교사들은 '처음과 마지막 희생 이야기(The First and Last Sacrifice Story)'를 "창조부터 그리스도까지[The Creation to Christ Story](C2C)의 이야기"로 대체시켜 사용하고 있다. 창조부터 그리스도까지의 이야기는 영의 세계의 창조로부터 시작하며 또한 그리스도의 희생제물로서 죽으심과 부활을 통해서 연대기적으로 계

속 이어간다. 만일 당신이 '처음과 마지막 희생 이야기'를 사용하려고 선택한다면, 반역으로 인한 아담과 하와의 타락(their fall into rebellion)과 나란히, 하나님의 선재적 실존(God's preexistence)과 영의 세계에 대한 하나님의 창조(His creation of the spirit world)로 설정된 한 서막(A Prelude)을 덧붙여서 이야기를 전개해 나갈 것을 고려하라. "영의 세계의 바로 이런 타락"은 또한 정령신앙 숭배 종족들(Animistic People)로 하여금 하나님의 구원의 본질을 이해하도록 돕는 데에 있어서 유용함을 입증하고 있다.

29) 첫 번째 양육을 위한 방문에 있어서, 우리는 '처음과 마지막 희생 이야기'의 아담과 하와의 부분을 다시 새롭게 바꾸어 말한다. 양육을 위한 첫 방문 시간 동안에 '아담과 하와에 대한 이야기'를 바꿔서 말해주는 것은 큰 도움을 준다. 일단 그들이 믿음을 고백하면, Any-3를 사용하기 위하여, 보다 큰 하나의 이야기를 만들어 가기 위하여 가인과 아벨의 이야기를 그것에 추가한다. 왜냐하면 그 이야기가 마음이 열려진 사람들과 함께 앞으로 진도(進度)를 나가기 위한 유일한 기초가 되기 때문이다.

30) '가인과 아벨의 이야기'에 있어서 강조해야 할 요점은 하나님께서는 피의 희생제물을 받으셨으나, 우리의 선택에 의한 다른 제물들은 거절하셨다는 사실이다.

31) 여기에서 강조해야 할 요점은 비록 노아와 그의 가족들이, 그들이 방주 안에 들어갔기 때문에 일시적인 재앙으로부터 안전했다할지라도, 그들은 여전히 자신들의 죄에 대한 빚을 위한 속죄를 위하여 동물의 희생제물을 드렸다는 사실이다.

32) 아브라함의 이야기에 있어서 강조해야 할 요점은 두 가지 모두이다. 하나는 하나님께서는 하나의 살아있는 희생제물(a living sacrifice)을 요구하셨다는 사실과, 그리고 다른 하나는 그런 다음 바로 그 희생제물(that sacrifice)을 친히 마련해 주셨다는 사실이다.

33) 유월절 이야기의 분명한 요점은 그 어린양의 피가 그 백성의 죄들을 위한 속죄였다는 사실이다.

34) 이 '모세의 이야기'에 있어서 강조해야 할 요점은 하나님의 율법은 죄를 위한 속죄를 위해서 필수적인 것으로써 피의 희생 제사를 처방한다는 사실이다.

35) 오토바이들(Motorcycles)은 내가 일하는 선교지에서 가장 흔한 교통수단이다. 당신 자신의 배경과 걸맞게 자동차나 트럭이나 자전거 혹은 당신의 공동체에 연관된 것은 무엇이든지 바로 그것을 당신의 예화로 채용하라.

36) 이 예화는 이슬람교도들을 그리스도께로 인도하기 위해서 또 다른 운동을 이끌고 있는 한 동료 사역자로부터 나온 것이다.

역자 후기와 감사의 글
21세기 남은 과업의 성취를 위하여

성경(聖經)은 "선교(宣敎; Mission)"의 책입니다. 선교란 교회의 여러 사역 중 하나가 아니라 교회의 본질 자체이며 교회 존재의 목적인 것입니다. 그런 까닭에 교회는 성경을 선교의 관점에서 읽을 때 비로소 올바로 이해할 수 있습니다. '잃어버린 백성들을 향하신 하나님 아버지의 마음', 그리고 '그들을 찾으시는 하나님의 일'이 기록되어 있는 것이 성경의 알맹이이기 때문입니다.

"선교"란 하나님의 성품(性品) 그 자체로부터 일어나는 하나님의 활동(活動)입니다. 성경의 살아계신 하나님은 '선교'라는 말이 뜻하는 바 "보내시는' 하나님"이십니다. 하나님은 선지자들을 이스라엘에 보냈습니다. 하나님은 자신의 아들(독생자 예수)을 세상에 보내셨습니다. 하나님의 아들은 사도들과 칠십인 그리고 교회를 보내셨습니다. 예수님은 또한 성령님을 교회로 보내셨으며, 오늘 지금도 우리 마음속으로 성령님을 보내고 계십니다. 선교가 모든 동기 중 가장 고상한 것은 '대위임령(The Great Commission/마28:18-20)에 대한 순종(順從)'이나 '소외되고 멸망당하는 죄인들(죄악 된 인간)에 대한 사랑(愛)'이기보다는 오히려 "예수 그리스도의 영광에 대한 불타는 열정적인 열의(熱意)(zeal-burning and passionate zeal-for the Glory of Jesus Christ)"가 되어야 합니다.

마지막 21세기 세계선교의 미완성 과업의 성취를 위해서는 무엇보다 21세기 "교회관(敎會觀)"이 새롭게 더욱 성경적으로 더욱 현실적으로 개혁되지 않으면 안 됩니다. 종전까지 각 지역교회에서 파송한 선교사들에 의해서 각 선교지에 들어가 세상 사람들에게 복음을 전해주는 패턴의 개신교 선교의 고전적인 패러다임(A Mission-Centered Church or Missional Church)을 과감하게 철폐하고, 전 세계의 모든 교회들마다 단순히 선교중심의 교회가 아니라 "전(全) 교인(敎人)의 선교사화(宣敎師化)된 교회(A Missionaries Church)"로 시급히 전환해야만 합니다.

"그가 오실 때까지 온 교회가 온 복음을 온 세계에 전파하면서 그리스도를 선포하라"(Proclaim Christ Until He comes; Calling the Whole Church to take the Whole Gospel to the Whole World)는 깃발을 드높이 힘차게 흔들면서, 온 세계의 교회들이 서로 하나가 되어 협력함으로써 믿음의 순종으로 1)모든 교회들이 지금 존재하는 곳으로부터 전(全) 방위적으로 나아가며 동시에 2)미전도 종족들과 무(無)-교회 지역으로 복음을 전파하면, 자기 민족의 복음화와 세계 복음화를 더 잘 준비하여 주님의 재림을 더욱 앞당길 수 있을 것입니다.

"이 천국복음이 모든 민족에게 증언되기 위하여 온 세상에 전파되리니 그제야 끝이 오리라(마24:14)." 이 종말론적 예언 성취의 도전과 과업이야말로 21세기의 깨어있는 모든 기독교인들, 곧 한국교회와 세계교회의 가장 큰 도전과 과업이 아닐 수 없습니다. 지금 세계 복음화의 남은 과업의 성취를 위한 현주소는 어디입니까? 현재 가장 긴급한 우선순위의 세계선교의 대상은 지금까지 한 번도 복음이 전해지거나 교회가 세워진 적이 거의 없는 미개척 미전도 종족들(UUPGS: Unengaged and Un-reached People Groups)입니다.

그러나 그들 대부분은 이슬람의 무슬림들로서 전 세계 인구의 21.01%(현재 약 15억 이상, 2009년 미국 CIA Fact 자료)을 차지하고 있습니다. 이제 이슬람은 아랍의 지역 종교를 넘어서 전 세계적인 종교로 가장 빨리 성장하고 있습니다. 그 초고속 성장의 대표적인 3가지 요인은 첫째, 다산(多産) 둘째, 결혼(結婚)에 의한 개종 셋째, 개종(改宗)에 의한 증가입니다. 앞으로 세계 도처의 학교와 관공서와 시장에서 만나게 될 우리 주변의 다섯 명 중 한 사람은 무슬림이 될 것입니다.

이렇게까지 급속하게 이슬람화가 된 역사적인 주요 원인 중 하나가 아라비아 반도의 무슬림들에게 초대교회 때부터 그리고 심지어는 구 교회 시대에도 기독교인들의 적대적인 감정 때문이었는지 아니면 기독교인들의 태만 때문이었는지 그들에 대한 사랑과 선교를 무시해 버렸고,

아무도 복음을 전해주지 않았던 사실이 가장 확실한 불편한 진실로 추정되고 있습니다. 한국의 경우, 2006년 한국 이슬람교 중앙회의 포교 전략 첫 번째가 바로 "이슬람은 2020년까지 한국의 이슬람화 전략을 추진하는 것으로 보인다. 심지어 목사 전도사 선교사들과 직분자들을 대상으로도 포교하는 것"으로 발표한 바 있습니다.

그럼에도 불구하고 현재 전 세계 기독교 선교사 약 17만 명 가운데 2%에 불과한 3천 명 정도만 이 지역에서 선교를 하고 있으며, 전 세계 교회의 모든 재정의 99.8%가 이미 복음화가 된 지역에서 쓰여 지고 있는 반면, 겨우 0.09%만이 비기독교 지역에서 사용되고 있습니다. 그 중에서도 0.01%만이 미복음화 된 지역에서 사용되고 있는 상황입니다.

진정한 이슬람의 복음화를 위해서는 기독교인들은 이슬람에 대한 모든 잘못된 선입관과 증오적인 감정과 태도를 버리고 올바른 역사적 이해와 냉철한 반성과 함께 사랑과 섬김의 마음으로 먼저 올바로 배우고 알아야만 합니다. 물론 누구든지 어디든지 언제든지 사람의 새로운 전략과 방법들이 결코 해법이 될 수 없습니다. 오직 성령의 역사와 도우심과 함께 모든 그리스도인들의 지상명령에 대한 믿음의 순종이 없다면, 진정한 복음전도나 선교의 시작도 과정도 끝도 성취될 수 없기 때문입니다.

하나님의 강권하심과 성령의 위로하심이 아니었다면, 이 책 "Any-3"는 쓰여 질 수 없었을 것입니다.

하나님의 인도하심과 성령의 강권하심과 도우심이 없었다면, 이 책은 또한 번역도 출판도 될 수도 없었을 것입니다. 정말 이 책을 꼭 읽으셔야만 할 분들이 있다면, 오직 주님의 지상명령에 순종하여 전 세계로 흩어져 나간 약 2만 3천명의 모든 한국 선교사님들과 오직 주님만을 사랑하며 그의 양 무리들을 먹이고 돌보고 계시는 한국 교회의 신실한 목회자님들과 성도님들이라고 확신을 가지고 추천하고 싶습니다.

모든 시대마다 복음전도와 개척선교의 사역을 올바로 감당해내기 위해서는 두 방향에서 더욱 성경적이고 더욱 현실적인 책들이 끊임없이 쓰여져야 한다고 생각합니다. 하나는 바로 그 복음을 효과적으로 전파하기 위한 복음전도에 관한 책들이며 다른 하나는 선교의 대상으로써 각 종교 문화적 배경을 가진 민족의 정체성을 진지하게 고려한 성경의 복음진리에 대한 해설서나 변증서입니다. 앞의 저술들이 창검(槍劍)이라면 뒤의 책들은 방패(防牌)일 것입니다. 하지만 역시 공격만큼 최선의 방어는 없습니다! 이 책은 지금까지 가장 잘 검증된 무슬림들을 위한 복음전도의 최고 보검(寶劍)이 될 것입니다.

이 책의 저자, 마이크 쉽맨은 남아시아 이슬람권 영적 추수기에 파송되어 최근 전 세계적으로 가장 강력하게 복음전도의 열매들을 수확하는 일에 놀랍게 쓰임을 받고 있는 미국 남침례교단 소속의 아주 자랑스러운 선교사입니다. 약 3만 명 이상의 무슬림들이 지금도 끊임없이 돌아오고 있습니다. 그러나 이 책의 옮긴이, 신 목사는 대한 예수교 장로회 교단(합동) 소속의 한 지역교회 평범한 목회자입니다. 20년 전부터 땅을 사서 예배당을 짓는 일을 일찍이 포기하고 그 대신 온 교회가 단순히 선교 중심이 아니라 성도들 모두가 평신도 선교사들이 되어 모든 자원(영적, 물적, 인적 자원)으로 선교와 구제하는 일에만 선택 집중하여 거의 전부를 쏟아오고 있습니다.

그러나 우리는 모두 각각 소명과 사명을 받은 곳에서 성령의 인도하심에 절대적으로 순종하며 성경에 있는 그대로의 복음, 구주와 주님으로서 살아계신 인격체이신, 예수 그리스도와 그분의 복음을 최고의 선물로 나누어주면서, 지금까지 복음을 전혀 들어본 적이 없고 그분의 교회가 전혀 세워진 적이 없는 소위 미개척 미전도 종족들과 무(無)-교회 지역들을 찾아내어 복음전도와 개척선교에 최우선 순위를 두고 수많은 가정교회들과 개척교회를 세우는 일에 힘써 왔습니다. 이 일을 위해서 미국과 캐나다와 한국의 깨어 있는 교회들을 동원하고 협력하며 총력을 쏟아오는 가운데 약 250개의 교회들을 성령의 줄로 하나 되게 해 주셨습니다(GAP: Global Assistance Partners). 저자는 남아시아의 강경한 이슬람권에서, 역자는 중앙아시아와 중국의 공산권과 인도의 힌두교권과 이슬람권에서 각각 지난 20년간 사역을 하나님의 은혜로 줄기차게 감당해 올 수 있었습니다. 실로 엄청난 복음전도와 개척선교의 열매들을 수확하는 기쁨과 영광을 주셨습니다. 아무도 믿기지 않으시겠지만, GAP의 모든 교단과 교파의 교회들이 기쁨으로 함께 협력하며 인도 전역에서만 2만 개 이상의 가정교회들과 지역교회들을 세워오고 있습니다.

실제로 이런 성경관과 선교관과 교회관을 가지고 지난 20년 간 정말 "이름 없이 빛도 없이" 주님의 마음을 품고 미전도 종족들의 선교를 위해 예수 그리스도의 한 몸으로 섬겨주신 자랑스러운 교회들을 잊을 수가 없습니다. 캐나다 큰빛교회(노희송목사, 임현수원로목사), 안디옥교회(최영철목사), 수정교회(주권태목사), 양문장로교회(박치명목사), 캘거리 한인침례교회(김형석목사), 미국의 뉴 욕충신교회(김혜택목사), 시카고 뉴라이프쳐치(장춘원목사), 샌프란시스코 마라나타 비전교회(김궁헌 목사), 산호세 임마누엘 장로교회(손원배목사), 뉴져지 사랑의 글로벌 비전교회(김은범목사), 샬롯 남 부한인장로교회(송성섭목사), 그리고 한국의 목포주안교회(모상련목사), 성실교회(김영복목사), 영암교회(故정기봉목사), 인천교회(김진욱목사), 비전교회(채리석목사), 성지교회(서종대목사), 일산혜림교회 (박윤환목사), 그십자가교회(홍영진목사), 수영로교회(이규현목사, 정필도원로목사)

이 책의 출판을 위해서 기꺼이 섬겨주신 잊을 수 없는 분들이 있습니다. 처음부터 지금까지 변함없이 끊임없이 세계선교와 북한선교를 위해 묵묵히 앞장서 헌신해 오신 김문숙권사님과 김철영안수집사님 내외분의 희생적인 기도와 헌물이 없었다면 이 책은 출판될 수 없었을 것입니다.

분당 임마누엘 교회 선교국장이신 안창호 장로님과 해외선교위원장이신 이창열 집사님을 비롯하여 자랑스러운 당회 7분 장로님들입니다. 출판을 위해서 우/만/책의 윤태웅사장님과 지루한 교정작업을 위해서 수고해 주신 송만호목사님과 김영미전도사님께 감사를 드립니다. 또한 한국오픈도어선교회 부이사장이신 성실교회 김영복목사님의 아낌없는 격려와 협력에 감사의 마음을 전합니다. 또한 바쁘신 중에도 추천서를 기쁨으로 써주신 김성태교수님과 기요한선교사님께도 감사를 드립니다. 지난여름 기꺼이 번역 감수 작업을 기쁨과 인내로 감당한 신혜철군과 항상 기도와 헌신의 그림자로 섬겨주신 김종순아내에게도 지면을 빌어 깊은 감사의 마음을 드립니다. 혹시 번역상 실수한 부분이 있었다면, 역자가 모두 책망을 받아야 마땅할 것입니다.

하나님의 뜻을 아는 것은 가장 위대한 지식이다!
하나님의 뜻을 행하는 것은 가장 위대한 업적이다!
하나님의 뜻을 전하는 것은 주님께 가장 위대한 영광을 돌릴 것이다!

이 책은 결코 도서관과 연구실에서 나온 전도를 위한 전도에 관한 또 하나의 책이 아닙니다. 오직 성령의 충만함과 도움을 위한 지속적인 기도와 성령의 능력에 붙잡혀 잃어버린 영혼들에 대한 사랑의 마음으로 때마다 일마다 담대하게 순종한 복음전도자들의 발과 입을 통해서 복음을 전파하면서 만들어진 작품입니다. 위험하고 척박하기 짝이 없는 이슬람 선교현장에서 날마다 순교와 박해와 추방이라는 가장 혹독한 검증과정을 강요 받는 가운데서도 하나님의 은혜의 기적과 역사로 잃어버린 사람들을 살려내며 세우는 일에 오직 성경에 근거한 복음전도와 양육을 총망라해낸 전례 없는 걸작(傑作)입니다.

"이 천국복음이 모든 민족에게 증언되기 위하여 온 세상에 전파되리니, 그제야 끝이 오리라!(마24:14)" "아름답도다! 좋은 소식을 전하는 자들의 발이여!(롬10:15)"

옮긴이 신현필 목사 드림

(2016, 8.15 광복절에)